主编简介

王文杰 男，1979年生，北京人，副研究员。曾任北京工业大学学生工作部（处）部（处）长、武装部部长、学生发展指导中心主任，现任宣传部常务副部长兼新闻中心主任。主要研究方向为大学生思想政治教育。

李振兴 男，1979年生，北京人。曾任北京工业大学学生工作部（处）副部（处）长、武装部副部长，现任通州校区管理中心副主任。主要研究方向大学生思想政治教育。

内容简介

　　本书用事迹介绍和经验分享的方式，集中展现了北京工业大学60名学生个人成长的心路历程和17个先进集体的典型经验，通过这些先进人物和事迹，传递勤奋好学、创新科研、励志自强、激扬青春、追逐梦想的正能量。

高校校园文化建设成果文库

青春榜样

王文杰　李振兴◎主编

光明日报出版社

图书在版编目（CIP）数据

青春榜样 / 王文杰，李振兴主编 . -- 北京：光明
日报出版社，2018.4（2022.9 重印）

ISBN 978 - 7 - 5194 - 4106 - 7

Ⅰ.①青… Ⅱ.①王…②李… Ⅲ.①北京工业大学
—校友—生平事迹 Ⅳ.①K820.7

中国版本图书馆 CIP 数据核字（2018）第 058873 号

青春榜样

QINGCHUN BANGYANG

主　编：王文杰　李振兴

责任编辑：许　怡　　　　　　　　责任校对：赵鸣鸣
封面设计：中联学林　　　　　　　责任印制：曹　诤

出版发行：光明日报出版社

地　　址：北京市西城区永安路 106 号，100050

电　　话：010 - 67078251（咨询），63131930（邮购）

传　　真：010 - 67078227，67078255

网　　址：http://book. gmw. cn

E - mail：gmrbcbs@ gmw. cn

法律顾问：北京市兰台律师事务所龚柳方律师

印　　刷：三河市华东印刷有限公司

装　　订：三河市华东印刷有限公司

本书如有破损、缺页、装订错误，请与本社联系调换

开　　本：170mm×240mm

字　　数：323 千字　　　　　　　印　张：18

版　　次：2018 年 4 月第 1 版　　　印　次：2022 年 9 月第 2 次印刷

书　　号：ISBN 978 - 7 - 5194 - 4106 - 7

定　　价：78.00 元

序 言

　　加强和改进大学生思想政治教育，提高大学生的思想政治素质，把他们培养成为社会主义事业合格建设者和可靠接班人，是我国高等教育事业必须始终高度重视和认真落实的根本问题。高校学生工作是大学生思想政治教育工作的重心，是高等教育的重要组成部分。结合党的十八大精神和全国高校思想政治工作会议精神，北京工业大学学生工作深入贯彻科学发展观，落实中共中央、国务院《关于进一步加强和改进大学生思想政治教育的意见》，不断探索学生工作的方法、载体、途径，努力增强思想政治工作的实效。

　　北京工业大学创建于1960年，是一所以工为主，理、经、管、文、法、艺术相结合的多科性市属重点大学。1981年成为国家教育部批准的第一批硕士学位授予单位，1985年成为博士学位授予单位。1996年12月学校通过国家"211工程"预审，正式跨入国家21世纪重点建设的百所大学的行列。学校共有30个教学科研机构，目前已覆盖工学、理学、经济学、管理学、文学、法学、哲学、教育学、艺术学9个学科门类，在校生达27000余人。学校秉承"不息为体，日新为道"的校训，努力提升办学水平，增强办学实力，提高学校的核心竞争力，全面推进育人质量的提高。北京工业大学探索开展学生工作新途径、新方法的过程，是对现实工作实践中出现的问题的探索，既有对理论问题的思考，也有对实践问题的探索；既有对思想理念的创新，也有扎实深入的调查和对数据的分析，具有很强的理论性、实践性、创新性。充分体现了我校学生工作者的心血和汗水，为提高我校人才培养质量做出了应有的贡献。

　　党的十八大召开以来，学校紧密结合当前学生工作的新情况和学生的新特点，从学校实际和学生成长规律出发，采取有效措施，创新途径方法，完善机制体制，丰富教育内涵，学生工作在整体推进中取得了显著成效。为了传承这些成果，扎实推进实践创新，提高工作的科学化、专业化水平，我校决定编辑出版"北京工业大学学生思想政治教育探索与实践丛书"。

　　本书以事迹介绍和经验分享的形式，集中介绍了北京工业大学60名学生的心路历程和17个先进集体的典型经验，他们是大学生的榜样和标杆。透过这些先进人物和事迹，传递出了勤奋好学、创新科研、励志自强、激扬青春、追逐梦想的正能量。

编委会

2017 年 4 月

目 录
CONTENTS

第一篇 01

国家奖学金获得者

不是尽力而为，而是竭尽全力

樊恭烋学院　孙一铭

获奖者简介

孙一铭，女，汉族，共青团员。2014年起就读于北京工业大学樊恭烋学院电子信息工程（实验班）专业。大学期间曾获得国家奖学金、校级三好学生、校级科技创新奖、校级学习优秀奖，曾参加美国大学生数学建模竞赛获一等奖，全国大学生物理竞赛获三等奖，"鼎新杯"学生课外学术作品竞赛获二等奖。

事迹介绍

努力钻研，用心生活

也许在别人眼中孙一铭同学学习、考试很有一套，但熟悉她的人都知道，她只不过是比其他人多了一份"较真"、一份努力。常常能看到课间她与老师探讨问题、课后她和同学们讨论课上存疑，常常看到她自习时努力钻研的身影。从不放松对自己要求的她，大一通过英语四级、六级，总成绩排名班级第一。

在课余时间，孙一铭同学积极参与校内外各大学术科技竞赛，取得了好成绩。出身理工科的她，对数学、物理很感兴趣。她参加了数学建模的校内赛、国赛、美赛，在2016年美国大学生数学建模竞赛ICM中获得一等奖。在建模比赛的四天时间里，她和同组同学默契合作，发挥每个人的专业特长建模求解、书写论文，这不可多得的经历使她们收获颇丰。她还参加了各种物理竞赛，并获得校级比赛二等奖、市级比赛三等奖。此外，她还是校英语辩论社的一员，

经常参与校级英语辩论赛，锻炼自己的口语表达能力。

爱岗敬业

孙一铭同学加入了不少学生组织，锻炼个人能力的同时也结识了许多朋友。大一时，她加入了校阳光团办公室、学生社区助理联席会策划部、星光志愿者社团。大二时，她加入了校学生会权益部，作为走访部的成员，将同学们反映的权益问题与相关部门的老师进行沟通，力求维护同学们的权益，帮助同学们切实有效地解决在学校学习、生活中遇到的问题。

她还通过了军训时的选拔，加入了校国旗护卫队，负责校内的升国旗工作。每当她穿上仪仗队礼服、皮靴、戴上白手套、卷檐帽，踏着歌唱祖国的步点行进，听到"升国旗、唱国歌、敬礼!"，看到五星红旗伴随晨曦冉冉升起时，民族自豪感、民族荣誉感油然而生。

作为班长，她全心全意为同学们服务，将老师交代的班级事务尽可能做到最好。她负责班级的卫生工作，定期组织班委进行大扫除，给同学们营造一个舒适的学习环境。同时，她也是樊恭烋学院学生会学习拓展部部长，组织学院 stone 系列结题汇报、奖学金颁奖典礼等活动。此外，作为班级暑期学校的学生副领队，她负责关照同学们在国外的衣食住行，对她来说这也是一份具有挑战性的工作，锻炼、提升了她的能力。

热心志愿活动

孙一铭同学对志愿服务有着不一般的热情，进入大学以来参与的志愿服务有：北京国际设计周、first 科技挑战赛、"微爱校园行"义捐义卖、GMIC 科技庙会等，在志愿北京平台上的志愿时长达 120 小时，获得过院级社会志愿服务奖。此外，她利用暑假时间参加国际志愿服务，在德国柏林郊区的一家社会福利院进行为期两周的房屋修缮工作。在志愿服务中，她结识了许多志同道合的小伙伴，帮助他人的同时也收获了快乐与感动。她认为用自己的一份力量做有益于他人、社会的事情是很有意义的，"奉献、友爱、互助、进步"的志愿精神不能只靠嘴说，需要每个志愿者用实际行动来发扬、传承。

爱好文体活动

孙一铭同学在努力完成学业的同时，十分乐于参加学校组织的各大文体活动。连续两年参加"闪青"系列活动，获得"闪青"金奖;参与"红五月"合唱比赛获得二等奖。看似瘦弱的她其实非常热爱运动，在工大杯的羽毛球赛、乒乓球赛、排球赛中都能看到她活跃的身影。乒乓球女双比赛进入八强，参与的羽毛球混双、女双、女单比赛虽然没拿名次，但让她对重在参与的精神有了更深的理解，体育活动的乐趣有一部分在竞技中体现，但她认为更重要的是人们参与其中收获的快乐、友谊及挥洒汗水后收获的健康身体。此外，她还参加了校运动会的 200 米短跑、4×100 米接力跑（第五名）、趣味运动会、十人 8 字（第二名）等集体项目。

精于科技创新

作为樊恭烋学院的一员，孙一铭的科技创新能力也是不容小觑的，如下三件事充分体现了她的能力。

第一件事是她参加美国大学生交叉学科数学建模竞赛（ICM），选择的题目是环境保护类，题目要求针对某一中度到重度干旱地区的水资源供需情况进行预测，并制定干预政策。小组内三人没有任何一人系统学习过环境能源或数据预测方面的专业知识，她们只能通过查阅大量资料、建立新型模型进行求解。通过激烈讨论、通力合作，最终完成了长达 20 页的英文论文。在没有任何专业知识背景的情况下，获得了以创新性为重要评判标准之一的美赛一等奖。

第二件事是她在大二暑假参加暑期学校 Summer in Silicon Valley，在圣何塞州立大学学习交流的三周时间内，她所在的团队出色地完成了创新设计类团队项目。题目是设计一个便携式净水器，组内有来自不同国家和地区的大学生们，虽然他们的专业与题目联系并不紧密、语言沟通上也有一定障碍，但这不会阻挡他们热情地讨论、思维地碰撞，他们分工合作，有人负责净水器外形的创新设计，有人负责研究现有净水原理并设计新型过滤膜组合装置，有人负责编写创新商业模式计划书。在他们的共同努力下，通过全英文答辩，向评委展示了三周的成果，最终获得了团队项目的第一名。

第三件事是她连续两年参加了校内的"鼎新杯"创意创新创业竞赛，并在第二年取得二等奖。

品学兼优、乐于助人、认真努力、踏实靠谱，这些品质都可以从孙一铭同学身上发现。但是，谦虚的她认为"三人行必有我师焉"，身边人在不同方面都有值得她学习的优点，相信她在今后的学习、工作、生活中会再创佳绩。

经验分享

进入大学以来，身边之人、所处环境发生巨变，这时人很容易就懈怠了，因此我们要勿忘初心，脚踏实地地做事。面对选择时，我们不要畏惧改变，大学正是我们尝试各种新鲜事物的大好时机，如果不去试一试，怎么知道自己行不行呢。参加各类活动，一方面可以丰富大学生活，另一方面也可以发掘自己的优势。面对困难时，不要想着尽力做就好，而是应该竭尽全力地去拼一把，你的潜力往往会在压力之下激发出来。

挑战自己，超越自我

机电学院　金枝

获奖者简介

金枝，女，汉族，中共党员。2013年9月考入北京工业大学机械工程与应用电子技术学院学习机械工程专业。连续三年获得校学习优秀奖、优秀学生干部、三好学生。荣获2013～2014学年"杨叔子奖学金"、2014～2015学年国家励志奖、海拉奖学金、2015～2016学年国家奖学金、校级科技创新奖、2016年首都高校第八届机械创新设计大赛团体一等奖、2014～2015学年北京市三好学生、2015年北京工业大学学生党支部书记培训"优秀学员"。

事迹介绍

她知道成功不可复制，但是对于成功的向往能激励一个人不断前进。在前进过程中遇到许多榜样，让她勇于挑战自己，自身也变得更加自信。走过大一的青涩与迷茫、大二的积累和成长、大三的忙碌与收获，进入大四的沉静与专注，这三年多里，她不断挑战自己，实现突破。

她是学生

她来自江苏，刚来北京上学时，她觉得自己像飞出笼的鸟儿，再也没有做不完的数理化卷子、背不完的古诗名篇。老师上课讲的内容听起来很简单，作业也不难，哦，原来大学的学习这么轻松。

第一次高数考试，她看着卷子上醒目的"59 分"，感觉脸上火辣辣地疼，脑子轰地一下炸开了。讲评的那节课她听得非常认真，每一道错题都分析了原因并且详细地订正了步骤。这时她明白了，不是学不会，而是没掌握方法，她很庆幸这只是一次小测验，让她有机会弥补。她喜欢一切井然有序的样子，她开始渐渐找到自己的学习节奏，大一取得了年级第二的好成绩，之后她的成绩也基本保持了稳定。

作为学生，她知道自己不是反应最快的那一个，但是她有耐心和毅力。而作为工科中历史最为悠久的机械工程专业，在学习各项专业课程的时候最需要的就是耐心和毅力。她认真地学好每一门课，包括工程图学、机械制造、机械设计等。到了大三，面对各种课程设计时，她发现一些学过的知识能够应用到实践中去，她体会到了学习的价值，对专业的兴趣也越来越浓厚。

学习是一种常新的状态，大学三年多，她在图书馆的时间比在宿舍多，她喜欢旧图书馆安静的环境和浓厚的学习氛围。知识的海洋无穷无尽，她必须不断充实自己。

她是共产党员

她是班里第一批加入中国共产党的同学，入党的过程中她一步一个脚印，不断认识自身的缺点和不足。她遇到了很多优秀的共产党员，从党建辅导员到党委组织员，他们身上都具备谦虚、严谨的特质，并在各自的领域严格要求自己，成绩斐然，榜样们对她的思想和行为产生了很大的积极影响。在她当选机电学院本科生第二党支部书记时，欣喜之余，她感受到肩上的重任。作为基层党组织的带头人，不仅要管理好自身，还要关注支部党员的思想和行为，她向其他支书取经，想出一些新方法调动党员积极性。在今年"两学一做"学习教育中，院党委要求拍摄"微党课"学习教育视频，在其他支部的协助下，她自编、自导、自演了一场主题为《建设廉洁自律党支部》的微视频拍摄。在此之前她没做过类似的编排，但是她愿意尝试，此次拍摄不仅让她收获了其他党员同志的赞赏和肯定，更是让她尝到了创作的乐趣。党员的身份让她始终保持谦逊的姿态，砥砺前行。

她是学生干部

机械工程专业的女生寥寥无几，但是在竞选班干部的时候她选择了毛遂自荐，顺利当选了团支书，一干就是三年。她知道团支书的工作内容充实，她相信自己能做好，这种自信让她在遭受挫折和困难时一次次挺过来。她始终记得自己竞选的初衷是加强与班级同学的交流，为同学们提供力所能及的帮助。

她加入了机电科协，从一个实践部的小部员开始，认真完成部长交代的任务，不会的东西自己去学，还会注意观察和学习其他学生干部处理事情的态度和方法。到了大二，她的部长成为科协主席，她凭着自己的一腔热情成长为部长。在工作中她不时提醒自己身为部长、学姐，做事不应该摆干部架子，而应该把自己的技能和经验传递给部员们，并为他们提供展示的平台。担任科协主席的一年为忙碌的大三时期，各种课程设计、比赛项目扑面而来，在被这些任务层层包裹时，她依然能调整好时间和状态，组织比赛，分配任务，做好每一项工作。她在自己热爱的组织中奉献力量，收获成长。有一位同学这样评价她——不说硬话，不干软事儿。这位同学说的是她平时待人宽厚，不骄傲自满，做事的时候精益求精，不允许自己出现差错。她把这句评价当作肯定和鼓舞，更当作自己的行事准则。

她是金枝

这次获得国奖，她把它称作计划内的惊喜。危楼高百尺，手可摘星辰，三年的时间里不断给自己添砖加瓦，达到了一定高度，摘到了一颗星星，对于浩瀚星空来说，这小小的成就微不足道，但她的星星是彩色的。

她觉得大学不只是学习理论、获取知识的地方，这里充满了各种各样的机遇，而她对这个世界始终保持着一颗好奇心，将不断去探索和挑战。大一时第一次参加志愿服务，尽管深秋的天气寒风刺骨，她还是为能够帮助他人感到开心。此后她还参加了很多志愿服务活动，如捐赠衣物，为他人传递温暖。

她还是个爱唱爱跳的女生，迎新晚会上她和室友合唱了一首《勇气》，让大家听到了她的歌声。校园文化节学院的合唱、舞蹈节目，她都积极参加，排练虽然辛苦，但她乐在其中。在一次元旦晚会中，她再一次挑战自己，在科协的话剧节目《三顾茅庐》（新编）中饰演刘备，表演别具一格，反响甚好，自此她也多了一个"大哥"的外号。丰富的文娱活动让她结识了很多有趣的人，同时，通过自己的声音让别人听到她，通过自己的努力让别人看到她。

在北京工业大学，她扮演了很多角色，但她始终是那个乐观开朗、喜欢挑战自我的金枝。

经验分享

我们会听到很多激励人心的话，归根结底是要有一个积极向上的心态。积极，就是争取；向上，就是求进。有了这样一颗心，其他的就是要讲究方法论了。随着社会的发展，大学生活的内容也越来越丰富，在学习和其他各项活动中，锻炼自己的逻辑思维能力和动手实践能力十分重要，无论在哪个领域，这两项能力都是不可或缺的好帮手。二十出头的年纪，我们的人生还有很多可能，把自己该做的事情做好，勇于尝试，你会发现一个不一样的自己。

踏实、勤奋、勇于追求

机电学院　孙敬龙

获奖者简介

孙敬龙，男，汉族，中共预备党员，机械工程与应用电子技术学院力学专业 2014 级硕博连读生。2013 年获得北京工业大学励志奖、学习优秀奖；2015 年、2016 年获得校级科技创新奖；2016 年获得博士研究生国家奖学金；2016 年获得杨叔子院士奖学金；2014 年获得第十五届电子封装技术国际会议（ICEPT）最佳论文奖；2016 年获得第十七届电子封装技术国际会议（ICEPT）最佳论文奖。

事迹介绍

他与学习

他是一名工科男，上研究生之前是一名土木男，现在是一名机电学院力学专业的博士生。他是一名硕博连读生，2012 年来到工大，经历了两年的硕士学习，2014 年正式进入博士学习阶段。

回首孙敬龙同学四年来的研究生生活，可以说井井有条，稳步提升，他也在不断突破和提高着自我。提高的原因，就是制定计划，踏实、勤奋完成每个计划，勇于追求更高的目标。大学期间，他励志要考取研究生，也早早制定了学习计划。到了大三下学期，他合理安排时间，用一部分时间去学习课程知识，一部分时间投入到考研复习中。他每周都会制订学习计划，然后努力完成每个计划。通过踏实而又勤奋的复习，他如愿以偿收到了研究生录取通知书。

研究生阶段，孙敬龙同学一如既往踏实、勤奋，勇于追求。课堂上他认真完成老师布置的任务，课下他主动查阅相关文献资料，积极了解相关知识。兴趣是促使人全心投入到一件事情上的最大动力，他对学习新知识有着浓厚的兴趣，喜欢挖掘问题的原因，探究现象形成的机理，不懂的一定弄清楚。刚进入研究生时，他制订了一个计划，掌握本专业和课题组的相关专业知识，熟悉一款力学专门的分析软件。通过一个学期的努力，不断学习，乐此不疲地给师兄师姐"跑龙套"，他成功地达成了目标，学期末给了自己一份满意的答卷。研究生第二学期，为了追求更高的目标，为了完成心中的科研梦，他决定硕博连读。他热爱当前所做的一切，他愿意坚持，愿意为之奋斗。

他与生活

在生活中，同学们都认为孙敬龙的生活重心是学习和科研，是典型的"学霸"。其实，在他的生活中学习和科研并不是全部，他有着丰富的日常生活。他喜欢游玩，喜欢看电影，喜欢和朋友谈天说地，喜欢打篮球，是 NBA 的铁杆粉丝。

他之前非常向往北京天安门、故宫和长城。来京上学的第一个周末，他就去了天安门和故宫，第一个国庆节，他去了长城，实现了自己美好的愿望。平时生活中，他喜欢和朋友相约看电影，喜欢和朋友一起吃饭聊天，享受科研背后的快乐与温情。他特别爱打篮球，也是 NBA 的铁杆粉丝，关注自己所喜欢球队的每场比赛。硕士期间，他积极参加了机电学院组织的篮球赛，司职后卫，并帮助班级取得了第二名。他还很关注校园里举行的各种活动，喜欢参加科研报告会，积极在公益活动中为贫困地区捐衣物和图书等。用心对待生活，生活也不会辜负你，你给生活一个笑脸，她也会给你一个微笑。

他与科研

他曾为收到博士录取通知书而心怀激动，也曾为寻找创新的课题而苦苦摸索；他曾为收到论文的录用通知而欢喜雀跃，也曾为论文被拒而迷茫无助。2014 年博士入学以来，孙敬龙同学为课题担忧过，担心做不好，经过几番心理战，他克服了内心的迟疑。通过不断搜索文献，查找相关资料，他终于对课题有了更深的理解，渐渐地进入了课题。他的课题进展不是很顺利，中间经历了多次波折，但孙敬龙同学始终没有放弃，一直努力，不断改进实验方案。实验过程是艰辛的，他需要在合作单位和学校之间不断往返。实验进展顺利时，他会欣喜若狂，会觉得一切的付出都是值得的。在科研的道路上，孙敬龙同学认为踏实、勤奋和勇于追求是最重要的，是取得突破的关键。现在，孙敬龙同学在课题上已迈进了一小步，他仍然会继续努力，认真对待每一件事情，争取把每一件事做到完美。

他与荣誉

孙敬龙同学经过不懈的努力，收获了一些荣誉，他将以此为鼓励，继续努力下去。孙敬龙同学于 2013 年获得北京工业大学学习优秀奖和励志奖；2014 年和 2015 年获得机电学院科研优秀奖；2014 年和 2015 年获得北京工业大学科技创新奖；2014 年获得第十五届电子封装技术国际会议最佳论文奖；2016 年获得第十七届电子封装技术国际会议最佳论文奖；2016 年获得研究生国家奖学金和杨叔子院士奖学金。付出终会有回报，只要踏实努力地付出了，就一定会收获满意的结果。

经验分享

对待事情要有明确的计划和热情。无论是否感兴趣，既然选择了，就要脚踏实地去完成。切记不要浮躁，不要懒惰。对待事情一定要勤奋，一定要投入足够的时间在做事情上，而且要全身心地投入。只要做到这些，就一定会做好，但不要急于求成，知识是积累的，只要一直坚持，总会厚积薄发的。还要勇于追求更高的目标，人天生喜欢给自己设限，总认为自己不能达到更高的目标，不去尝试，永远不知道自己的上限。天高任鸟飞，海阔凭鱼跃，一定坚信自己的能力。踏实、勤奋、勇于追求，这就是我要分享的。

务实、开放、青春

计算机学院　崔巍

获奖者简介

崔巍，男，汉族，中共预备党员，北京工业大学信息学部计算机学院计算机科学与技术（实验班）四年级本科生。获 2015～2016 学年国家奖学金、2016 年第七届"蓝桥杯"软件类北京赛区一等奖、2015 年全国大学生计算机博弈大赛"亚马逊棋"一等奖、2015 年"甲骨文杯"全国 Java 程序设计大赛 A 组二等奖、2014 年三星奖学金、学习优秀奖等。

事迹介绍

他与学习

崔巍认为在学业中首先应把基础打好。基于这样的想法，他在课程学习上不放松，取得了比较令人满意的成绩：第一学年，凭借加权平均分 95.53 分，名列年级第一，获得三星奖学金、校级学习优秀奖和学院新生奖学金；第二学年他的成绩依然名列前茅，多门课程达到 98 分以上；第三学年成绩 94.50 分，名列年级第一，获得国家奖学金。在外语方面，分别在 2014 年 6 月与 2015 年 6 月以 639 分、596 分的分数通过大学英语四、六级的考试，并在校内的英语课程中取得了满分。

他与朋友

在大学进程中，不知不觉他的身边聚集了不少有趣的小伙伴。其中最有趣的三个人是他的室友，从每个工作日一起学习（因为都不会翘课），发展到周末也一起去访学（第一届北京学院），再到最后每周末小队组织训练，准备比赛。他慢慢地从实践中体会到 CS 的乐趣，能够更加主动学习，获得了进步。

良师益友陪伴着他。他加入了学院"源代码"社团，参加各类学科竞赛、科技创新比赛，并获得了一定的成绩：2014 年第五届"蓝桥杯"省赛软件 C/C＋＋组获得北京赛区一等奖，2015 年全国大学生计算机博弈大赛获得全国一等奖，2015 年"甲骨文杯"全国 Java 程序设计大赛获得 A 组全国二等奖，2016 年第七届"蓝桥杯"省赛软件C/C＋＋组获得北京赛区二等奖等。

他们的小队参加 IEEE 极限编程大赛，两届分别获得了全球 100 多名和 50 名左右的成绩，2016 年获得了 CCPC 中国大学生程序设计竞赛铜奖。

和这些比赛、项目相比，结识的朋友们是真正的宝藏。也正是因为这些朋友，他与自己从事的学科也成了朋友。从各个角度来看，他是幸运且幸福的。他对此心怀感恩。

他与生活

在生活中，身边的许多人封他为"学霸"，他的性格有些内向，不怎么过多和他人接触，但必要的时候他会无私帮助别人。

大学期间崔巍基本上潜心学业，并没有过多地加入各种社团组织。

因为身体原因，也因为个人理念，他坚持不吃肉类已经 5 年，同时在不让他人反感的前提下他也努力推广这一健康理念。

在政治信仰方面，崔巍同学认同党的理想，努力进步，目前是一名中国共产党预备党员。这是务实的他生活中最富有理想色彩的一部分。

他与这份荣誉

崔巍同学是信息学部计算机学院所有在读本科生中唯一一名第三次申请国家奖学金的同学。大二第一次申请国家奖学金，因为没有太多准备，自身也有一些不足，没有成功。大三第二次申请，同级的伙伴变多了，竞争压力也变大了，自己那一年的表现没有特别突出，再次尝试还是没有成功。这次的成功，是这份执着的句号。然而，经过多次申请，他比任何人都清楚和往届更加优秀的获奖者以及候选人相比，他还有一些差距。

坚定的理想、母校的栽培和良师益友的帮助让崔巍有了一些进步，让他能在所有美好的事物中选择至少对自己来说最美好的，增加一些收获，减少一些遗憾。在他看来，只有这样才能从实际上真正达到社会价值最大化，实现"个人价值"。

他与他的青春

每个人都在时间的长河中不断做出选择，淌出自己的青春，或有些意义，或虚度光阴。崔巍的青春又是怎样呢？或许只有他自己明白究竟做了些什么，是不是对得起自己，是不是还有更好的选择。

他的青春，有遗憾，却也饱含收获，一定是五味杂陈，一言难尽——就和每一个人的青春一样。

经验分享

打败自己的一直都是自己，不论是自己的怯懦，还是懒惰。

所有的美和胜利都属于勇者，希望能够真正勇敢地面对自己和这个世界。

"人类的赞歌就是勇气的赞歌。"

"勇气就是知道什么是恐惧，并面对它，将它视为自己的囊中之物。"

"为了做一名真正的绅士，即使明知必输无疑，也要有勇气接受挑战。"

"爱而得其人，乃最佳之事，爱而失其人，则仅次之。"

挫折、历练

软件学院 王政飞

获奖者简介

王政飞，男，汉族，中共党员。北京工业大学信息学部软件学院2013级软件工程（嵌入式系统方向实验班）本科生。获2016年全国大学生智能互联创新大赛一等奖、"英特尔杯"大学生电子设计竞赛二等奖、"创青春"首都大学生创业大赛银奖、2015年北京市优秀学生干部、2014年"北川奖学金"学习优秀奖等荣誉。

事迹介绍

竞赛遇阻

2013年9月，王政飞同学来到北京工业大学，开始了他的大学生活。第一学期，他并没有被高等数学、线性代数、C语言这些课程难倒，学期末加权成绩93.46分，名列专业第一。在11月"蓝桥杯"程序设计大赛软件学院院内赛取得第六名的好成绩后，他报名参加了2014年3月的北京赛区本科A组的比赛。他还报名了2014年4月的全国大学生英语竞赛，并在学期末申报了杰出学子新生计划和"星火基金"项目。

第二学期的课程也没有给王政飞带来过多的压力，他以加权成绩93.32分、专业第一的成绩完成了大一的学业。

学业之外，他遇到了不小的挫折：参加"蓝桥杯"比赛时，自认为编程能力优秀、数学水平不错的他在考场的电脑前坐立不安、如坐针毡。除了开始的三道基础题和第一道入门的编程题，他对剩下的题目束手无策，甚至连题目的要求都弄不清楚。看着旁边的同学镇定自若地敲击着键盘、编写着一道又一道的题目，王政飞开始审视自己，这也是他第一次真正地发现自己身上存在的问题。4天之后大赛公布了成绩，看着获奖名单中那些熟悉的名字，再看看自己获得的三等奖，王政飞明白他需要继续努力、变得更加优秀。

愈挫愈勇

新的学年，由于上任班长出国留学，王政飞接过了130800班班长的职务，同时他也是软件学院学生会学业发展部部长。为了学习更多的知识，通过学校选拔并与全国高校推荐生竞争，入选北京高等教育重点建设项目（北航联合培养），辅修计算机专业课程。身份多了，肩负的责任与压力自然也就重了。

工作方面，学院选报成绩优异的他的班级至学校进行"十佳班集体"和"标兵团支部"的申优工作，奖学金评选的相关工作也同时展开。学生会方面，迎新、招新的工作也有条不紊地进行，同时他还需要为2014级的同学们准备学习资料。

学习方面，由于嵌入式专业需要，王政飞的课表中出现了电路与电子技术、数字逻辑等偏硬件类课程；大学物理、大学英语等课程的难度也上升到了一个新的高度。北航辅修课程同样带来了巨大的压力，每周3小时的课程以及伴随而来的项目，都要花费大量的时间和精力去完成。

"星火基金"项目由于选题方向与本专业不符，进展非常慢，并且在关键环节停滞了很久。虽然后期找到了相关的老师进行了指点，通过了中期审核，但是在结题时仍没有达到预期要求。

一个学期下来，130800班仅获得"十佳班集体"提名和"优秀团支部"称号，学生会工作没有非常突出的成绩。学期加权成绩下滑，北航辅修课程未通过，"星火基金"项目终止未结题。

砥砺前行

挫折后经过反思，王政飞意识到了自己身上存在的诸多问题。经过一段时间的思考后，他决定从最基本开始做起。

作为一个学生，最基本的任务就是学习。不论是偏理论的数据结构与算法、计算机网络等专业课，还是偏应用的计算机网络应用、网页编程基础等选修课，他都努力做到认真学习、勤于思考、按时完成课后作业。

作为一名学生干部，最基本的任务就是尽责。不论是作为班长转发通知、召开班会，还是学生会参加例会与各项活动，他都倾尽所能、力争做到最好。在校运动会、文化节等一系列活动中，都可以找到他的身影。

他还坚持阅读各类书籍，包括经典的文学作品和人文社科类书籍，提升修养、拓展视野、开阔眼界。

王政飞最终以专业第三名的成绩完成大二学年的学习，顺利通过杰出学子新生计划的中期审核，与班主任交流申请了新的"星火基金"项目，并于2015年6月顺利当选软件学院学生会主席。

终见光明

王政飞的大三并不轻松。2015年10月，130800班再次参评校"十佳班集体"。有了前一年的经验和教训，他本次的准备工作有条不紊：与同学一起拍摄、剪辑制作答辩视频，精心准备班级文化宣传册，认真撰写答辩稿。功夫不负有心人，130800班获得了学校"十佳班集体"的荣誉称号。2015年11月，王政飞代表北京工业大学软件学院本科生党支部参加"红色1+1"示范活动答辩并荣获二等奖。

学生会方面，在他的带领下，软件学院学生会举办了包括八院联谊、"遇见"数码作品征集大赛、奖学金颁奖晚会等一系列大型文化活动。王政飞在12月顺利通过学校北京市优秀学生干部的答辩，获评北京市优秀学生干部。2016年4月获评2015～2016学年北京工业大学学生会系统优秀个人。

学业方面，他保持积极进取的心态，没有松懈对于专业知识的学习。大三学年加权成绩90.71分，名列专业第二。杰出学子新生计划顺利通过，申报杰出学子培育计划，"星火基金"项目顺利结题并受到一致好评，申报国家级大学生创新创业训练计划。

与此同时，王政飞在多项竞赛中取得了优异成绩。如获2016年"创青春"首都大学生创业大赛银奖、2016年全国大学生智能互联创新大赛华北赛区智能交通组竞速赛一等奖、大学生电子设计竞赛——2016年嵌入式系统专题邀请赛（英特尔杯）二等奖、2016年全国大学生智能互联创新大赛全国总决赛智能交通组竞速赛一等奖等。

2016年9月，王政飞获得北京大学信息科学技术学院计算机软件与理论专业推荐免试研究生资格。

现在，他遵循指导教师的悉心教导，认真完成毕业设计和毕业论文，努力为他的大学生涯画一个尽量圆满的句号。

经验分享

我认为最重要的是保持学习的态度，不论是对知识、对修养还是对他人。

作为大学生，对于知识的学习是必不可少的。学科基础知识对于专业知识的学习有很大的帮助，英语更是帮助学习的工具，所以不可以轻易放弃任何一门知识的学习。

作为社会人，对于修养的学习也是很重要的。一个有修养的人可以与他人愉快地共事，进而有更好的结果，同时修养的提升对于人在其他方面的成就也大有裨益。

除此之外，还应该拥有见贤思齐、向他人学习的想法。不能做井底之蛙、不思进取，应当放开眼界，向各种各样优秀的人学习他们身上的优点，使自己变得更加优秀。

踏实学习知识、努力提升修养、向其他优秀的人学习，这些是我想和大家分享的，也是我以后要努力做到的。

摒弃浮躁，宁静致远

信息学部　郑欐

获奖者简介

郑欐，男，汉族，共青团员，北京工业大学信息学部 2013 级电子科学与技术专业学生。在校期间获得 2015～2016 学年国家奖学金，2013～2014 学年"三星奖学金"学习优秀奖，2013～2014、2014～2015 学年校三好学生，2013～2014、2014～2015 学年校学习优秀奖，2014～2015、2015～2016 学年校级科技创新奖，2013～2014 学年校优秀学生干部，第六届全国大学生集成电路设计大赛决赛三等奖，2015 年全国大学生电子设计大赛北京赛区三等奖，2013～2014、2014～2015 学年校运动会男子跳高第三名，2015～2016 学年到台湾新竹交通大学交流学习一年。

事迹介绍

扬帆起航

2013 年 9 月，18 岁的他踏入了北京工业大学的校门，开始了四年的大学生活。在高中阶段他为了高考努力过，但是对未来还有一些迷惘，没有充分的规划。入学后，新的生活和挑战接踵而至，他明白了再去纠结只会停滞不前。于是他定下心来，在大学期间不断地完善自我，努力学习，积极参加学校的各项活动。不断反思、抓住机遇、迎接挑战，学校的培养、他人的支持和自己的努力促使他获得了优异的成绩。

大学的生活很丰富，课程模式也不同，这就需要自己有更多的独立思考，同时也需要更好的时间安排及短期规划。在新的环境下，他一开始没有及时地做出改变，第一学期高等数学的一次阶段考试给他敲响了警钟。他没有因为成绩波动而变得消沉，班主任和同学们也给予了他足够的信任和支持，让他有了更强的学习动力，并且在一次次自我反思中慢慢地形成了新的学习模式。他十分看重课堂内容，尽管大学会相对更强调自学，但老师的教诲很有可能让自己少走许多弯路，他意识到每一门课程都是获取知识的机会，也是锻炼自己学习能力的机会。大学前两年，他给自己定下了一个目标：每一门课程都尽力考到90分以上。单独一个科目考到90分并不是难事，但要在困难的科目和不感兴趣的科目上达成这一目标就显得很困难了。尽管这一目标很难达成，但追逐目标的过程让他的学业水平有了很大提升，专业课、必修课、选修课，他都取得了不错的成绩。

崭露头角

凭借出色的学习表现，郑櫷前两年的加权平均分保持在专业第一，也通过了英语四级、六级考试，获得校级学习优秀奖两次，校科技创新奖一次，北京工业大学"三星奖学金"学习优秀奖一次。他保持着学习状态，同时在空闲之余也会帮助同学学习课程，获得了同学们的支持，也得到了老师的认可。除此之外，他也积极参加了科技类竞赛，2015年在全国大学生电子设计竞赛中获得北京市三等奖。对他来说，每一次锻炼都是帮助他规划未来计划的重要一步，不管是学业、竞赛、还是其他任务，他都尽力完成目标，并认真反思，找出自身不足和长处，并以此不断修正对未来的规划。

虽然在大学的前两年成绩优异，但他仍对未来感到迷惘。没有成功的竞赛经历，也没有专业课程的培训，更多地专注于学业的他，还没有发现自身的专业发展方向。在这个时候，他选择参加了去台湾新竹交通大学的交流项目。作为这个交换项目的第一届学生，未知的事物还有很多，但他发现了其中有改变现状的机会，在成绩可能会受影响的情况下坚持报名了这个项目，希望能发现自己的专业方向。最后证明，他这个选择虽有风险，但也让他有了很大的收获。他在那里第一次接触到了新的学习环境，学到了集成电路的知识，进到无尘室进行实验，也在电脑前进行了一次又一次电路设计。多数课程都让他感受到了挑战，但在他一次次花费精力甚至通宵完成任务后，收获了一种以前没获得过的成就感。虽然成绩有些下滑，但经过这次磨炼，他发现了自己的兴趣所在，并决定以集成电路作为自己以后的发展方向。回到学校后他便参加了全国大学生集成电路设计大赛，虽然回到大陆后时间有限，他仍坚持完成比赛，获得全国大学生集成电路设计大赛第三名。现在他对专业有了更深刻的认识，有了独立处理问题的能力，也有了对问题的独到见解。

融于集体

除了学业之外，郑櫷也积极参与到学校各类活动中去。他热爱班集体，积极参与学校及学院活动，在闪青杯、学院运动会、学校运动会等活动中尽自己的一份力为班集体、为学院争得荣誉；他乐于奉献，在一年级期间加入学院体育部以及学校文体部，帮助过学校组织如"工大杯"羽毛球赛、"电控杯"篮球赛、跨年晚会等各类文体活动并且参与过裁判、计分等工作，也积极参与志愿活动，曾在大学一年级时在北京西站做过志愿者，帮人引路；做事认真，责任感较强，学院、团委、学生会分配的各类工作都会尽力去完成；做事有耐心，能吃苦耐劳，在军训中表现良好，获得了优秀学员的称号。特长爱好方面，郑櫷平时热爱体育运动，在时间充裕的时候会主动参与体育活动，例如慢跑、健身、排球、篮球等，并在大学生活的前两年及第四年担任班级体育委员，引导班级同学积极参加体育活动，组织班级参与各类体育比赛。在比赛中取得良好成绩，曾在学院运动会中获得男子跳高冠军和男子四百米第三名，除此之外也曾组织建立学院第一支男子排球队，并取得"工大杯"男子排球联赛第五名的成绩。通过这些活动，他认识了很多新同学，也锻炼了自我，建立起良好的心态来面对繁重的学习生活。他在保证学习的状况下参与到各类事项中去，取得了良好的成果，全面发展，得到了校优秀学生干部、校三好学生等奖项。

大学三年的努力终于结出硕果，他在大学四年级得到了推荐免试攻读研究生的资格，获得了国家奖学金。他从未对各类奖项有很大的期待，只是做好自己的工作，并充满热情地投入到学校生活中去，而这些付出让他有了申报奖学金的条件。奖学金是对他努力的一种认可，也让他有了更多的动力，投入精力到下一段学习生活中去。

经验分享

大学生活是一个崭新的篇章，在这一阶段，有一个明确的规划非常重要。学习成绩固然重要，但学习和分数并不是全部。找到适合自己的道路，并在老师引导下逐渐走上正轨，是大学里相当重要的一环。假如说能够在入学前就定下明确的目标，比如重要的课程、课外需要补充的知识，提前对这些有一个自我意识的话，就能够少走许多的弯路。但是这样的人终究是少数，多数人需要的是在学习过程中慢慢去探索。坚持探索，积极与老师、同学沟通，加强自我反思，最终一定能找到适合自己的路。这一过程很艰辛，中间可能会碰到一系列困难，但坚持下去，就能在沉潜后，到达新的高度。

做有意义的事，让人生充实

信息学部 邱兰馨

获奖者简介

邱兰馨，女，汉族，中共党员，北京工业大学信息学部软件工程专业 2013 级博士研究生。获 2015～2016 学年国家奖学金、2015～2016 学年北京工业大学优秀研究生、校级科技创新一等奖 1 项、优秀奖 2 项，2015 年受北京工业大学资助赴瑞典乌普萨拉大学短期联合培养。

事迹介绍

"并不是耕耘都有收获"

作为本科非软件工程专业的学生，在刚进入硕士阶段的学习时，邱兰馨同学曾一度非常迷茫。入门一个新领域的过程是艰辛的，不懂的东西太多，简直无从下手。幸好她凭着不服输的精神，与导师、师兄师姐积极地交流沟通，在尽可能少走弯路的情况下，逐渐掌握了本专业的基本知识。在硕士阶段的两年中，不仅渐渐能够独立完成导师交托的各项科研任务，还承担了本科实验课程的教学任务。从什么都不会，到指导他人开展科研工作，最后在转入博士研究阶段前顺利完成了开题工作。比起期间所付出的努力，有一件小事却更令她印象深刻。在刚开始进行科研训练时，导师要求学习一款用于电路设计的软件，有基础的同学两周时间就完成了任务，她却花了整整两个月。其中一个月她都在图书馆自习电路逻辑方面的基础知识，这些基础知识对于当时的工作并没有什么用，辛苦的耕耘，并没有得到对等的收获。然而在后续的科研工作中，当初电路逻辑学习那段看似被浪费的时间，却恰恰丰富了她的知识结构，帮助她对科研任务相比其他人有更深层次的理解，支持她完成了不少工作。在科研的道路上，时常会走弯路，虽然不是所有耕耘都有收获，但所有的真心付出，都会在不经意时有它的用武之地。

"体会这默默忍耐的力量"

自博士阶段开始，她就为自己制定了不少目标：要在规定时间内达到毕业要求、要争取出国交流的机会、要站在顶级会议的舞台、要获得国家奖学金等等。然而事与愿违，博士的研究不像理想中的一帆风顺，而是充满了艰难困苦。由于学科刚刚成立，作为探路者，能够参照的经验太少太少，大部分时间都是自己在苦苦钻研，却仍在很长一段时间困在原地。论文毫无进展，与导师一起申请的课题没能获批，好不容易争取到的联合培养机会也因为没能申请到国家留学基金委的资助而不得不放弃。一年下来，付出的努力不少，却一事无成。回过头，她开始检讨自己：设定的目标是否太过好高骛远，不切实际？或许应该暂时抛开目标，抛开所渴望的各项成果，让自己平静下来？之后的一段时间，她开始大量阅读论文，做了翔实的记录，从中不断沉淀、积累，寻找灵感。功夫不负有心人，科研工作终于在博二开始有所起色，不仅连续发表了三篇论文，满足了毕业条件，还受到学校资助，赴韩国釜山参加了国际学术会议。在不经意间，竟也离所设立的目标越来越近。目标固然必不可少，但脚踏实地去充实自己则更为重要。当眼中只有所设立的目标时，人们往往会忘记脚下的路该怎样走。我们应该做的是将目标铭记于心，让它指引脚下的路，做好每一天的事，充实度过每一天。当站在时间轴上回望，就会发现一个更加自信、更加成熟的自己是如何一步步走来，体会到默默努力所带来的改变。

"当春风掠过山冈"

在博二快结束时，她注意到学校首次提供短期联合培养的资助，于是积极联系了之前为她提供机会的瑞典乌普萨拉大学，再次提交了联合培养的申请。由于申请材料中所需的邀请函、英语水平考试成绩等都是之前准备过的，因此能够很快准备齐全，把握住了这次机会。幸运的是，由于项目刚成立且准备时间较短，全校仅有6人申请并获批了该项资助，她也顺利成为其中之一，在博士三年级开始时踏上了北欧斯堪的纳维亚半岛，开始为期三个月的国际交流。出发前，她就对这三个月的时间做了详细的规划，行李箱里装满了可能会需要的实验器材。在留学期间，为了与在斯德哥尔摩的博士生保持有效的科研进展，她不曾懈怠，不惜从乌普萨拉往返两地十余次，修改论文几十余稿，度过了十余个几乎未眠的夜晚，终于在回国前将合作成果撰写完成。该论文很幸运地发表在所在领域的顶级会议上，她也因此前往美国奥兰多参加会议并做口头报告，站上了曾经所盼望的顶级会议的舞台。次年凭借所取得的学术成果，有幸获得了国家奖学金。

"又怎能停止对温暖的向往"

站在毕业的当口，回首硕博生涯，不禁感慨，时光如梭。曾几何时，看着身边早已迈入社会的同窗们接二连三成家立业，心中也难免落寞。然而，令她感到欣慰的是，当初所设立的科研目标，如今均已实现。除此之外，许多年少时遥不可及的梦想，也伴随着科研成就被一并打捞起。例如她有幸在童话之城哥本哈根，与小美人鱼四目相望；在巴黎蒙马特的双风车咖啡厅，寻找"天使爱美丽"的踪影；在马德里卡尔德隆球场，为托雷斯加油呐喊；在奥兰多迪斯尼乐园，与学霸麦克华斯基不期而遇。在硕博期间所领悟和体会到的点滴，所付出的所有努力，所取得的每一个成绩，都将成为她一生宝贵的财富。比起这世上所有物质的东西，凭自己获得的内心的满足、充实感才是人生最为珍贵的体验。它们就好似点亮在北欧漫长冬夜里的一盏蜡烛，那跳跃的火苗，不仅能够在寒夜中为人们带来光明和温暖，还带给人们对春天、希望与爱的无尽向往。它们也将陪伴着她在科研的道路上、人生的道路上，走得更远、更远。要珍惜光阴，做让自己感到充实、有意义的事，不枉这一生。

经验分享

人生最重要的不在于拥有多少财富，也不在于与人攀比、炫耀，而在于内心世界的丰富与个人修养的提升。人生在世短短几十年，不应该把时间浪费在对权力的追求、物质世界的享乐、自私自利的索取和无尽的占有上，而是去做有意义的事情，做值得让自己回味一生、实现个人价值的事，做对社会有益、对人类文明进步有意义的事，去寻找能够让自己内心真正平静、觉得充实的事，无论这件事有多么渺小。确定好想做的事后，便制定具体目标、确定计划、坚定执行并且不断反思、及时调整，其中执行是最为关键的，光想不做，无用。

没有天生的信心，只有不断培养的信心

信息学部　荀孟

获奖者简介

荀孟，男，汉族，中共党员，北京工业大学信息学部电子科学与技术专业博士研究生。2014～2016年连续三次获得博士生国家奖学金、2015～2016学年获得博士生创新基金、2013～2015学年连续两次获得北京工业大学优秀研究生称号、2014～2015学年获得北京工业大学学术道德先锋称号。

事迹介绍

在科研上，他是一个典型的工科博士生。博士给人的印象会比较内向、不善言谈，但是他在生活中有着截然不同的性格表现。

科研中的他

回首荀孟的读博生涯，在外人看来可谓一路平坦，但其中的压力与艰辛只有他自己知道。在他读大学时，便立志一定要考研，一直读到最高的博士学历。但是等真正读博的时候，他没有想到科研之路并不是想象中的那么容易。作为博士生，首先要掌握足够的基础知识，独立承担起课题研究，并且指导硕士生的实验。刚开始的科研道路，并不是一帆风顺，由于做的是创新型的工作，在刚开始的一年内，遭遇的是连续的失败。其中既有自己粗心，又有实验设备不稳定的原因，虽然老师并没有怪罪他，但他自己还是顶着很大的压力。一次实验耗费的经费达上万元，实验一直失败的话就代表经费的浪费。之后他通过分析实验数据，根据实验设备可能带来的差异来调整实验条件，实验基本上成功了，从此才开始了顺利的科研之路。苟孟在科研上是一丝不苟的，每次实验前都会把实验步骤在脑海中回想一遍，实验过程中的每一步都要拍照留下证据以便实验后的分析，他对数据的处理也是每一个点都不放过。除了在科研路上的刻苦与认真之外，能够使他取得多个科研成果的另一重要方面便是合理的规划。

他在每个学期初都会给自己制定一个目标，把该学期需要做的实验，要写的论文都记录下来。制定的目标首先要合理，不能好高骛远，这样才能保证目标的完成。除了短期的目标外，他还给自己制定整个博士生涯的目标，其中就包括要拿到国家留学基金委的资助名额，出国留学。从博士二年级的上学期开始，他开始准备英语的学习，并积极去联系国外的导师，为申请做准备。很幸运的是，位于美国奥兰多的中佛罗里达大学的 Dennis Deppe 教授同意苟孟作为访问学者去他的课题组。Dennis Deppe 教授是国际著名的半导体专家，曾在1994 年发明了氧化型面发射激光器，从此成为商用产品的主流方法。而且 Dennis Deppe 教授正在研制新型的无氧化物面发射激光器，代表着该行业的最高水准。能够去该课题组搞研究，苟孟欣喜若狂。在美国留学期间，他没有忘记国内导师对他的嘱咐，每天工作时间不少于该实验室的博士生，受到了外导的好评。除了国家公派出国外，学校还资助博士生参加国际会议。苟孟曾赴英国参加了行业内的顶级会议，并在会上做了报告，认识了不少国际同行，并积极与其交流。这次的博士生国家奖学金是苟孟第三次获得的奖项，之前参评用过的材料均不能用作本次的评选。他在每次获得奖学金后，从来不骄傲，又踏踏实实地进入下一学年的课题研究中。因为他知道，这点成就还远远不够，人外有人，天外有天，要想获得更大的成就，就要一路前行。

生活中的他

与科研中不同，他在生活中比较活泼，爱好广泛。业余生活中喜欢摄影、健身，无聊时也喜欢弹弹吉他。如果不了解他的话，还以为他就是一个爱玩的人，但是这些恰好成了他释放压力、科研顺利的助手。他经常利用周末时间带领课题组的人一起去摄影，拍角楼，去颐和园，去国贸大厦。北京的很多地方都留下了他的踪影，他说他爱生活，想记录下这美好的一切。卡拉 OK 是释放压力的很好方法，在科研不顺利的时候，难免心情不好，去 KTV 吼一下，立即心情舒畅很多。之后去唱歌也成了一种习惯、一种业余生活的娱乐方式。

良好的人际关系能够使人心情愉悦，能够让人更好地参与到高效率的工作当中。苟孟同学也深深牢记这一点，他同实验室的同学、老师关系融洽，乐于助人。对他人的缺点能够包容，对别人的错误也能够原谅。

经验分享

成长和成功都是急不得的事情，有的步骤无法跨越，需要沉下心来慢慢积累，你所见到的每一位成功人士，他们之所以站在今天的位置，之所以让你心生艳羡，都离不开他们之前每一步的积累，而他们积累的过程我们往往却很难真正地去理解和体会。处在这样一个崇尚速成的时代，很多人希望自己的人生也速成，希望自己二十几岁就能够达到现在人家四五十岁所达到的事业的高度，心气甚是高，也甚是浮躁，却从不愿意沉下心来慢慢积累。我认为生活也好，科研也罢，都是慢慢积累的结果，等积累到一定程度，我们便变得自信，没有人天生就有自信心。因此，脚踏实地，一步一个脚印，继续前行吧。

没有天生的信心，只有不断培养的信心，这就是我最想分享的东西。

张旗与 DeepStone 的故事

信息学部 张旗

获奖者简介

张旗，男，汉族，中共党员，信息学部计算机技术专业三年级硕士生，2014 年入学。获 2014～2015 学年国家奖学金、2015～2016 学年国家奖学金、2015～2016 学年科技创新一等奖、2014～2015 学年学习优秀一等奖、2014～2015 学年社会工作奖、2015～2016 学年社会工作奖、2014～2015 学年优秀研究生、2015～2016 学年优秀研究生、第十届全国计算机博弈锦标赛 3 项一等奖、2015～2016 学年学术道德先锋。

事迹介绍

张旗与 DeepStone

在第六届北京工业大学科技成果展中，有一款围棋人机对弈软件位于体验区，展出期间引来了许多人的围观，大家都跃跃欲试。这款软件的名字叫作 DeepStone（深石），体现了软件主要依靠的技术是深度学习。DeepStone 能够进行九路、十三路和十九路对弈，同时也是一款棋谱记录器，更是一个以围棋为载体的深度学习技术测试平台。在第九届和第十届全国计算机博弈锦标赛中，DeepStone 共收获了两枚冠军和两枚亚军，为学校争得了荣誉。

DeepStone 的作者是张旗同学带领的三人小团队。张旗是信息学部 2014 级计算机技术专业的专业硕士研究生。他不仅是科研的大牛，也是学生工作中的积极分子，在读期间担任班长和原计算机学院的研究生会主席。

研究生入学后，年级里的许多同学都因为张旗的优异成绩而认为他是一名

"保研"的学霸。事实上，他并非保送，而是考取的研究生，这令许多同学惊诧不已。对此他解释道："我哪里有保送的资格，我的本科成绩挺一般的，大一时的 C 语言考试都挂掉了，决定考取本专业的研究生也是希望自己将来有足够的自信对别人讲'我是学计算机的'。"也许，正是因为他觉得读研究生的机会来之不易，所以他会付出更多的努力。我想，DeepStone 就是对他研究生生涯最好的诠释，下面我就讲讲他与 DeepStone 的一些不为人知的故事。

研究生的本职工作就是搞科研。张旗同学的本科毕业论文就是在他的导师冀俊忠教授的指导下完成的。那时他就了解到导师十分注重培养学生的科研能力，并期望他的学生能够在学术研究上取得好的成果。也正是在导师的这种熏陶下，张旗同学从入学开始便阅读大量的文献，迈出了科研的第一步。然而，他的导师并没有要求读哪方面的文献，而是鼓励学生自己找感兴趣的研究方向。与此同时，学校面向全体研究生提供科技基金项目申请的机会，张旗同学积极参与立项，并决定做出一款能够实现围棋人机对弈的软件。令他没有想到的是，围棋人机对弈的研究最终伴随了他的整个研究生生活。

张旗同学通过自己的努力，在科研方面有了大量的积累，很快便上手完成了一个简易版本的开发工作。机会总是给有准备的人。有一天，他一如既往地在实验室工作，在查资料时他偶然发现了第九届全国计算机博弈锦标赛的报名通知，2015 年 9 月份正式比赛，其中就包括他正在研究的围棋项目。这令他既兴奋又担忧。一方面，他付出了许多努力，并不满足于科技基金项目的结题，全国计算机博弈锦标赛是他展示自己的好机会，也应当是他追求的更高目标。另一方面，这个简易版本的对弈水平差强人意，但距离比赛只剩下两个月时间了。到底是放手一搏，还是来年再战？张旗同学最初感到由于时间太紧，程序难以做到令人满意的地步，于是有放弃的打算。此时，他身边的朋友们对他进行了鼓励，并告诉他成绩不重要，重要的是开发过程中能学到许多东西。就这样，张旗最终决定报名参加这次比赛，他的导师对此也十分支持。两个月的倒计时开始了。

"暑假的那两个月是我压力最大也是收获最大的两个月。许多技术的掌握都处于零基础的状态，每天早上 7 点起床开始工作，晚上 12 点回宿舍休息，因为暑假宿舍关门早，所以几乎每天都要麻烦中蓝公寓的保安专门为我开门。不过，我每天都很兴奋也不感到疲惫，因为每天都期待好的实验结果，终于在比赛前的最后一天做好了软件。这两个月克服了许多的困难，有时还会失眠，我也没有想到初次尝试居然拿到了亚军，并因此获得了国家奖学金。但由于时间紧，程序有许多待完善的地方，明年我还要继续参战。"他偶尔会向他身边的朋友们提起那段经历，一年过去了他回忆起来仍觉得十分感慨。是的，这段经历对他来说一定很难忘也很感动。而我们应该向张旗同学学习这种执着且不怕困难的精神，正是这种精神让他的付出得到了回报，也是这种精神将他推向了更高的起点。

为了迎接新一届的比赛，而且这很可能是他毕业前的最后一次比赛。张旗同学毅然放弃了旧版本软件，使用全新的思路从头做起，并对软件的每一个细节严格把关。他为软件起了一个响亮的名字——DeepStone（深石）。这一次，他决定报名参加九路围棋、十三路围棋和围棋（十九路）三个项目，希望能够包揽三个项目的冠军。在这一年，除了其他科研任务和学生工作，张旗同学挤出时间备战第十届全国计算机博弈锦标赛。时间稍纵即逝，转眼到了比赛的日子。在这次比赛的围棋项目中，他遇到了去年的冠军，并打败了他们。遗憾的是，在围棋项目又中遇到了更强的新对手，他依然只获得了亚军，在九路围棋和十三路围棋中夺得冠军，未能如他所愿包揽三个项目的冠军。对此他说道："DeepStone 比去年比赛版本的对弈水平高很多，但围棋项目的比赛很激烈，打败 DeepStone 的对手的确很厉害，我们输得心服口服，看到了差距也让我们知道未来努力的方向。虽然结果有些遗憾，但是我们尽力了，至少不会后悔。"

至此，全国计算机博弈锦标赛落下帷幕。DeepStone 成了张旗读研期间的宝贵财富，它不仅充实了张旗同学的科研生活，更促进他成长，为他留下了美好回忆。

经验分享

研究生期间，张旗同学凭借 DeepStone 的成果和学生工作的出色表现获得了许多奖项和荣誉，包括两次国家奖学金、学习优秀一等奖、科技创新一等奖、两次社会工作奖、两次优秀研究生、学术道德先锋称号、科技节最佳人气作品奖、北川奖学金等。除此以外，他在校总共出席过三次博硕士风采论坛，担任主讲嘉宾。在他的报告中，除了介绍做科研的方法以外，还会鼓励大家制定自己的目标并努力付诸实践。在校外受到北京市科学技术情报所邀请介绍 DeepStone 作品，并进行了题为"AlphaGo：奇点临近"的专题讲座，为全所科研人员拓宽了思路，获得一致好评。张旗同学获得如此多的荣誉令身边的同学羡慕不已，但这些都源于他对自己的高标准要求以及他勤恳的付出。而且，据张旗回忆，在他刚担任研会主席一职时，他负责第五届科技节展览的布置工作，那时也梦想着有朝一日他的作品能够展示在这里，并与参观人员一起分享和交流。看来梦想还是要有的，万一实现了呢。

最后他想对学弟学妹们说：请开始规划你们的研究生生活吧！

认真踏实、全力以赴

交通学院　张金萌

获奖者简介

　　张金萌，女，汉族，中共党员，北京工业大学城市交通学院 13 级交通工程专业本科生。曾获第十一届全国大学生交通科技大赛二等奖、第五届北京市大学生交通科技大赛三等奖（2 项参赛作品）、第八届北京工业大学交通科技大赛二等奖以及第二届北京工业大学"鼎新杯"学生课外学术作品竞赛二等奖。并获得北京工业大学 2015 ～ 2016 学年本科生国家奖学金，连续三年获得校级学习优秀奖，连续两年获得校级三好学生、校级优秀学生干部、科技创新奖。

事迹介绍

为之成长——思想篇

　　张金萌是一个认真、踏实的人，对待任何事情都会全力以赴——尽最大的努力去完成，想要追求完美。她与同学们关系非常融洽，大家有困难的时候相互帮助，有着良好的情谊。与此同时她积极加入学生会，本着为同学们服务并提升自身的心态积极地去完成各种学生活动。之后，在交通学院成立伊始，她欣然地投身于学院的建设当中，希望自己的绵薄之力可以让新学院建设得更加美好。

　　同时，她也很注重思想方面的提升，通过她自身不懈地努力从而达到了成为一名党员的标准，她在 2014 年 12 月加入中国共产党，成为一名预备党员，并于 2016 年 1 月如期转正。在这期间，张金萌更加注重自己思想以及作风方面的提升，在言行举止方方面面都较之前有着很大的进步，她的进步与成长也深深影响了其他同学，带动他人积极地面对任何事情。

大学生活让她深切认识到了自身的优点及不足，使她能够正确地认识自己，发挥自己的带动作用。

为之进取——学习篇

"博学之，审问之，慎思之，明辨之，笃行之"一直是张金萌的学习箴言，对待学习，她始终贯彻着这种态度，认真踏实、严谨求实。在她看来打好坚实的理论学习基础对于以后做任何事情都是有所帮助的，并且专业知识的学习对以后的个人发展也很有益处，因此她在学业上从不懈怠，学习能力非常强，效果也很显著，前三个学年加权成绩 89.06 分，排名专业第一，已获得北京工业大学推荐免试攻读研究生资格，同时她连续 3 次荣获北京工业大学学习优秀奖，并顺利通过国家英语四级、六级考试，兴趣使然，张金萌还自学会计方面知识并于 2016 年 3 月考取会计从业资格证。良好的成绩来源于自身的努力，她的刻苦，她的认真，她对于知识学习的探求也深深影响着身边的同学。

为之拼搏——科研篇

在学习科技方面，张金萌积极参与科研活动，刚进大学她就参与第三届北京工业大学杰出学子新生培育计划并在两年时限中刻苦认真钻研学习，跟导师积极交流，更多地了解专业方面的知识并顺利结题。同时她对于科研方面一直很有兴趣，愿意全身心投入进去，并积极找学院老师，探讨关于一些科技比赛的想法，有着明确的自我规划。2015 年 11 月参加第五届北京市大学生交通科技大赛，2 个项目作品均获得大赛三等奖；她对于科研的热情始终不曾削减，2016 年 5 月参加第十一届全国大学生交通科技大赛，作品《基于多模式个体出行感知的公共自行车网点布设方法与系统》荣获全国二等奖；除此之外，大学三年期间还曾参与校级竞赛 4 项，其中获二等奖 2 项、三等奖 2 项，"星火基金"重点项目 1 项并顺利结题，以及正在申请发明型专利 1 项。搞科技绝不是纸上谈兵，需要付出辛勤的劳动并且有坚持不懈的科研精神，相信她以后一定会继续积极参与科技赛事，在实践中锻炼自身，收获专业知识。

为之奉献——工作篇

对待学生工作，张金萌始终热情参与，并在这平凡的岗位上奉献着自身的光和热。她在大一期间曾担任建工学院学生会干事、交通学院学生会干事，在大二期间任交通学院学生会科技部副部长，曾多次组织并参与学院活动、运动会、学校的舞蹈比赛、合唱比赛等，为学生会贡献力量，也积极参与交通科技大赛的筹备、交通标志 DIY、"晒青春"等的活动，在这期间很好地处理了各种事件，得到了很好的锻炼，像如何与人交往，如何组织活动等。同时在党支部积极参与各项活动，并以优异成绩完成党课结业，现担任城市交通学院交通工程本科党支部书记，参与组织各项党建活动。

她还积极参加社会实践活动，在 2014 年暑期曾以团队形式参加中国大学生暑期实践活动，获得 2014 年度首都大学生暑期社会实践优秀成果奖，2015 年参加北京工业大学暑期社会实践交通学院分团实践。闲暇时间也曾在中国日报、北京孚咨锐讯咨询有限公司、北京交通运行监测调度中心实习，在北京五棵松体育馆中参与志愿活动等等。

以上只是张金萌日常生活中的一部分，她时常保持着乐观的心态，并以此感染着身边的同学。友好待人，自强独立，能够处理好所面临的诸多事务，认真踏实，全力以赴地去迎接生活。

经验分享

认真踏实是做任何事情的基石，只有端正态度，勤恳努力，才会将事情做好。我们每个人都应该让自己变得更好，享有一个有意义的人生，去追寻活在当下的快乐，也有着憧憬未来的美好期望。去做自己想要去做的事情，不要瞻前顾后，不要犹犹豫豫，顺应自己的内心并为之去拼搏奋斗，一切的结果都没有在这过程中所收获的成长来得重要。

认真踏实，全力以赴地去迎接生活、面对挑战，即是对自己最大的尊重，这是我最想要分享的东西。

逐梦永远在路上

交通学院　崔丽

获奖者简介

崔丽，女，汉族，中共党员。于2014年入学，就读于北京工业大学城市交通学院交通运输工程专业。在学期间发表 EI 期刊论文 1 篇，EI 会议论文 1 篇，TRB 会议论文 1 篇，其他期刊论文 1 篇。2016 年获得研究生国家奖学金，2015 年、2016 年连续两年获得"北京工业大学研究生社会工作奖"。

事迹介绍

勇于逐梦

2011 年本科毕业后已经找到一份高薪、舒适工作的她，为了追逐自己对学术的更高理想，提高自己的专业水平，挑战自我管理能力，在工作 1 年半后毅然选择辞职考研。知道她这一举动的家人、老师和朋友都投来了佩服和担心的目光，都说："这一行为太过冒险了，工作辞了，万一考不上研究生怎么办？"然而她却坚定地笑着说："只有这样才能全身心地准备考研，工作的时候数学和英语荒废太多，不多花时间和心思准备才真的是担心考不上，辞职了才能没有后顾之忧。"她就是这样一个带着活泼与坚定的女孩。

为了追逐梦想，她却又能够安静如湖水。对于她来说，安静地坐在桌前，专注地思考问题、学习是最幸福的事。当大家都在讨论复习的内容枯燥乏味，当大家都在抱怨该背的还没有背会时，她总是安静地坐着学习，仿佛还没学会什么是紧张与焦躁。提起那一段时光，她总说她并不是一个那么能沉住气的人，只是因为一定要考上，所以认真地在准备，并不考虑其他。从她的言谈中发现，她就是那么简单朴实的一个小姑娘，为了自己的梦想坚定如斯。

他人的不解与担忧，并未给她带来压力，她只是默默地沿着自己选择的道路走着，带着一份安静，坚信她的决定一定会成功！

梦途拼搏

在不懈的坚持下，她如愿以优异的成绩考上了交通运输工程专业硕士研究生。但此时，她知道这只是开启了向梦想更进一步的大门，后面的路才刚开始。跟导师第一次见面的时候，她就跟导师说她喜欢写论文、搞研究。面对科研遇到的种种困难，追求梦想的脚步却未因此而停滞。她每天提前1个小时来到实验室看英文论文，查找研究领域最新的动态，很晚才离开实验室，只因灵感到来，无法止步。多次因为晚归被宿舍楼大爷批评，甚至要让她退宿。时间的紧张并未给她的科研生活带来过多的阻碍，每天一点一滴认真地积累反而成为她开花结果的土壤。枯燥乏味的科研工作她却做得很开心，因为每一次解决问题和困难时给她带来的喜悦是她的全部。带着这份期待，她开始了快乐的科研。

进入研究生阶段后，翻过了枯燥的论文大山，越过了语言的鸿沟，她很快找到了通向论文的途径。一是打好论文基础。大量地阅读文献能够萌生很多论文思路，产生研究的灵感，提出科研的问题。在最终确定完善的研究思路后，掌握研究相关的文献是研究的基础，也是令研究更具有科学性的重要方法。二是注重培养逻辑思维。她一开始对逻辑思维没有太多的认识，实践过程中就很容易发生各种各样的问题：思路不严谨、方法与研究内容不匹配、研究结论与问题不对应等。这使她开始强化自己的逻辑思维，"提出问题——研究方法——分析结论——工程应用"，在"提出问题"的时候就开始思考后续的逻辑关系，完善研究。三是跨学科融合。由于交通是一个多源融合性学科，跨学科知识的学习也是很有必要的。她入学后坚持学习计算机语言、社会学研究方法、统计分析方法等，将这些内容与研究方向相融合，形成了大量的研究成果。

多彩梦境

科研是一件需要耐得住寂寞的事情，而她却又生性活泼。"科研的生活中，总要有一点其他的颜色来调剂，而其他的颜色会让原本的生活变得更加多姿多彩。"她自初中开始投身于志愿服务，已经坚持了15年，曾经做过科普类、社会服务类以及奥运会志愿者。做志愿者是她通过自己的努力回报社会的方式。作为一名中共党员，她多次走在班级、学院和支部的各项活动前列，她总抢着参加那些同学们觉得枯燥无味的活动，并且总能努力让自己积极面对，找到活动的意义，认真体会。除此之外，她还参加了研究生会，她组织体育竞赛时专注于赛场，只希望通过团队的参与，让同学们增进友谊，扫去他们刚入学的生疏与不安；筹办文娱表演时认真地统筹场务、节目，活像个小导演，只为给研究生的课余生活增添色彩；安排学术交流时，她广泛征求学生需求，并专门去其他学院请专业学生来学院做交流，只希望能够让他们学到想要的知识。

到了研究生二年级，她第一次犹豫了。因为研究生的生活确实忙碌，科研、论文、项目一个个接踵而来。很多人对于她研二还参加学生工作甚是不解，甚至她最好的朋友也曾劝她："研究生的学习生活已经很忙碌了，已经没有那么多的时间与精力做其他事情了。"但最终她决定留下来，继续服务于研究生，不论将来会有多么忙碌，不论未来会有什么阻碍，她既然选择了，就勇敢承担。

梦在路上

付出总会有回报，研三的这一年，当初种下的种子第一次开花结果。出国学术交流开阔了她的眼界，体会到科研交流的另一种收获；4篇论文的相继收录与发表，给她的科研带来了莫大的鼓励；学生工作受到老师和同学们的认可，让她倍感欣慰；生活上有同学、师弟师妹们的帮助，是研究生三年最大的收获。然而，突如其来的国家奖学金，让她有点措手不及。对于她来讲，国家奖学金不只是一种奖项，它还代表了对学习、工作和生活的多重认可，更是一种在学习期间获得的无上荣耀。面对国家奖学金，她非常骄傲，可言谈中也流露出她对这个奖项的敬畏。她仍然在追逐梦想的路途上继续探索，努力做好自己的每一个身份，以不愧对这份奖项带来的责任。

经验分享

除了学习我还喜欢旅行，与其说是旅行不如说是修行。骑一辆自行车，翻山越岭，风餐露宿，体会破釜沉舟带来的挑战，感受一步一步追逐目标的激情，坚定自己内心的信念，最终领略到最美丽的风景。学习亦是如此，戒骄戒躁，不断挑战、拼搏、坚持，在克服困难的同时，掌握克服困难的方法，不断进步，才能学到宝贵的知识。道路永远是崎岖的，若身体不在路上苦修，那就要让灵魂走上路途。书海无涯，耐住寂寞才能让灵魂扬帆远航，代替身体追寻彼岸。

从梦想起航

建工学院　甘硕儒

获奖者简介

　　甘硕儒，男，汉族，共青团员，北京工业大学建筑工程学院给排水科学与工程专业本科生。大学期间曾获得 2016～2017 学年国家奖学金，连续三年获得北京工业大学校级学习优秀奖，连续两年获得北京工业大学校级三好学生、科技竞赛奖，2015～2016 学年获得建筑工程学院桑德二等奖学金，荣获第八届全国大学生先进成图技术与产品信息建模创新大赛二等奖、第六届全国大学生数学竞赛（预赛）三等奖、第五届北京市结构设计竞赛一等奖、2014 年北京工业大学物理竞赛二等奖、第七届北京工业大学水创新竞赛三等奖。

事迹介绍

思想是行动的指针

　　大学时期是一个人世界观与人生观形成的黄金时期，选择正确的思想信仰定将使大学生终身受益。世间最伟大的力量，莫过于精神的光芒。无论学什么专业，从事何种职业，只要有正确的人生观作为前进的航标，人生的结果都将会幸福圆满。在大学期间，甘硕儒积极参加业余党校培训，认真学习马列主义、毛泽东思想、邓小平理论和"三个代表"重要思想，深入学习落实科学发展观和习近平系列重要讲话精神。虽然理论学习的过程会有些枯燥，但是当他真正地把"全心全意为人们服务"落实到生活中，把奉献当作人生一大幸事的时候，他发现，人生最大的幸福莫过于享受奉献的快乐。他带着这份享受与快乐，慢慢试着将理论与实践相结合，不断提升自身素质。经党组织考察，被推选为入党积极分子。

学而时习之不亦说乎

学之不已，正如鸟儿学习飞翔，既学之而又时时练习，则所学的技能日益娴熟，心中喜悦油然而生，学不悦乎！学习，是大学生的本职，更是天职。学习，是一种责任，更是一种信仰！大学的优势在于它赋予每个学生更广阔的空间去发掘自己的潜能，发挥自身的优势。

进入大学，在学习上他并没有放松对自己的要求。对待每一门课程他都仔细认真，一丝不苟。学习并不是一件轻松的事，而他把学习当作是一种孤独的爱好。每天早早地伴着晨光走进图书馆，深夜又踏着路灯回到寝室。天道酬勤，一分耕耘，一分收获。进入大学以来，他的成绩一直在专业名列前茅，各门成绩优秀，大学前三年的成绩一直位列专业第一名。

进入大二后，随着所学的专业知识的积累，对于专业的认知也不断加深。他开始尝试着参与一些科研项目和竞赛，先后两次参加了北京工业大学水创新大赛，参加北京市高数竞赛、北京工业大学物理竞赛、"高教杯"全国大学生先进成图技术与产品信息建模大赛、北京市结构设计竞赛。教室和实验室里有他挥洒的汗水。他深知，如果不去利用与创新，知识最后也只是知识，经过创新的知识才会变成力量。而创新正是对知识思考与求证的过程。通过这些科技竞赛，他真正感受到科技与生产力的转化，也让他进一步对团队协作有了新的认识。

不仅如此，他还先后入选了"北京工业大学杰出学子新生计划"和"北京工业大学杰出学子计划"，提前进入实验室去学习科研知识。在与老师讨论定题以及实验过程中，他锻炼了独立分析问题、解决问题的能力，学到了很多课堂上学不到的知识。在指导老师和师兄师姐的帮助下，他从一开始对实验室工作的陌生到轻车熟路地开始实验，收获颇丰。

在大三下学期暑假，他参加了清华大学2016年暑期学校，接触到了专业前沿领域，开阔了视野。与来自世界各地的学生交流和探讨环境问题，让水处理事业在他心中变得无比重要。大四以后，他以优异的成绩被成功保送至哈尔滨工业大学市政环境工程学院进行深造学习。这些是对他付出的肯定，更是对他的鼓舞，激励着他一次次展翅，向着更高、更远的目标前进。只要不停歇奋斗的脚步，每一个理想插上翅膀都会翱翔。

责任意味着主动担当

他没有担任班干部，但他并没有因为不是班干部而放弃自己的责任。到了大学，很多人已经将目光从书本上移开，投向了其他方面。而他在完成自己的学习任务的同时，总是想尽各种办法，帮同学们把成绩提高上去。帮助同学学习是一种责任，而责任就在于主动去担当。学期中，他经常会拉上班级同学一起自习，图书馆里，总能发现班级同学集体自习的身影。规劝最好的方式不是语言，而是用行为潜移默化的影响。于是他每天都尽可能早地到图书馆学习。期末，他总能把自己平时归纳总结的材料拿出来和同学共享，并且在做好自己复习的前提下，帮同学归纳各科重点，对个别基础稍差的同学，他还会单独帮同学复习、讲解。

有付出就会有回报，经过全班同学的共同努力，130432班的学风一直在学院名列前茅，同学们学习的热情变得更高了，也看到了老师脸上的笑容，听到了老师口中的赞叹。由于成绩优异，他所在的班级130432班于2015～2016学年度荣获北京市优秀班集体等荣誉称号。

抓住每一个机会

孔子说过，有德行的人不会仅仅只通一才一艺而已。大学不只是一个扩充自己知识量的殿堂，更为每一位同学提供了展示自己的舞台。由于专注于学业，他并没有过多地参加各种学生会活动，但是他会抓住每一个尝试新事物的机会。大一他代表班级参加建工学院新生运动会获得1000米长跑第7名的成绩。在课余时间，他还应机电学院皇甫平老师邀请担任建工学院土木系《工程图学实践》课程的助教，并在课后为大一同学答疑解惑，受到了老师和同学们的一致好评。

作为一名当代大学生，他很清楚将来自己对社会的责任和义务。他积极参加志愿服务活动，利用暑假期间参加家乡的大学生志愿者活动，为农民工家庭的小孩免费提供小学一年级、二年级的暑假学习指导。同时他还为"助农村孩子喝干净水"项目、北京工业大学支教团"梦圆"基金项目献出了自己的一份爱心。

经验分享

感谢北工大，给我提供了一个广阔的舞台，让我能够发挥自己的特长，不断成长，不断进步。同那些有才华、有能力、闪闪发亮的佼佼者相比，我平凡得如同一枚未经雕琢的璞石。但只要有一颗坚定执着的心，日积月累，水滴石穿，经过一点一滴的积累和奋斗，任何人都能收获最终的成长。把结果看淡，我们才能有勇气向前；把每件事做到最好，我们才能收获成功；把感恩之心藏在怀里，我们才有源源不断的动力。奋斗一直在继续，最好的改变自己的时机是现在。我会坚持不懈，朝着梦想不停地奔跑。

雨后艳阳，有梦有马

建工学院 朱婷婷

获奖者简介

朱婷婷，女，汉族，中共党员。北京工业大学建筑工程学院供热供燃气通风及空调工程专业四年级博士生。获得 2015～2016 学年研究生国家奖学金，2016 年度博士研究生创新奖学金；2015、2016 年度获校科技创新特等奖 1 项，一等奖 2 项，二等奖 1 项，优秀奖 3 项；2011～2012 学年获得北京工业大学校级学习优秀奖、院级"三好学生"奖；2016 年获 Advances in Engineering, Key Scientific Article Certificate；获第五届全国大学生节能减排大赛全国三等奖、2014 年北京市科学技术奖一等奖（排名第 6）。

事迹介绍

起舞姑娘与拼命三郎

每一个不曾起舞的日子，都是对生命的辜负。是的，她也在努力起舞，在教室，在实验室，在银杏花开叶落的季节里。

她是一个来自大西北的农家姑娘，本科就读于兰州交通大学建筑环境与设备工程系。带着对帝都的向往，对象牙塔的敬仰，一路向前，于本科毕业之际以年级第一的成绩保送至北京工业大学硕博连读。她有着与众多保送生相似的成长轨迹，可是这种轨迹在她身上却呈现出了不一样的精彩。靠谱，执着，热忱，活力，这很朱婷婷！

你能想象到这么一个文静的女生，在搭建实验台时，拿着扳手、锤子卖力干活的样子么？这时候，说她女汉子一点都不为过。因为科研时候的她，是沉醉的，是执着的，是不修边幅的。曾经为了力求实验台倾斜度精度，穿梭于楼顶护栏旁。因为太投入，从台架上下来的时候硬生生被角钢勾住了裤子，然后那裤子就回姥姥家了。因为这件事，还被起了"拼命三郎"这样的外号。大太阳下的实验，她不介意被暴晒。在她看来，只要能把实验搞成，晒成小麦又何妨？她觉得，自己是幸运儿，一路碰到那么多美好的人（所有的老师、同学），所以才被垂青，来到了北工大，来到了她仰慕的导师团队，来到了众多优秀的人中间。她怕如果自己不够努力的话，会成为那个趴在井沿只向外看了一眼就掉下去的青蛙，会很遗憾。为此，她在默默努力着。

科研与人生三境界

王国维在他的《人间词话》中说到人生三种境界：第一种境界是"昨夜西风凋碧树，独上西楼，望尽天涯路"，第二种境界是"为伊消得人憔悴，衣带渐宽终不悔"，第三种境界是"众里寻他千百度，蓦然回首，那人却在灯火阑珊处"。可以说，朱婷婷的学习之路、科研之路也在经历着这样的过程。

望尽天涯路

研究生一年级的起始，她也曾茫然过，她觉得对科研的事情知之甚少。但是她会很积极地跟导师请教，跟同学探讨。很快，研究的方向就确定了，她投入到针对性的文献积累和阅读中。因为只有这样，才能对研究的概貌有一个总体的把握，因为只有这样，才能"望尽天涯路"。这一阶段，离不开她的导师赵耀华教授的正确引导，离不开她的指导教师刁彦华老师的悉心指导，也离不开全贞花老师在生活上的帮助。所以在朱婷婷心里，感恩常在。

为伊消得人憔悴

有了在文献方面的积累，又凭借着课题组强大的科研平台支撑，很快，她就进入到实际动手操作阶段，寓学于用，设计、搭建、运行实验台。这是第二阶段，便是她"为伊消得人憔悴"的阶段。要做成一台实验，就跟做成一个事业一样，不是轻而易举的，必须经过一番辛勤的劳动。是的，对于从事科研的人来说，并不是每次尝试都能顺风顺水，每一次成功的实验背后，都饱藏着排除万难的过程。从事太阳能热利用的研究，就是靠天吃饭、成事在人的过程。而往往有时候，天气晴好，却遇到仪器故障，这些都是需要克服的。每做完一天的实验，到晚上就要整理分析，查漏补缺，往往都会忙到晚上十一点多。回首这段时期，她觉得，是苦中有甜，也正是有这个阶段，她才能得到提升，才能领悟科研的真谛。她说，只有你拥抱"科研"，它才会报你以微笑。

进入博士阶段，她还在继续"为伊消得人憔悴"，这是一个漫长的过程。因为第一篇 SCI 投稿的各种不顺利，她焦虑过，为此还失眠过。但是很快，她调整了心态，要成功，不经历点失败怎么能成。

那人却在灯火阑珊处

在抓紧实验进度的同时，她也不忘通过锻炼来放松自己，每天都会去操场跑十圈，连续两年报名参加了北京市迷你马拉松比赛，其中一次还跑进了小组前 50 名。

工科女博士，似乎从来都是"特殊"的存在，朱婷婷作为其中的一员，把"特殊"发挥到了极致。她能做到科研的时候忘我，能做到手到、心到；娱乐的时候欢脱；郁闷的时候拿小本本写写心里的文字；难过的时候也能像小丫头一样打电话回家，说，"妈，我想你了"。她是百变的，也是不变的。她变在对不同事情果断的处理方式，不变在她执着坚韧的态度。现在的她，俨然已经进入到了"众里寻他千百度，蓦然回首，那人却在灯火阑珊处"的阶段，她经历过大大小小的科研项目收获了不错的科研成果。她已经沉淀下来，继续前行，只是她还不自知而已。对人热忱，对事冷静，对科研严谨，对生活充满活力，这就是她的态度，她的轨迹。

科研的路很长，好在一路有众多美好相伴。她的家人，她的老师们，她的师弟师妹们，她的同学，都是这种美好，她的心里早已满怀感恩，满满感动。她会告诉每个人，她喜欢刘若英。她说，在 27 岁的年华里，还能有幸说出自己的崇拜，似乎犹在当年。她说，"我抬头，看到飞机划过长空留下的一道银色烟幕，很美！我站在学校的银杏大道上，看到三三两两的行人欢声笑语，很知足！我的眼睛走过季节，看到了银杏落叶、满地金黄的唯美！"

经验分享

科研的路上，离不开身体力行的坚持，离不开认真严谨的态度，更离不开团队协作的精神。懂得团队协作将是人生中一笔不可多得的财富。

每一次成功的实验，靠的不仅仅是毅力，有时候还需要远在星辰之外的好运气。但是这些运气都是来自于平时对人的态度。所以，友善很重要，哪怕是对陌生人。因为，一颗阴暗的心，托不起一张灿烂的笑脸。

不要过分追求结果，只要用心，成功会与你不期而遇！

心怀一个梦，走出自己的节奏

环能学院 李胜悦

获奖者简介

李胜悦，女，汉族，中共党员。2013年9月入学，现为北京工业大学环境与能源工程学院环境科学专业2013级本科生。连续三年获得校学习优秀奖、校优秀学生干部、校三好学生，获得2015~2016年国家奖学金、2015~2016年桑德一等奖学金、2016年"东方仿真"杯北京市《化工原理》竞赛三等奖、2016年天津市大学生环境学科创新与实践能力邀请赛理论知识个人赛一等奖。

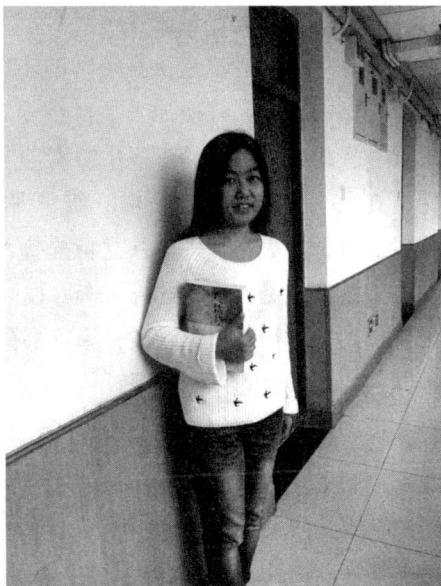

事迹介绍

大学伊始，她为了一个"环保梦"而来；岁月匆匆，在工大历时三个春秋，她在制定目标与完成目标的循环往复中逐渐走出了一条属于自己的坚实道路。

勤奋学习，力争上游

学习是学生的第一要务。自开学以来，李胜悦便以高标准严格要求自己，勤奋刻苦，积跬步，以至千里。面对基础必修课，她不忘高中时的脚踏实地，有不懂的问题及时向老师和同学请教，并认真对待每一次作业和考试；对待实践环节课，保持谨慎与好奇心并存的态度，尽量多动手，严格要求实验准确性；对于通识教育课，不轻视，不怠慢，充分拓展自己对于不同知识领域的了解；学习专业课，她更加专注认真，在获取知识的同时，建立学科之间的关系，形成知识体系，逐渐培养自己的专业技能。她始终相信：每一分努力、每一点积累，都会成为日后实现理想的基石。

当然，在自己进步的同时，她还不忘知识与经验的分享。在每学期末，李胜悦都会在学有余力的同时，安排对于考试课程的班级串讲，帮同学们分析知识点，并解决疑难问题，营造了良好的班级学习风气，使得班级整体成绩稳步上升。

耕耘之后的收获总是可喜的。经过三年来的不懈努力，李胜悦取得了所有主要课程全部达到了 90 分以上的优异成绩，并连续三年排名专业第一。有条不紊的学习节奏使她获得了"东方仿真"杯北京市化工原理竞赛三等奖、2014 ~ 2015 学年北京工业大学桑德一等奖学金等一项市级、四项校级、一项院级共六个奖项。

认真工作，公益生活

工作中的李胜悦是认真负责的。在前两年，提升自己的工作能力是她的主要目标。一开学，她便加入了自然爱好者协会这个公益社团，投身于各类志愿活动，在担任副社长的过程中将专业知识与环保热情相结合，身体力行宣传环保；在大一暑假，她担任了 13 级军训临时党支部书记，在军训之余，为同学们提供服务；在大二，她进入党员先锋社，与优秀党员一起为全校师生的党建活动添上了鲜艳的一笔；此外，李胜悦同学还曾任本科环境科学党支部宣传委员，为支部的各类活动出谋划策，为支书分忧……虽然三年来，她在不同的时间段、不同的岗位担任过不同的职务，但她的主要职务还是本科环境科学班的班长。一方面，督促同学们的学习，在保证出勤率的前提下，取得令自己满意的成绩；另一方面，她与各位班委一起，积极组织各类集体活动，增强班级凝聚力：与同系联谊、班级庆生、外出游玩、元旦包饺子等等，每个场景都是大家团结友爱的见证。大学四年，美好而短暂，也许有些人在以后的生活中再也见不到了，李胜悦希望通过自己的努力，让每个人，在自己最美好的时光里，拥有最璀璨而温馨的回忆，拥有一群他日回想、莞尔一笑的特殊的"家人"。

生活中的她总是乐观向上的。这三年中，李胜悦同学在课余时间总是尽己所能参加各类志愿活动。到打工子弟学校支教、到南磨房小学进行环境教育、在"中国水日"进入社区宣传节水知识、参与"西部温暖计划"为西部贫困区捐献物资……各类公益活动像一泓清泉，净化着她因纷杂社会而迷茫的内心，让她能够更加阳光乐观地面对人和事，面对每一天，努力向周围传递属于自己的正能量；也始终提醒着她那个坚持多年的梦想，做公益，做环保，虽是小事，却有着滴水穿石的力量。

科研探索，脚踏实地

在科研探索方面，李胜悦同学始终秉承着踏实肯干，乐于探索的精神。在大一一开学，她便参加了第三期"杰出学子新生计划"，试图在基础知识中向前探索；在之后的社会实践和科技夏令营中，发现并明确了自己的专业兴趣；在大二暑假，她进入中国环科院进行为期一个月的实习锻炼，并到张家口大唐电厂进行实地的颗粒物采集以及分析工作。大三开学，她便进入实验室学习各类专业技能。

虽然平时各类事物繁杂，但李胜悦始终不放弃自己对于科研的坚持，定期与老师交流课题进度，讨论新的想法，掌控自己的节奏。旁人看到"保研"的她，总会觉得大四无事一身轻了，然而只有她心里清楚，她正在向前的每一步，是怎么样的艰辛，无关乎成绩、荣誉，那是她对自己的要求。"法乎其上，得乎其中"，如果不为自己定下更加远大的目标，如果不更加珍惜时间努力奋斗，如何才能成就更好的自己，又何谈用知识武装自己，为祖国换蓝天。

参与发表的二区文章、各类软件模型的掌握、文献检索阅读能力的提高是对她努力的初步肯定；独立思考、发现问题、解决问题的能力是她勤奋的硕果。她相信，这些能力在她的未来发展中是必不可少的，也一定能成为她仰望星空的力量。

活在当下，展望未来

经过大一的积淀、大二的探索、大三的发展，她对科研的热情与日俱增；随着基础的夯实、兴趣的发现、专业技能的提升，她的人生之路也愈发清晰。因为心中有个理想，所以珍惜现在的每分每秒，努力奋斗；因为未来无法掌控，所以宁愿"两耳不闻窗外事"，掌控自己的节奏，朝着目标，在选择的道路上坚定不移地走下去。

经验分享

我不认为自己比谁更聪明，我只是愿意拿出比别人更多的时间去弄明白我不懂的问题；我不知道自己是否会长命百岁，所以我希望按照自己的节奏，将每一天过得丰富多彩，自己无悔，对他人有益；有人说"成功其实并不像励志片里说的那样艰辛，只要一生一心一意去做这件事，总会成功的"，正好我有个理想想要实现，打算亲自试验下这句话是不是真的。我们都是普通的人，但可以选择去过一个不普通的人生。重拾自己最初的梦想，走出自己的节奏吧。

复杂到简单，浮躁到平静，自卑到自信

环能学院 袁悦

获奖者简介

袁悦，女，汉族，中共党员。2011 年 9 月被保送到北京工业大学环境与能源工程学院环境科学与工程专业就读硕士研究生，于 2012 年获取硕博连读资格。研究生期间，先后获得了如下奖励：2012 年研究生学习优秀一等奖；2014 年"博士生创新奖学金"和"三星奖学金（科技创新与实践奖）"；2014～2016 年科技创新奖（特等奖和二等奖）；2015～2016 年优秀研究生；2016 年"研究生国家奖学金"。

事迹介绍

"不经历风雨怎么见彩虹，没有人能随随便便成功"，她也不例外，一路跌跌撞撞、摸爬滚打才成就了如今简单、平静、自信的她。

复杂到简单

她在入学典礼上写下了对自己未来研究生生活的寄语"做一个简单的人——简简单单地生活，简简单单地做事"，不成想说着容易做着难。她第一次做科研项目预算时，可谓花费九牛二虎之力，却依然是以蜗牛般的速度前行，"好复杂、好难啊"是她脑子里一直闪现的词汇，到最后这种状态也没能改变，预算是做完了但是没做好，上交了一份令老师不满意的结果。经历过这样一次失败，她认真地检讨了自己，"其实事情本身不难，是自己没能找到切入点，而且自己带着一颗复杂的心去做一件简单的事情"。从此以后，她每做一件事情，先分析事情的入手点，然后再一点点地做下来，如此一来，省时省力，结果还令人满意。这样一种简单的思维方式和做事方式也影响到了她的工作，从研二到博四，实验室的获奖、专利等好几百个项目被她管理的有条不紊，即便是遇到前脚给出、后脚就得返回的资料填写，她都能够应付得如鱼得水，工作能力大大提高，得到了老师的认可。同样，在生活中她也是简简单单的，不会消耗精力去想明天会发生什么，这样做别人会怎么看自己等诸如此类的琐事，如此，收获了不少快乐。她还是做到了当初为自己写下的生活寄语——简简单单地生活，简简单单地做事。

浮躁到平静

她第一次做试验时，试验结果数据毫无规律，她觉得自己白白浪费了几天时间；第一次修仪器时，花了4个小时依旧没能修好，她觉得把时间花在修东西上，实属浪费。她在意事情的结果，而非过程，这一理念让她躁动不安，即便有时候结果是好的，她也感受不到多大的成就感，带着一颗浮躁的心去做科研也不会做好到哪去。于是乎，她试着去改变，开始读一些书籍，像路遥的《平凡的世界》《人生》，龙应台的"人生三书"，杨绛的《我们仨》等，周末有时间了就出去爬爬山或者走出校园接触接触学校之外的社会。久而久之，书籍的熏陶，登山时的思考，跟他人的接触慢慢抚平了她躁动的内心。她在工作中，比如：去财务处办理业务时，往往要等上一两个小时，她不再像以前急躁的，而是掏出一本书，边看边等办理业务；在实验室准备国家工程实验室用的支撑材料时，她能待在电脑前做好几天，先是出个大样，然后一遍一遍地修改，标点符号也不放过，即便需要在周末加班加点，她依然很耐心、很安静地把它做好，直到最终版本敲定。在学习中，若是试验没有得到预期的结果，她就先分析为什么会有不一样的结果，然后就再重复两三遍，综合这几遍的试验结果，静下心来思考整个试验；实验室里遇到修修补补仪器的事情，她都会主动地去参与，而不会再觉得是浪费时间，在修补的过程中，努力让自己去学习一些新的东西，这样更加深了对仪器的了解。即将毕业的她，面临着找工作的压力，这种压力没有让她乱了阵脚而是增加了一份去了解自己行业的动力，她每天都会腾出1~2小时的时间来仔细查询和自己专业相关的工作，有时候会碰到合适的，但有时候就碰不到，无论有没有，她都会以平静的心态来对待，因为她知道工作是急不来的。

自卑到自信

刚踏入实验室做自我介绍时，她支支吾吾、紧张得不得了，在她看来，下面坐着的每个人在科研上都比她优秀，虽说是被保送到北京工业大学读研究生，但她依然自卑，怀疑自己在科研方面的能力。有时候倒退也是一种胜利，就像拔河比赛，为了试图找回曾经自信的自己，她索性把自己从原来的优秀生变成差生，重新一步一个脚印地往上爬，毕竟从 60 分考到 100 分要比从 90 分考到 100 分更容易。此外，她还从做自己擅长的事情中获取自信心，比如打羽毛球、打篮球。她写第一篇英文论文，花了 1 年的时间，每一个单词，每一句话都是她反复琢磨、认真考虑后敲上去的。正因为她的这份认真劲儿，第一篇 SCI 很顺利地就被接受了。她这才有了认为自己在科研方面也行的勇气和信心。有了在科研上第一次的成功经验，那么第二次便会信心倍增。在 2014 年申请博士创新奖学金时，除了拿出自己已有的研究成果外，她还做了一系列的准备工作，包括制作答辩 PPT，演练 PPT，回答专家可能提问的问题。等到正式答辩时，无论是语速、汇报思路还是回答专家问题，都掌握得刚刚好，下场的一瞬间她就觉得答得特别好，压根就不在乎能不能入选得上。对她来说，相比结果，这种自信的感觉或许更美妙。

经验分享

首先谈谈心态，每个人并非生来就完美，认清自己的优点和缺点，将优点发挥到极致，慢慢弥补自己的缺点。每个人的情绪也并不是时时刻刻处于好的状态，而是像抛物线，有低落、有平静、有高涨。低落时，不妨给自己的心灵放个假，读一本喜欢的书，看一场喜欢的电影，或者操场上跑几圈发泄一番，总之，不要把时间浪费在抱怨、胡思乱想上。其次谈谈努力，我不是聪明的人，但我懂得努力，听老师讲课，课上消化不了的，课下反复练习，听课题组同学汇报，不懂之处及时交流，不积攒不懂不会的问题。

人人都想成为焦点，都想拥有各种荣誉，但是太过在意，往往失之交臂。只要努力付出了，把心态放平了，结果就不会差！

勤奋、踏实、分享

数理学院　赵卓静

获奖者简介

赵卓静，女，汉族，中共党员。2013 年 9 月入学，现为北京工业大学应用数理学院应用物理专业四年级本科生。荣获 2015—2016 学年国家奖学金，连续三年获得北京工业大学校级学习优秀奖，获得 2013—2014 学年北京工业大学三星奖学金学习优秀奖、2015 年北京工业大学物理实验设计竞赛一等奖。

事迹介绍

她与学习

她是一位理科女，本科专业是应用物理学。这个让人听起来倍感枯燥、难学的专业，一向被人认为不适合女生学习，但她用实际行动证明了女生也一样可以学好物理。

赵卓静同学三年来的成绩一直优异、稳定，这与她勤奋、踏实的性格密不可分。因为高中时对物理学的热爱，她在高考填报志愿时，将应用物理专业作为了第一志愿，并如愿来到了北京工业大学应用数理学院。入学后，她没有丝毫懈怠，反而更加努力。她总是到教室最早的那一个，延续着中学时代的早自习传统，因为她认为一天之际在于晨。早晨伴随着窗外小鸟的叫声，人的思维总是最活跃的。她非常善于归纳、总结。大学的知识量非常大，如果知识像一盘散沙一样，是没有办法在知识之间建立起联系的，也就无法真正学以致用。

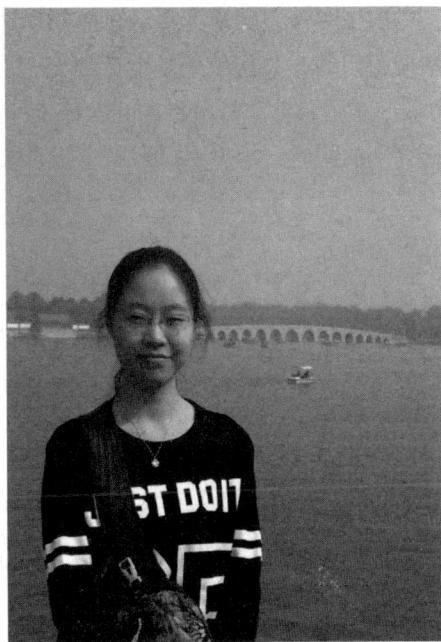

因此，每门专业课她都会认真地进行归纳总结，在这过程中，她对于知识又有了进一步的理解。

通过三年的不懈努力，赵卓静同学取得了专业排名第一的好成绩。在别人眼中，她应该是一个特别聪明的人，但只有她自己知道自己所取得的成绩不是因为自己比别人聪明，而是因为她持之以恒的勤奋努力，以及对待学习踏实严谨的态度。三年前的赵卓静，并没有想一年后甚至三年后自己要取得什么样的名次，想的只有要多学习物理知识，因为那是她的兴趣所在，是她当初的志愿。也许正是因为这种心无旁骛，她在学习中非但没有感到负担，反而学习得非常快乐。

她与实践

除了专业课的学习，赵卓静同学还非常注重实践。在大一时，她就参加了学校组织的"杰出学子新生计划"，在导师的引领下走进了实验室，并自学了Origin作图软件。每次路过奥运场馆，感慨奥运场馆的太阳能电池板上怎么有那么多土的同时，她也意识到灰尘是否会对太阳能电池的性能造成影响。于是在大二时，她申请了学校的"星火基金"，项目的名称就是"灰尘对太阳电池性能的影响研究"。在项目研究中，她和小组成员团结协作，从设计实验、完成实验，到数据分析、结果讨论，都认认真真地一步步完成，也终于从数据的角度解答了她的问题。基于"星火基金"的研究，大三时，她参加了北京工业大学物理实验设计竞赛。在竞赛过程中，她不断改进实验方法，力求实验数据的精确度，并最终取得了一等奖的好成绩。后来，她将实验过程、数据分析以及结论进行了总结归纳，撰写了论文《灰尘对硅系列太阳能电池性能的影响》，并于2015年10月9日收稿于《物理实验》杂志，2016年3月发表。

她与工作

刚入学，赵卓静同学就向党组织递交了入党申请书，并于2014年12月成为一名中共预备党员。在她看来，入党不仅光荣，更是责任与担当的象征。入党后，赵卓静积极参与党内的政治生活，在2015年"红色1＋1"党支部共建活动中，她承担起了联系共建支部的职责，并积极参与共建活动。2016年，在学校举办的"学长伴你行"活动中，赵卓静与大一新生的一个宿舍结对，平日里解答他们的一些问题，时常关心他们的学习和生活，帮助他们逐步适应大学的节奏。赵卓静始终认为，身为一名共产党员，应该给周围同学起到榜样的作用，并应该全心全意地为同学们服务。

她与生活

赵卓静在生活中非常谦虚，对于他人的意见和建议都会耐心地听取，时常自省。自从初中学习了那句"吾日三省吾身"，她就一直将自省作为一种习惯，并保持至今。她还是一个勤俭节约的人，不奢侈不浪费是她的原则。食堂中，她总是食物吃得最干净的一个。

她喜欢安静，课余时间喜欢看课外书，她认为看书不仅可以磨炼一个人的耐心，更能够开阔人的视野，增长人的阅历，启迪人的思维。只有广泛的阅读才能够完善知识体系，否则就算专业知识再丰富，知识面也是非常狭隘的。除此之外，她还关注时事新闻，她认为作为一名当代大学生，不能够"两耳不闻窗外事，一心只读圣贤书"，身为社会中的一分子，是有责任、有义务了解国家动态和世界格局的。

她与同学

赵卓静同学始终以真诚的态度和周围同学相处。她乐于助人，不管谁需要帮忙，只要在她能力范围内的，她都会毫不犹豫地伸出援助之手。学业上，无论哪位同学有什么不会的问题，她都愿意和他们一起研究、探讨。每到期末，她都愿意将自己手头的资料拿来与大家分享，因为她始终认为"独学而无友，则孤陋而寡闻"。她也会将资料分享给学弟学妹们，在学业上为他们尽一点绵薄之力。她认为分享可以在很大程度上减少自己或他人的时间，避免了走弯路，在很大程度上提高了工作效率。

她与荣誉

赵卓静同学从没有想过自己一定要拿什么奖，她不是在为奖项而奋斗、努力，她是在为了理想而努力。也正是如此，才使得她在三年的学习中能够一如既往的勤奋与踏实。在三年的大学生活中，她很感谢周围同学的帮助与分享，如果没有他们的帮助，她会走许多弯路，浪费许多时间。而今有幸获得了国家奖学金，既是对她学习的一个肯定，也是对她未来追梦之路的鞭策。

经验分享

书山有路勤为径，学海无涯苦作舟。学习没有捷径，其秘诀唯有勤奋二字。在学习过程中，不应过度追求结果，而应享受学习的过程。只有不忘初心、踏实勤奋，才能真正学到知识，才能够体会到知识带给我们的乐趣。处于大数据时代的我们，很容易被大量的信息所干扰。网络使得我们的生活更加的便利、获得知识的途径越来越多，但也使得我们的生活变得浮躁。所以在平时的生活中应当合理使用网络。最后，一定不要吝啬，要学会分享，同学间的相互分享是共同进步最好的方法。

坚定自我，敢爱前行

数理学院　程楠

获奖者简介

程楠，女，汉族，中共党员。2013年9月入学，北京工业大学应用数理学院统计学专业研究生。获得2016年研究生国家奖学金、2014~2015学年北京工业大学优秀研究生、学习优秀二等奖、首都大学"先锋杯"优秀团干部、北京工业大学学生优秀共产党员标兵、北京工业大学优秀辅导员。

事迹介绍

亦师亦友的"领头雁"

在担任数理学院团委书记期间，程楠始终本着负责的精神，积极开展各项工作，在基层组织建设、学生干部培养、学生课外科技创新、社会实践、志愿服务、校园文化建设、宣传等7个基础方面硕果累累。其中2014年她指导的舞蹈《鸿雁》给全校师生留下了深刻的印象，也在她两年的教师生涯中烙下了深深的印记，成为永恒的记忆。

参演《鸿雁》的每一位同学都是她亲自邀请加入进来的，大家热情高涨。训练中困难也是不少：一是大家都没有舞蹈基础，而蒙古族舞蹈《鸿雁》对于舞蹈技巧和韵味要求非常高；二是训练场地紧张，有时候找不到训练场地大家就在大厅或楼道里练习。但是大家都没有怨言。同学们不怕苦、坚持不懈的精神一直激励着她。她与舞团的同学们一起成长、一起付出、一起感动。拥有如此多美好的回忆是整个过程中最快乐的事情。

在程楠的带领下，数理学院团委获得2014年度"五四红旗团委"称号，学院学生在科技、文化、艺术、体育等多方面取得骄人成绩，获得团体奖9项，个人获奖达到 33 人次。

雁群要顺利抵达南方，离不开一只勇敢的领头雁：它不仅要有明晰的方向，更要有吃苦耐劳、甘于奉献、无畏艰难的精神。而她，就是那只领头雁。简单质朴是她的气质，那些默默服务的日子终将化成美好的回忆，激励她一直前行。

老师身份，朋友姿态

程楠同时还是 12 级的辅导员，而这些 12 级学生其实只比她小两三岁。她非常喜欢和学生在一起。工作中他们是老师和学生的身份，生活中他们是相互了解、相互体恤的朋友。有任何事情学生们都会主动找到她，向她倾诉，说出他们的困惑，大家一起畅谈，共同解决问题。这份信任是程楠工作中坚实的基础。同学们肯定的眼神或者热情的拥抱都能让她感到满满的温暖，所有的付出会在这一刻得到不可替代的回报。

除此之外，程楠也是 12 级本科生党支部书记，她将专业特色与支部建设有效结合，开展了学业"手拉手帮扶计划"以及寒、暑假专业课题社会实践调研等支部活动，让理科的学生们走出课堂，走进社会，联系生活，实践锻炼，并连续两年与社区开展"红色 1＋1"支部共建活动，在 2014 年北京高校"红色 1＋1"示范活动评选中荣获优秀奖。

因为程楠曾经也是数理学院的一名本科生，她深知理科生的特点与专业需求。所以她竭尽所能，为学生们创造丰富的实践锻炼机会，搭建更高、更广阔的平台，希望学生们能在了解自己的同时追求更远大的目标。

热爱专业，勤学多思

程楠是统计学专业的一名研究生。在入学时她就为自己设定了学习目标，并且结合实际情况制定了详细的学习计划。由于前两年需要一边工作一边上课，她放弃了很多休息的时间研究专业课程。平时她认真工作，耐心细致地对待工作中的各项事务；晚上她利用休息的时间学习专业课程，与同专业的同学一起沟通探讨。遇到难以解决的问题时，她会主动与导师交流讨论，使难点逐个攻破，内化为自己的知识与方法。一到周末，图书馆便是她最常去的地方。在那里，她经常翻阅国内外的专业书籍。找到与研究方向有关的文献，她会认真地做笔记，一点一滴地积累，逐步深入自己的研究方向，将想法和推断转化为实际成果。慢慢地，她发现自己越来越热爱专业，越来越希望能在研究的道路上走得更远。

在导师的带领下，程楠正在进行一个新领域的统计研究。虽然目前国内的相关成果还很少，但她一直坚信，只要不断努力，不断尝试，不断突破，一定可以有新的收获。

感恩生活，真我本色

生活中的程楠大方、果敢，热爱生活，喜欢旅行和运动。她会和学生一起参与公益活动，一起组织义卖，把大家捐赠的衣物和书籍定期寄往山区，帮助那里的留守儿童，让他们感受到千里之外的关爱与温暖；她会跟朋友们一起参加志愿者活动，不论规模大小只要她有时间一定会尽自己的努力给他人带来便利与快乐，从中收获更多的感动与鼓舞，将乐观与积极的生活态度传递给身边的每一个人；她参加了读书会，与各行各业的书友们共同交流讨论，不仅开阔了眼界，也让她体验了不同的人生经历，对生活有了新的体会与认识。她喜欢尝试新的事物，喜欢去探索，喜欢迎接每一个挑战。因为生活对她而言，都是美好且充满希望的，她不愿浪费每一秒珍贵的时光，只想让平凡的生活跳跃出属于自己的璀璨光芒。

一个心中有着坚定信念的人，一个对生活有着大爱的人，即使遇到再多困难，也能笑一笑克服。程楠亦是如此，笑对生活，明确方向，敢爱前行。

经验分享

一颗热情的心和一份真诚的态度，是在这个喧闹世界中守得宁静不可缺少的部分。不要被繁杂的环境迷惑了自己，保持住那一份本真，这是她乐观生活的动力源泉。对于想要追求的目标，不要急躁，哪怕途中跌倒，冷静分析后勇敢地站起来，不忘初心地继续前行。心中有爱的人才能坦然面对生活，才会在经受烦扰时成为自己最大的后盾。保持内心的宁静，坚守自己的目标，勇敢大步向前，一定会收获不一样的精彩。

勿忘初心，方得始终

材料学院 黎瑶

获奖者简介

黎瑶，女，汉族，共青团员。北京工业大学材料学院材料科学与工程专业研三学生。2010 年在北京工业大学读本科，2014 年保送至北京工业大学攻读硕士研究生。获得2015～2016学年度国家奖学金、科技之星提名奖、科技创新一等奖，连续两年获得北京工业大学优秀研究生奖，获得 2014～2015 学年度北京工业大学学习优秀一等奖、社会工作奖等奖学金以及北京市优秀毕业生等荣誉称号。

事迹介绍

学习中的她

黎瑶同学是一个善于规划的人。刚进入大学的她似乎并没有经历迷茫期和调整期，早早地就为自己立下一个目标：努力学习，做一名出色的学生。她几年如一日地坚持着最初的目标，虽然遇到一些坎坷和困难，但她始终都在进步。从大一成绩并不很理想，到大三成为年级第一、大四获得"北京市优秀毕业生"的称号，最终保送研究生，她一直在进步。研究生期间，黎瑶同学也丝毫没有放松对自己学习方面的要求，姝杰庶端正，勤奋好学，再次以年级第一的成绩获得北京工业大学"学习优秀一等奖"和"优秀研究生奖"。

科研上，黎瑶同学积极投入到科研项目中，从来不被动地等待老师的科研安排，而是主动寻找科研机会。本科期间，她就参加学校为本科生提供的"星火基金"的项目，开始接触实验室，把课本上的理论知识运用到实践和项目中去。研究生期间，她更是每天早出晚归地待在实验室，查阅大量中英文文献，设计研究方案。她充分利用各种可能的资源，与老师同学讨论交流，获取突破研究难点的关键点。

她参与国家"863计划"《多元复合胶凝材料全生命周期设计制备关键技术》和北京市自然科学基金《新型节能建材的环境性能评价与设计的关键问题研究》，并以负责人的身份参加北京工业大学为研究生设立的"科技基金"。每一个项目，她都有清晰的研究路线和目标，积极地做调研，在实验中不断改进方案，优化结果，也在实践中不断提升自己。她不怕失败，反复尝试，有幸参与中英国际合作项目《公共建筑全生命周期碳排放评价关键技术研究》，期间访英一次，引进了英方先进的评价技术和方法。

两年的研究生生涯弹指一挥间，她一步步跟着计划进行。虽然中途遇到很多麻烦，但是在导师和师兄的提点下，她学会了换角度思考问题，并将课本上的知识活学活用，在科研中找到了乐趣。最终发表学术论文5篇，其中SCI（JCR一区，影响因子4.959）1篇，EI论文2篇，核心期刊2篇，获2015～2016学年度"国家奖学金"、"科技之星提名奖"和北京工业大学"科技创新一等奖"等。成果看似偶然却也是必然。这些成果是对黎瑶同学几年来潜心钻研的肯定，也是她继续前行的动力。

工作中的她

在别人眼中黎瑶同学是个厉害的学霸，但是在她的心中，自己却只是个一直秉承着最初对自己的承诺的普通学生。她在日常生活中严于律己，在不断提高自己学习能力和道德修养的同时，也时刻准备着帮助他人，尽自己的力量让身边的同学、朋友都能感受到快乐。她性格开朗，待人真诚，学习之余，积极地投入到学生工作中。她主持过学院的奖学金颁奖晚会、辩论赛、元旦晚会等等。作为党政办公室助管和学生会办公室干事，她尽职尽责做到自己该尽的责任：完成学院党务行政工作的协调及日常工作，做好党员管理和科研统计工作，积极策划并参与材料学院举办的学术交流会等。荣获北京工业大学"社会工作奖"和"励志奖"。黎瑶同学始终觉得，青春应该用来做一些有意义的事情。因此每当看着自己参与的学院活动或学生工作完美落幕时，她的内心都会油然而生一种满足和感动。

除了学生工作以外，黎瑶同学从大一开始就投入到各种社会工作中，做过兼职，如服务员、促销员、家教、市场调研等等，也做过两份分别长达一年和半年的实习。这些经历，不仅让黎瑶同学从大一开始就做到了学费和生活费完全自理，更重要的是，当她投入到最基层的兼职中，她接触到了形形色色的人，看过了各种为了生活打拼的风景，便更能体会生活的不易，更加懂得感恩和坚韧的含义；当她投入到本专业行业的实习中，便更能把学校中学到的知识运用于实践，深刻认识到自身的缺陷和不足，从而更好地提升自己。她不再是那个包裹在象牙塔中望着天空做梦幻想的小公主，而是清楚自己的目标，会脚踏实地一步一个脚印走下去的奋斗青年。

生活中的她

黎瑶同学不是一个把目标定格在荣誉或者成果上的人，她只是脚踏实地地走好眼前的每一步，做好每一件她应该做的小事，成果都是水到渠成。黎瑶同学从来都不认为一个成功的人应该只着眼于自己的工作而忽略其他。当然，她还不是一个成功的人，她也不愿意做一个所谓"成功"的人。她只想尽己所能做一个有用的人，能带给身边的人温暖与快乐。工作中的她专注、一丝不苟，但生活中的她，却是一个性情中人。她喜欢笑，喜欢在阳光灿烂的日子里和朋友嬉笑打闹。当然，她也会哭，会因为迷茫和挫折而伤心落泪。但她从来不会赖在跌倒的地方不再爬起。哭过笑过后，她依然带着坚毅的眼神、日渐丰满的羽翼，开始新的征程。伴随着欢笑和泪水，黎瑶同学前行的道路并不孤单，因为有那么多支持她的朋友和爱她的家人。她每周都会和家里通电话，她明白自己身处远方家里的牵挂，她不想让父母担心。当然，家，也是她最温暖的港湾和永远的依靠。她还会去往更远的未来，但她从来都不是一个人。

这一个又一个的奖励，是荣誉，是激励，更是沉甸甸的鞭策。这不是结束，故事才刚刚开始。黎瑶同学必会带着大家给予她的肯定和希冀，更加坚定和执着地在自己选择的道路上前行。纵使未来会有更大的考验和艰难，她始终相信：勿忘初心，方得始终。

经验分享

选择一条自己喜欢的路，带着最初的悸动和执着，风雨无阻地前行，这是一件很美好的事情。纵然途中时而荆棘密布，时而汗泪并洒，但坚持下去，一定会收获意想不到的惊喜与感动。无论是学习、科研，还是工作、生活，我们都应该带着工匠精神和匠人情怀脚踏实地地走好眼前的每一步。阶段性的总结和回顾，会让我们在反思中前行，也会让我们不偏离最初的梦想。愿你们都能选择自己喜欢的道路，并为之脚踏实地勇往直前，定会有收获。

勿忘初心，方得始终，这就是我最想分享的东西。

努力学习，谦虚待人，踏实工作

生命学院　练中玮

获奖者简介

练中玮，男，汉族，中共预备党员。北京工业大学生命科学与生物工程学院生物医学工程专业 2014 级本科生。大学期间，曾获得 2015～2016 学年国家奖学金、校级学习优秀奖、校级优秀班干部、校级三好学生、2014～2015 学年校级学习优秀奖、2015～2016 校级物理竞赛三等奖。

事迹介绍

他叫练中玮，是北京工业大学生命学院 14 级生物医学工程专业的一名普通的本科生。2014 年 9 月，满怀着期待，他从河北省石家庄市来到了首都北京，来到了他向往已久的北京工业大学。身为新生的他，看着高年级同学们在学校里忙碌的背影，高中时代所听到的有关大学的种种负面传闻，逐渐在他的脑海里不攻自破。随着大学生活的开始和第一次班会的召开，在他脑海中取而代之的则是他要做一名在学习、生活、实践和思想上都非常优秀的大学生的坚定决心。在之后的大学生活中，他始终不忘自己的初心，坚持努力学习、谦虚待人、踏实工作的个人准则和为学校和社会做出贡献的奋斗目标。因为他知道，大学时期是人生最美好的学习时代，是青春年华的最佳时期，他更应该抓住人生中这宝贵的机会，给自己的人生之路打造出更为坚实的基础。

学习中的他

自从成为一名大学生以来，他始终不忘作为一名学生的责任——学习。在课上时间，他一直坚持理解每一节课的内容，记好每一节课的笔记，解决每一节课的问题，从不无故缺席任何一节课。并积极与老师互动，向同学询问他没有听懂的地方和不会的问题，同时也帮助周围同学将疑惑及时解决。在课余时间，他仍继续努力钻研更深的理论，学习更多的科学文化知识，去提升他的知识水平，扩展他的眼界。

学习成绩上，他在大一年级取得了班级第六名的好成绩，同时还获得了校级学习优秀奖。但他并不满足，他知道自己还有能力进一步提高自己的学习成绩。在接下来的大二一年，他更加努力地学习，每天坚持学习几个小时。那一年里，在一教或是三教总能看见他学习的身影，直到最后一声下课铃声响起，他才起身返回宿舍。经过他的努力与坚持，在大二年级他取得了班级第二名的好成绩，并且与第一名仅仅只有零点几分的差距，还再次获得了校学习优秀奖。

在平常，大家都愿意叫他一声"学霸"，但他却并不认为自己能够担得起这样的称号，也从没有以此为傲。因为他知道学无止境，还有很多东西等着他去学习，他与"学霸"还相差甚远。为了丰富自己，他还选择了学习第二专业，去获得更加广泛的知识，开拓更加广泛的领域。

除了不断地学习，他还积极参加各类学科竞赛来检验自己的学习成果。在学校的高数竞赛中，他以优异的成绩获得了代表北京工业大学参加北京市高数竞赛的资格。在校级大学生物理知识竞赛中取得了三等奖的好成绩，并代表学校参加了全国大学生物理知识竞赛。在接下来的时间里，相信他会更加努力学习，因为他坚信他的潜力是无穷的。

生活中的他

生活中，他一直积极参与学校和班级组织的各项活动。在班级里，他主动担任了班长的职务，因为他喜欢和同学们打成一片，喜欢帮助周围的同学。同时，他也一直坚持通过自己的努力影响周围的同学，带领班级同学共同努力学习，一起努力争取进步，建设一个更加和谐、更加团结的班集体。在班级工作中，他一直坚持踏实工作的原则，做好学校布置的每一件事，及时通知学校的每一个消息，及时解决班级的每一个问题。在他的影响和班级的共同努力下，班级学习成绩一直在学院名列前茅，大家对学习也充满了热情。他为班级所做的工作得到了老师和学校的一致认可，也获得了校级优秀班干部的荣誉。在空余时间，班里的许多同学都积极参与到学校组织的科研项目，他也不例外，他积极参与到星火等项目中去，在科研过程中，他不仅提高了能力，学习也更加投入。

由于潜心学业，他并没有参加各种社团组织，但他也没有因此而对学校的活动充耳不闻。他积极参加学校组织的各种大型会议，认真聆听优秀学者们的讲座，还参与到学校组织的各种体育竞赛、志愿活动中去，并与许多其他学院、其他班级的同学成为好朋友。这就是他，一个生活中积极乐观、努力拼搏的人。相信在接下来的大学生活中他会更加努力地为班级和学校的事务尽自己的绵薄之力，并取得优异的成绩。

思想成熟的他

在思想上，他始终没有忘记自己是一名北京工业大学学生的身份和身为一名学生、一班之长的责任与义务，没有忘记积极履行责任和义务。日常工作学习中，他一直坚持谦虚待人的原则，同时也高标准严格要求自己，希望通过自己的行动影响周围的同学，帮助大家拥有积极向上的思想。

随着心智的成熟，渐渐地他有了更加崇高的信仰——中国共产党。之后他一直积极向党组织靠拢，将党员作为他的学习榜样，积极帮助他身边的同学，将成为一名党员作为他在大学的一个重要目标，做到学习党的知识，向身边的党员学习，以一名党员的标准严格要求自己，在行动和思想上不断向党组织靠拢。在他的努力下，经过党组织的考验，他在大学二年级的时候顺利成为一名预备党员，相信他会将党的思想和知识传递给他身边的每一个人。

经过一年的努力，他在工作、学习和实践中都进步显著，同时也得到了老师和同学的一致认可，获得了三好学生的荣誉称号。他取得的成绩除了领导和老师们的培养和热心帮助外，也离不开自己的努力和同学们在工作、生活和学习中给他的支持和鼓励，这些都是他进步的源泉。在之后的学习、工作和生活中，相信他会更加严格地要求自己，做到不骄傲，不懈怠，更加努力地向一名优秀大学生迈进！

经验分享

随着社会的发展和生活水平的提高，大家有更多机会来到大学获得优质的高等教育。如果想比别人更优秀，单单只学会你的专业知识已经不能满足社会对大学生能力的要求，你还要把知识学精学通，掌握、运用知识。如果有时间，你还要多学习课本以外的知识，提高自己的生活和工作技能。大学是你步入社会的最后一站。因此我觉得在大学就要做到努力学习，谦虚待人，踏实工作。为什么要努力学习？因为大学可能是你人生最后的学习的机会。谦虚待人就是要养成不骄不躁的习惯，这有助于你将来的发展。踏实工作是提高你的工作能力，多掌握生活的技巧。希望我的分享能让大家有所收获。

努力学习，谦虚待人，踏实工作，这就是我想分享给大家的东西。

每天都有新的进步

生命学院　付振荣

获奖者简介

付振荣，男，汉族，中共党员，担任 14 级硕士生物医学工程党支部书记，生命科学与生物工程学院生物医学工程专业 2014 级硕士研究生。获得 2015～2016 学年研究生国家奖学金，连续两年获得北京工业大学研究生社会工作奖，获 2014～2015 学年北京工业大学研究生学习优秀奖一等奖、2014～2015 学年北京工业大学优秀研究生奖，2016 年度获得北京工业大学研究生"学术道德先锋"称号，2015～2016 学年获得北京工业大学党支部书记培训"优秀学员"称号，2015～2016 学年北京工业大学第一届学生"青马班"结业。

事迹介绍

学习中的他

付振荣在科研和学习方面是一个非常勤奋努力的学生。早在入学之初，他对自己的定位就非常明确，那就是要好好利用研究生这三年的时间来提升自己的综合能力并且最终能够成功攻读博士学位。由于他本科是自动化专业，在研究生转为生物医学工程专业之后，起初是十分不适应的。面对陌生的科研领域，如何能够快速入门以及深入到本领域的科研中对他来说是头等大事。所以，在研究生第一年的学习科研中，付振荣同学能够严格要求自己，阅读了大量的参考文献尤其是英文文献，帮助老师在实验设计、基金撰写等方面完成了大量的工作。到研一结束，共完成综述论文4篇，其中一篇被SCI检索，3篇被中文核心期刊收录，同时还顺利完成了研究生的各项课程。

在最近一年的时间里，他共完成科研论文3篇，其中1篇SCI在投，1篇英文EI会议，1篇中文核心期刊。能够取得这些成绩离不开勤奋刻苦的努力。在最近两年的时间里，他几乎天天都在实验室工作到晚上十一点以后。当然，科研靠的也不完全是死学硬学。在遇到问题时，他能够及时与导师林岚副教授进行讨论与沟通，制定出合理的科研计划，这样能够避免他在科研上走弯路，从而使科研效率得到非常大的提升。在过去的两年多的研究生生活中，他多次获得各类奖学金和荣誉称号。这些都归功于他勤奋努力、踏实认真的科研态度，以及自身不断提升的科研能力和创新能力。

工作中的他

自入学以来，付振荣同学一直担任生命学院14级硕士生物医学工程党支部书记。在工作上，他严谨认真，积极探索，勇于创新，取得了不菲的成绩。目前，支部共发展党员10名，转正预备党员5名，顺利完成了两年党员及党支部年度评议活动以及多次爱国电影观看等活动。截至目前共组织支部完成了三次大型特色党日活动，分别为参观国家博物馆、参观中国人民抗日战争纪念馆、参观"一二九"运动纪念亭，活动广泛吸引了非党员同学的参与，其中两次参与人数都达到了班级总人数的80%以上。

在2015年，他率先开展了以"智慧医疗进社区"为主题的与北京市丰台区海户西里北社区的"红色1+1"共建活动，活动形式新颖实用，能够真正起到共建互助的作用。此活动在2015年被评为北京工业大学优秀奖，目前已成为学院重点打造的品牌活动。目前由低年级同学组织的第二年的活动已经顺利完成。在今年"两学一做"的活动中，他积极组织党支部学习基础理论知识，并且组织党支部全程参加了学院的搬迁工作，承担了多项学院搬迁任务，在真正意义上做到了"做"这个环节。在2016年6月生命学院"两学一做"评比中，他所在支部被评为优秀支部。

之所以能够做到学习与工作两不耽误，主要的原因是合理安排，规划时间以及较硬的基本功。在党建方面，他能够对党员发展及转正流程了然于胸，关注时事政治以及不断加强理论知识的学习，还能经常和支部成员进行积极地交流，充分采纳大家的意见和建议，调动了支部成员的积极性，在支部建设中起到了中流砥柱的作用。2015年他被评为生命学院优秀学生党员。

在工作中，除了与同学沟通，还要多与管理学生工作的老师沟通，这样能够及时解决遇到的困难。付振荣同学的工作得到了生命学院夏海洲老师、李承杰老师和廖满媛老师的大量帮助，更促使他的工作做得有声有色。作为一名学生干部，尤其是党员学生干部，付振荣坚持把服务同学、服务学院、服务社会定为自己工作的目标与责任，真正做到为人民服务。

生活中的他

在日常生活中，付振荣同学是一个谦虚谨慎、活泼开朗的人，每天总是保持微笑，能够积极地和同学以及实验室成员进行良性的互动，师生关系融洽。生活中，兴趣爱好是必不可少的。他的主要爱好为乒乓球、唱歌、读书和旅行。在体育运动方面，作为一个忠实的乒乓球爱好者，他曾经多次代表学院参加校级比赛。旅行可以让人开阔眼界，增长见识，付振荣同学对旅行的执着与渴望让他保持着平均每年三次以上的旅行次数。他喜欢行走在不同的地方，无论是繁华的都市还是寂静的村庄，了解当地的历史人文和风土人情，在一次次旅行中不断充实和提高知识与阅历。

如今的社会，生活节奏越来越快，把节奏放慢下来，静静地阅读几本书籍也是付振荣的爱好之一。在入学这两年里，他喜欢在学习的空余时间读书，他喜欢读历史人文类的书，如《隋唐演义》《警世通言》；也喜欢读科幻类的书，如阿西莫夫科幻小说系列，以及其他当代小说，如《蛙》《解忧杂货铺》等。学习不止限于科研，运动也是学习，旅行也是学习，读书亦是学习，只要我们每天都有进步，那就是好的。

经验分享

在如今这个信息化时代，信息的交互变得越来越快，生活的节奏也随之越来越快，浮躁的情绪表现得越来越明显。在这个时候，能够静下心来，踏踏实实做事则显得弥足珍贵。作为一名在校学习的学生，不应该过多地被整个社会的情绪所影响或参与到其中去，要让自己安静下来，踏实认真地做好每一件事，努力为自己积累能力。在学校读书的时光是宝贵的，合理安排自己的时间，规划自己的未来，积累自己的力量是非常重要的。

踏实做事，每天都有新的进步，成为对国家、对社会有用的人。这就是我想要分享的。

人贵有志，学贵有恒

经管学院　杨理嘉

获奖者简介

杨理嘉，男，汉族，中共党员。北京工业大学经济与管理学院会计学专业 13 级本科生，保送至对外经贸大学国际商学院攻读学术硕士。获2015～2016 学年国家奖学金，2013～2015 学年连续三年获得校优秀学习奖、校级科技创新奖、校三好学生，获 2013～2014 年度校优秀学生干部；发表两篇 CSSCI 期刊论文，发表一篇国家优秀期刊论文；获 2016 年"创青春"全国大学生创业大赛银奖、2015 年美国哈佛大学中国社会经济分析大赛二等奖、2013 年 GMC 国际企业管理挑战赛三等奖、2014 年 GMC 国际企业管理挑战赛二等奖，获 2015 年北京市优秀共青团员、2015 年北京工业大学"科技之星"提名。

事迹介绍

2013 之春天的悸动

杨理嘉，一个土生土长的北京男孩。2013 年，他凭借优异的高考成绩考入梦想中的北京工业大学，在这里开始新的青春旅程。

作为新生，一切都充满了新鲜感。来自天南海北的舍友，高难度、自主性强的大学课程，多姿多彩的校园文化活动，2013 年，杨理嘉好像进入了人生的春天，周边的一切都在悸动地生长着，所有的一切都是之前 18 年来未曾触碰的。他对北京工业大学充满了好奇，开始了探索之路。

大学的课程一开始让杨理嘉很不适应，一周几次的课程并不能使他完全理解书本上的知识。这些大学课程犹如疯狂生长的蕨类植物根茎，让杨理嘉摸不清方向、找不到规律。于是他开始了为期 4 年的自习时光。起初，杨理嘉并不习惯自习，他还并未从高中机械性的学习方法中解脱。在过了大半个学期之后，他才能在打开高等数学书时能明确自己的学习方向和目标。大一的自习时光使杨理嘉养成了良好的学习习惯，这也为他之后的学习和科研道路打下了坚实的基础。

学习之余，众多的学生组织和社团让杨理嘉看花了眼：三食路口前的"百团大战"，学院学校各大学生组织铺天盖地的宣传，口口相传于学生之间的精英团体……那时杨理嘉一口气加入了 5 个学生组织和社团。2013 年的他朝气蓬勃，奔波于众多社团和学生组织之间尚不觉疲惫。而让其受益最大的则是在大一时就参加的 GMC 国际企业管理挑战赛，本着重在参与心理参加的比赛却意外收获了国家三等奖的好成绩，让杨理嘉对于科技竞赛的兴趣一下子蓬勃了起来。这一颗小小的种子在春天种下，在未来的四年中不断浇灌，最终长成了参天大树。

2014 之夏季的灼日

2014 年，杨理嘉逐渐感到了疲惫。大一的成绩并不理想，一门 75 分的课程打破了之前总是 90 多分的成绩单，也打破了他内心的平静，他有些懊恼自己的小失误。虽说总成绩依旧能获得校级学习优秀奖，但这距离他的目标还有一段距离，他很迷茫。而每天排满的时间表像夏季的灼日炙烤着，让杨理嘉的生活每天都冒着热气，像个负荷过载的马达一样不停地转动。但杨理嘉并没有被压倒，在繁杂的事项里他学会了忙里抽空，在有限的时间里充实自我；学会了合理安排日程，抽丝剥茧，将每件事合理规划；更锻炼了他强大的神经，不论多重多难的任务，他都能勇往直前。

2014 年，杨理嘉再次参加 GMC 国际企业管理挑战赛，这一次他更进一步，获得了二等奖。除此之外，还获批"星火基金"重点项目，并首次在优秀期刊发表论文。杨理嘉的科技竞赛和科研之路开始扬帆起航。

2015 之金秋的丰收

2015 年，杨理嘉开始了扎根图书馆的生活。这一年是他在各方面取得成果的一年，是大一、大二两年辛勤耕耘之后的回报。

经过 2014 年的磨砺之后他开始明晰目标、脚踏实地、规划未来。大三的专业课难度骤然提升，而此时的杨理嘉通过大一、大二的奠基，在脑海中已经逐渐建立了专业知识架构，在 2015 年的学习中不断完善自身知识体系，终于在这一年取得了专业加权排名第一的好成绩。

科研上更是硕果累累。跟着指导老师进行课题研究，在老师的谆谆教诲和专业指导下，杨理嘉有幸联名分别在 CSSCI 期刊上发表两篇论文；与对外经贸大学的同学组队参加哈佛大学举办的中国社会经济分析大赛，荣获全球二等奖；获评北京工业大学"科技之星"提名。除此以外，杨理嘉由一名预备党员转正，成为了一名光荣的共产党员，并获评 2015 年北京市"先锋杯"优秀共青团员称号。

通过与对外经贸同学组队参加比赛，与北大、清华、南加州大学等名校的同学竞争，杨理嘉开阔了眼界，认识到自己的专业能力、逻辑能力、思辨能力等还有欠缺，于是他坚定决心，加紧步伐，向着下一个目标前进。

2016 之寒冬的暖阳

2016 年，是充满选择与机遇的一年，在保研、出国、就业的道路中，杨理嘉毅然决然地选择了攻读研究生，甚至放弃了交银施罗德和以太资本的录用通知，回到学校一心学习。同学们的关心、父母的照料、老师的悉心教导有如寒冬中的暖日，一直激励着杨理嘉不断前行。最终，通过不懈的努力，他收到了对外经贸大学国际商学院的录取通知，还得到了国家开发银行母基金——国开开元股权投资公司的二次实习邀请，获得了 2016 年"创青春"全国大学生创业大赛银奖，更获得大学生奖学金中的最高荣誉——国家奖学金。

结语

大学四年，学习、科技竞赛和科研活动是杨理嘉生活最主要的部分。期间点缀着同学间的友情、家人的亲情、师生间的真情，让北京工业大学成了他人生中最精彩的一段记忆。这四年对杨理嘉而言犹如春夏秋冬，每年都有不同的色彩和不同体会，就像从春天出芽的种子最终成长为在寒冬中耸立的青松，每年不断成长，不断收获。大学本科四年即将收尾，人生即将翻开新的篇章，下一个四季又将开始轮回。而他持之以恒地在路上，向着目标前进。

经验分享

学贵有恒、人贵有志是我在大学这四年中最深刻的体会，同时也是我未来的坚持所在。学贵有恒，学习是一件需要时间、需要积累的事情，耐得住科研的寂寞，坚持前行，除了日常课程的学习外还要学习做事的方法。人贵有志，则是一种态度，要心胸博大眼界宽广，不能为自己取得的一点点成绩而沾沾自喜，要始终保持谦虚的姿态，向着更高的目标努力前行。

忠于初心，止于至善

经管学院　陈久盈

获奖者简介

　　陈久盈，女，汉族，中共党员。北京工业大学经济与管理学院应用经济学科部 2014 级研究生。奖学金方面，获得 2016 年国家奖学金，2015 年北京工业大学优秀研究生奖学金及 2015 年北京工业大学研究生学习优秀奖学金；科技竞赛方面，获得 2016 年全国大学生"创青春"铜奖，2016 年首都大学生"创青春"银奖，2012 年国际企业管理挑战赛中国区二等奖；科研方面，主持北京工业大学研究生科技基金重点项目，发表 SSCI&SCI 论文 1 篇，参与撰写 SCI 论文 1 篇。

事迹介绍

她与学术研究

　　陈久盈同学的研究领域是碳金融，希望能利用市场资源配置的方法，从总量上控制世界的二氧化碳排放，试图从源头解决世界气候变暖与北京雾霾等问题。这个研究方向由于涉及多学科交叉，对金融、计量、环境科学等方面的知识储备都有较高要求，因此至今还是个非常小众的研究领域。作为一个硕士研究生选择这样一个难度较高的研究方向是件非常需要勇气的事情，但是陈久盈同学的选择却是非常坚定，她坚持认为碳金融是一个使全世界变得更加幸福的研究领域。

陈久盈同学是众多科研项目的负责人，同时还撰写发表了一篇 SSCI & SCI 双检索论文。作为一名文科类硕士研究生，这是不小的学术成果。每当有人向她问起科研经验的时候，她总是会笑着表示学术的道路从不轻松，没有足够的付出，再高的天赋都无法成就一篇好的论文，她感谢良师与兴趣支撑她一路前行。

她与科技竞赛

陈久盈同学在校期间参加了很多科技竞赛，也获得了很多奖项。在她看来，每一次科技竞赛都是一次独特的经历，不仅可以比拼能力，还可以不断地汲取新鲜的知识。

2012 年，在国际企业管理挑战赛中国区的比赛中，来自五湖四海的大学生们利用给定的模拟参数，寻求最优配置生产成本，寻找股价模型，模拟独立运营的上市公司。最终，她所在的团队代表北工大获得了中国区第二名的好成绩。这场比赛对专业能力的要求非常高，但这不单单是一场专业能力的博弈，更是抗压能力与团队意志的博弈。在高强度的比赛中，她学到了如何将压力转换成动力，如何在团队中贡献自己的力量。

2016 年，在"创青春"全国大学生创业大赛中，她作为团队负责人带领十人小组，一步步从北京市赛走到国赛。从分析中国中产阶层消费升级开始，到确定比赛主题，小组成员不知道一起经历了几个两点钟的黑夜和四点钟的太阳。最终，在指导老师与小组成员的共同努力下，运营报告获得了 2016 年全国大学生"创青春"铜奖以及 2016 年首都大学生"创青春"银奖的好成绩。在这个比赛的过程里，她一直非常庆幸自己是个经管学子，不但拥有学院领导的鼎力支持和指导，还有无数学院老师的倾囊相授。在他们的帮助与指导下，她和她的团队才有了飞速的成长。

现在的陈久盈同学不单单是一名科技竞赛的获奖者，还是一家艺术公司的合伙人。这家艺术公司主营艺术品版权交易，通过多重方式挖掘艺术品版权的金融属性。每当有人向她问起创业经历的时候，她总是会笑着回答创业的路和学术的路一样艰辛，在这条路上的坚持不一定有收获，付出也不一定有回报，感谢良友与兴趣支撑她坚持下去。

她与志愿活动

陈久盈同学的志愿活动经历非常丰富，她去过京郊小学做过支教老师，还去过德国做国际志愿者。尽自己的努力让社会变得更美好是她在志愿活动中的座右铭。

从 2011 年到 2013 年，陈久盈同学利用课余时间坚持支教两年。在支教的过程中，她看到了即使在北京，依然有因为父母文化水平较低而导致早早辍学的孩子，依然存在有钱也请不到老师的边远学校。一直活在大学象牙塔里的她，通过支教看到了一个完全不一样的世界。自此以后，路途的艰辛，不完善的教学条件，都无法停止她支教的脚步。当真的有孩子因为她的帮助，获得了更多的学习机会的时候，她感受到前所未有的满足。

2012年，她带领的一个暑期社会实践团队，开展了针对特殊群体的支教活动调研，获得了北京团市委授予的北京市先进个人荣誉称号。2013年，她所在的团队获得了阿克苏诺贝尔大学生可持续发展奖。现在的陈久盈同学不单单是志愿活动的践行者，还是志愿活动的宣传者。每当有人向她问起志愿经历的时候，她总是会笑着回答说，志愿经历让她懂得能力越大，责任越大，珍惜自己已有的一切，尽力做好每一件帮助别人的小事。

经验分享

她的做事理念是：忠于初心，止于至善。"忠于初心"是要时刻谨记初心，并以初心作为前进的动力。初心之于她，就是兴趣之于学术，责任之于志愿。"止于至善"是一种做事情追求完美的态度。靡不有初，鲜克有终。现在的生活节奏越来越快，人们习惯性地"疲劳""磨灭"和"迷失"，但是想成为一个更好的自己，就要做一个对自己有要求的人。

不忘初心，感恩前行

马克思主义学院　刘晓静

获奖者简介

　　刘晓静，女，汉族，中共党员，现为北京工业大学马克思主义学院马克思主义理论专业 14 级研究生。2011 年与 2016 年分别获得国家奖学金，2010 年与 2012 年分别获得国家励志奖学金，2015 年 3 月获得北京市高校征文活动研究生组二等奖，2015 年获得北京工业大学研究生学习优秀一等奖、优秀研究生奖、社会工作奖，同年获得北京工业大学科技创新二等奖。

事迹介绍

跨专业的文科生

　　由于跨专业考研，入学后，她需要读的书太多太多，从《哲学的贫困》到《资本论》，从《毛泽东选集》到《"四个全面"战略布局研究丛书》，从《道德情操论》到《修养》……一教、三教与人文楼，都留下了她学习的身影。

　　犹记得，某一个周末，她两天一直在研读《资本论》第一卷第三篇的五到八章，她忽然间发现，本科读会计学专业时学到的"累积折旧"在这里讲得那么明白，那么透彻。她瞬间明白了累积折旧的本质，急忙奋笔疾书。不知不觉已经晚上 11 点了，没有熬夜习惯的她赶紧让自己休息，第二天早晨 4 点起来继续书写，坐在电脑前一口气写到了上午 8 点半。整理总结过程中，她从来没有感觉时间过得这么快过，从来没有感觉这么神清气爽过，心中更加坚定了对马克思主义的信仰。

学习期间她参加了导师吴宝晶老师以及学院其他导师的课题，并担任导师以及德育教研室的助教工作，2016年3月在CSSCI《思想理论教育导刊》上发表论文1篇，在思想政治教育理论课教学相关会议上发表论文1篇。

她曾经说，因为对二教后边的树一见钟情，所以坚定地来到了北京工业大学。她非常珍惜这次来之不易的读书机会，积极主动从学院老师身上学习人生智慧，增加人生财富，感恩前行。

天才在于勤奋，付出总有收获。就这样，跨专业考研的她，在研究生期间不断努力，学习成绩位列专业第一。

有思想的行动者

从四年级开始当班长的她，就这样一直当到了研究生。作为班长，她积极做好同学和任课老师之间沟通的桥梁，提醒同学们按时交作业，收齐同学们的电子版论文，一起打印出来，上交老师，得到了任课老师的一致好评。

作为院研究生会主席的她，在2015年6月将自己学院的研究生会从人文—马克思主义学院研究生会中独立出来，让学院的研究生会在学校发声，打出有思想的特色。2016年3~5月，她结合北京工业大学理工科研究生为主的现状，向全校研究生推广人文素质培养的课程。她带领研究生会的同学们共同举办了首届"仁与修身——《论语》研习班"课程。该课程由艾国教授为大家讲授，学校十余个学院的研究生参与该课程学习，课程得到了一致好评。活动结束后，她接着带领研究生会的同学们申请了校研究生会的一项课题，希望为这个活动提供理论支撑，以便研究生会下一学年更好地举办此类活动。

作为第十三届校研究生会常务委员会主任的她，积极为文科研究生的工位问题建言献策，积极为第十四届北京工业大学研究生代表大会审议文件。

社会实践上也不乏她的身影。参加学校的毕业生双选会志愿者工作；参加2015年经济学年会志愿者工作；两次参加北京高校马克思主义中国化教学研究生会会务工作，并在光明日报和人民网上发表两篇新闻报道；参加2016年全球移动互联网大会志愿者工作；参加2016年中华社会救助基金会组织的关爱留守儿童的大型公益活动——"幸福列车"，担任志愿者，并为其他志愿者提供心理辅导；作为学生代表参加2016年暑期重走长征路活动；担任学院协同创新中心重大会议的学生会务负责人；参与2016年北京工业大学本科生招生指南文字校对和2016年第十四届研究生代表大会文件汇编文字校对等工作。

她，一直立志做一个有思想的行动者。她，做到了。

标准的趁早星人

作为标准处女座的她，工作精益求精、轻微洁癖、严格自我管理。从初二年级开始到现在，十余年间，她一直坚持晚上11点休息、早上五点半起床、中午午休30~40分钟的作息习惯以及每天早晨晨读一小时的读书习惯。这是多么强大的自我控制力！在做好学生工作的同时，她一直充分利用早起和晚上的时间来做科研，让学业达到自己要求的目标。对她性格产生重大影响的日本教育家新渡户稻造的《修养》一书以及《清单革命》等书就是她利用晨读一小时的时间日积月累读完的。并且她把读《修养》的感受写成推荐词在图书馆月推荐给了北京工业大学图书馆，在价值观多元化的时代向全校学生推荐了这本超越意识形态的好书。

2014年春天，一个偶然的机会，她在北京南站遇到了"趁早"品牌创始人王潇女士的《女人明白要趁早之三观易碎》一书。像遇见老朋友一样，她发现自己一直坚持的是趁早精神。从此仿佛找到了队伍。她以更加严格的标准来要求自己，每年年初制定一整年的年度计划，使用趁早效率手册规划每一天的学习生活，追求着"看上去更美"的理念每天坚持跑步10公里，早已经成功挑战半程马拉松。在众多师弟师妹的眼中，她一直是一个精力充沛、永远不会累的人。只是她自己说，自己已经老了，不如大学的时候那么能折腾了，也更加学会了合理地分配自己的时间。

本科就把在学校能够获得的奖学金全部拿下，经济独立、生活自理、不让爸妈操心的她，在研究生期间把文科生在北京工业大学能够获得的奖项差不多都捧回了家。在获得荣誉的同时，她一直以"不为积习所蔽，不为时尚所惑"的座右铭来看待生活中所经历的一切。她特别感谢学院当年给了她继续读书的机会，让她遇见了迄今为止人生最大的财富——学院那些优秀的老师们，使她能够看到更加美好的自己。

不忘初心，感恩前行，相信她可以遇见更好的自己！

经验分享

事物是普遍联系的，各种方法亦是相通的。我认为比较有效的成长方式是：树立自己的目标——根据目标制定翔实的计划——全力以赴、不留遗憾地执行计划——完成目标后进行总结。你给生活一个笑脸，生活会毫不犹豫地还你一个笑脸。所以，乐观地面对生活的一切困难，相信办法总比困难多，相信自己的能力可以解决遇见的各类问题。平时，对身边的人和事多心存感恩，别人帮助你是在成全你，你帮助别人是在成全自己。

做勤于思考、敢于尝试的年轻人

人文学院　兰子静

获奖者简介

兰子静，女，汉族，中共党员。北京工业大学人文社会科学学院广告学专业 13 级本科生。连续三年获得北京工业大学校级学习优秀奖，2014～2015 学年和 2015～2016 学年连续两年获得校级三好学生、优秀学生干部、科技创新奖，2015～2016 学年获国家奖学金，获第一届"鼎新杯"北京工业大学学生创意创新创业竞赛一等奖、第 24、25 届时报"金犊奖"优秀奖 7 项、第二届"我眼中的知识产权"知识产权公益广告片有奖征集活动优秀奖，首都大学、中职院校"先锋杯"优秀基层团干部。

事迹介绍

沉心思考，厚积薄发，她是专业学习的佼佼者

兰子静总是抽出一些时间沉下心来思考，思考自己的目标，思考新学的知识，思考优秀的案例，或是思考一些学习和生活的点滴。她在思考中提高专业能力，总结以前的错误，并找到努力的方向。

在高考填报志愿时，她选择了喜爱并较为适合自己的广告学。所以她在本科期间一直保持着对专业的热情、较高的求知欲、浓厚的学术兴趣和钻研精神。她是一个善于倾听的人，珍惜每一节课的学习机会，经常担任各项学习任务的负责人，并得到老师与同学们的认可。同时，她主动寻找学习机会，通过书籍、网络等渠道增加专业知识，了解行内动态，结合课内内容进行思考、研究，不断充实自己。因此，她在本科期间成绩优异，在专业名列前茅，连续三年获得北京工业大学校级学习优秀奖，2014～2015 学年和 2015～2016 学年获得校级三好学生，2015～2016 学年获得国家奖学金，还曾入选并完成 2013 年北京工业大学"杰出学子新生计划"，现入选 2015 年北京工业大学"杰出学子培育计划"。此外，她本科前三年综合排名专业第一，现已作为推免生保送至中国传媒大学，准备攻读研究生。

广告学是一个注重实践的专业，她积极参加各项专业竞赛，在实际案例与切身执行中提高自己。她获得了 2014～2015 学年和 2015～2016 学年北京工业大学科技创新奖、第一届"鼎新杯"北京工业大学学生创意创新创业竞赛一等奖、第 24 届和 25 届时报"金犊奖"优秀奖（7 项）、第二届"我眼中的知识产权"知识产权公益广告片有奖征集活动优秀奖。同时，她还代表学校参加由教育部与株式会社电通主办的"第一届电通·创新人才培训营"，向来自日本的老师们学习请教，与其他院校的学生交流切磋，在整个活动中表现突出。

勇敢尝试，发挥所长，她是学生干部的领跑者

大学生活是丰富多彩的。兰子静认为大学生要多去尝试新事物，找到自己热爱的或是适合的事情，增长见识，提高能力。很多同学在学生工作与专业学习上难以兼顾，她却很好地平衡了这两者间的关系。她曾说，学生工作像是自己专业学习的督促者。首先，她深知自己有很多工作需要完成，所以她总能尽早地完成课内学习任务，培养高效、不拖沓的习惯。其次，她认为学生工作能够给予学习以外的事务以及课堂外的世界，所以她总能以开阔的视角看待学习生活，使自己方向明确，张弛有度。最后，学生工作帮助她提高了组织协调、团队协作、自我管理等能力，专业学习帮助她提高了信息整合、平面设计、活动策划等能力，她就是将这些能力相互组合，交叉运用到学习与工作中，从而使两者相得益彰。

本科期间，她曾担任院团委副书记、助理辅导员等职务，现任 131421 团支部书记。作为院团委副书记，她曾组织开展人文学院初级团校，为大一新生及学生骨干安排各种学习活动，使同学们对规章制度、专业学习等方面加深认识程度，在办公技能、工作能力等方面得到提高。她还协助策划开展了人文学院班徽设计大赛，各班同学各显其能，收获荣誉，通过互动游戏增强团队精神。值得一提的是，在她任职期间，人文学院微信平台得到大力发展。如今，微信平台设有详细的菜单栏以及丰富的服务功能，学生可通过平台随时了解通知公告、学生活动等信息。作为助理辅导员，她协助学院老师、大一班主任开展新生入学工作，为新生召开感恩班会、交流学习方法与学业、与新生沟通讨论。作为团支书，她对班级工作毫不懈怠，按时完成团支部工作，并结合时政动态，开展支部活动。尤其在学生入党工作中，她细致耐心，仔细核对每位积极分子的信息，管理学生入党工作，并主动与积极分子不断沟通，关注积极分子在思想、学习方面的情况，鼓励他们向优秀党员学习，不断总结进步。在她的认真工作和同学们的大力支持配合下，其所在团支部曾获得优秀团支部、百强团支部、先锋杯优秀团支部等荣誉。因为兰子静勤奋工作、乐于奉献，她在 2014～2015 学年和 2015～2016 学年获得北京工业大学优秀学生干部奖，并在首都大学、中职院校"先锋杯"竞赛评选活动中荣获"优秀基层团干部"称号。

除此之外，她善于演讲与主持，曾多次在院校活动中发挥所长，如在第 25 届时报"金犊奖"首站巡讲会、北京工业大学迎新晚会、北京工业大学人文知识竞赛、人文学院新年晚会暨奖学金颁奖典礼等活动中担任主持人。站在舞台上的她，大气从容、口齿伶俐，给许多老师与同学留下了十分深刻的印象。

学以致用，反哺社会，她是志愿服务的热心人

兰子静不仅忙于学习与工作，还积极参加各种志愿服务活动，希望在自己成长的同时能够帮助他人、回报社会。她曾到北京星星雨教育研究所照顾患有自闭症的儿童。她说与这些孩子的接触给她带来了许多思考，她感受到了孩子们的简单与纯粹。这些患病的孩子只是比同龄儿童学习技能稍慢一点，或是经常坚持做某件事，这些事或许令成年人烦恼或尴尬，然而这些愿望都是那么渺小与简单，从来无意伤害他人。她认为任何一个孩子都是单纯而美好的，我们并不应该用异样的眼光去看待他们。她还曾到社区敬老院为老人服务，为老人打扫院内卫生，与他们聊天交流。她发现敬老院内的老人们大多内心孤独，非常欢迎年轻的志愿者来看望他们，陪他们聊天，他们最需要的是陪伴与温暖。此外，她曾利用暑假时间到社区青年汇参加志愿者活动，在儿童夏令营中担任老师。她照顾孩子们的生活起居，教授他们文化、安全等课程，与他们一起制做西点等。孩子们的精力比较充足，她有时也会感到一丝疲惫，但是她得到更多的是快乐与感动。孩子之间的友爱与懂得互助分享的精神使她心中暖意浓浓。

结语

兰子静同学品学兼优、全面发展，是一个刻苦勤奋、责任感强、有公益心的女生。老师们评价她具有较高的综合素质，同学们称赞她拥有满满的正能量。她总能出色完成各项任务，顺利解决各种问题，并且在生活中正义真诚、善解人意，是老师的帮手，是同学们的朋友与榜样。

经验分享

我们大学生拥有很多自由，随之而来的是对自主性的更高要求。我对自己的要求是勤于思考、敢于尝试！我们要在学习上提高主动性，善于倾听与思考，保持求知的好奇心，将课内外知识结合，从而加大兴趣，加深理解。我们也可以尝试实践活动，丰富大学生活，提高自我管理能力，并为我们提供更多看待学习生活的视角，打开眼界，找到方向。通过各方面的积累，我们会提高自信，敢于尝试更多事物，不断更新对世界以及自己的认识。通过不断地思考总结、尝试突破、提高自信，形成良性循环。只要我们足够努力与认真，很多事并没有想象中那么难做到！最后，我想说，平静与忙碌需要相互穿插，希望我们留给自己一些踏实下来安静思考、深入钻研的时间，也留给自己一些勇敢尝试、发挥所长的机会，不断充实自己！

脚踏实地方能长远，躬行实践才出真知

人文学院　李歌诗

获奖者简介

李歌诗，女，汉族，中共党员。2015 年入学，现为北京工业大学人文与社会科学学院社会学系应用社会学专业二年级研究生，在学期间获得 2016~2017 学年研究生国家奖学金、2015~2016 学年北京工业大学科技创新二等奖、2016~2017 学年北京工业大学研究生学习优秀奖二等奖。

事迹介绍

李歌诗是北京工业大学人文与社会科学学院社会学专业的一名研究生，或许是冥冥中注定，高考时一个无心填写的志愿开启了她与工大的缘分，从社工专业的本科生到社会学专业的研究生，在工大近六年的学习和生活让这里成了她的第二个家，也带给她极大的改变。

李歌诗常说在她眼中的自己只是普通学生中的一员，与他人相比好像没什么特别之处，既没有超强的大脑也没有流利的口才，娇小的身材加上安静的性格往往不容易给人留下深刻的印象，而之所以能够获得一些成绩完全源于这份沉稳带来的肯坚持、不抱怨的学习与生活态度，让她能在脚踏实地的学习与实践过程中不断成长。

脚踏实地，忍耐寂寞

自进入大学以来，李歌诗就给自己定下了读研的目标。她深知自己不是一

77

个聪明或极具天分的学生，但她相信勤能补拙，想要实现读研这一理想，自己就要比他人付出更多努力。所以只要是没有课程安排，在图书馆就一定能找到她的身影，这一习惯她一直坚持至今。学习、阅读、写作占据了她绝大部分的生活时间，当看到其他同学享受悠闲时光时她也会万分羡慕，但她知道既然选择了这条道路就要学会承担其中的艰辛。没有什么成绩是能凭空而来的，只有艰苦的付出才能有所收获。最终李歌诗以班级第二的成绩获得了保研资格，成了工大社会学系的一名研究生。这对于从小到大一直表现平平的她来说是一种极大的鼓舞，不仅是因为三年来的辛苦得到了回报，更是因为这一过程让她更加明白了坚持不懈的道理。她知道坚持即便不能达到所定的目标，也一定是能获得一些东西的，但如果不去尝试着做的话，只能是一无所获。

步入研究生阶段以来，李歌诗也没有丝毫松懈，除了依然每日坚持阅读与学习之外，她也积极参与导师的科研项目磨炼自己。这段经历带给她的感触颇多。从导师身上她学习到的不仅是知识与技巧，更有严谨治学的工作态度和研究问题的人文关怀与社会责任感。学术是一条漫长而寂寞的道路，绝不能一蹴而就，投机取巧，而这漫漫长路只有靠自身意志来支撑。经历了大学的学术训练，她意识到更应当培养起独立思考、自主学习的习惯。面对无涯的书山学海，唯有以勤为径、以苦为舟、不忘初心、学会忍耐，才能拓展自己视野的广度，提高思想的深度，攻克一个个障碍与困难。

实践中体会真知

作为一名"社工人"和"社会学人"，李歌诗始终坚持理论与实践的结合。在刚刚接触这一专业时，老师说过的一番话让她久久难忘。老师说，社会学和社会工作都是专门研究人的学科，在研究中必不可少地要与人打交道，才能了解人们在想什么，为什么会做出这样的行为，产生这样的社会现象。而将所学知识真正应用于实践，她才真正领悟到老师这番话的精髓。"纸上得来终觉浅，绝知此事要躬行"，往往现实展现给我们的要比我们在书本上学到的东西复杂得多，因而在看问题时不能以"我觉得"为出发点，闭门造车只能偏离实际，要了解实际究竟如何只能自己走到田野中去，走到研究对象中去。

为了能够获得真实、丰富的资料，李歌诗在撰写本科毕业论文期间在中国医学科学院肿瘤医院进行了长达一年的志愿服务，参与了肿瘤医院组织的患者个案心理咨询、患者心理支持小组、健康讲堂、假发帽捐助等活动。一年的经历不仅让她了解到面对肿瘤患者这一特殊群体应当如何开展专业服务，更使她感受到了生命的精彩与珍贵，其以肿瘤患者心理支持服务为主题的论文还获得了北京工业大学优秀毕业论文称号。在研究生期间，为进行转居农民就业状况研究，她与导师一同多次到北京市朝阳、顺义、密云、延庆四个区县开展调研，对转居农民有了更多直观与深刻的了解。调研过程对其撰写论文与研究报告起到了很大帮助作用。另外，李歌诗还参与了延庆社工委"十三五"规划报告项目，北京市禁毒教育基地"北京市青少年毒品认知调查问卷"项目，民政部"《北京养老服务指南》调查"项目等，这些实践调查不仅提升了她的专业能力，更使她明白了很多为人处世的方式，相信这会为她日后走上工作岗位打下一定基础。

人生是一场修行，舍得、承受、坚持、包容、淡定是一生都需要修习的课程。在这场人生的修行之路上，李歌诗一直都感恩支持她的家人，教导她的老师，帮助她的朋友。之前的一切都已经成为过去时，她也将带着这些支持她的力量继续前行，向更远的目标进发。同时她也希望将她的经历与小小感悟分享给看到这篇文字的你们，相信只要掌握了这其中的诀窍，每个人都能收获绚烂多彩的未来。

经验分享

大学时光是美好而又短暂的，转眼我们就要步入社会，面临着更多的人生抉择。处在当今这个信息爆炸的时代中，太多诱惑常常使我们对未来产生迷茫，对诸多压力感到焦虑。然而千里之行始于足下，对未来我们无法预测，也没有任何成绩是可以不劳而获的，我们唯一能做的就是踏踏实实走好每一步，做好当下的每一件事情，在有限的时间中多多修炼自身，提高学习与工作的效率。然而这并不意味着理想不重要，"想"与"做"是不可分割的，有了目标我们才有前进的方向。明确自身的定位，对自己的未来有所规划，尽自己的全力坚定地在这条路上走下去，当有一天回头看时，你一定会发现你所渴望的都已顺其自然地发生。

梦想、奋斗、生活

艺术设计学院　张津京

获奖者简介

张津京，女，汉族，中共党员。2013 年入学，就读于北京工业大学艺术设计学院数字媒体艺术专业。获得 2015 ~ 2016 年度国家奖学金，2013 年获得北京市优秀学生干部称号，连续两年获得北京工业大学优秀学生干部、学习优秀奖、三好学生。制作的《工小锤的一天》荣获北京市高校"两学一做"主题征集微动漫三等奖。

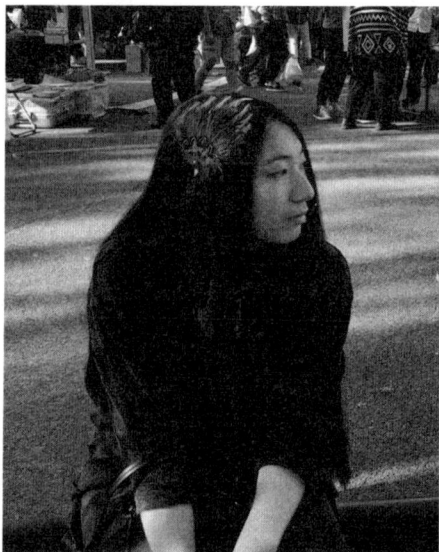

事迹介绍

乘风破浪——追梦

张津京从小就有个梦想，做一个能够为生活带来美的人。在接受了多种艺术熏陶后，她选择了设计这条漫长而多彩的路。艺术设计，听起来高端大气，但其实在这之中需要吃很多苦，受很多她曾经从未想过的罪。

在与家长多次沟通和谈话后，张津京才如愿地踏出了追梦的第一步，成为一名高三艺考生。追梦的过程是艰辛的，她知道艺考很艰苦，但在真正体会到熬夜练习色彩、提着大包小包赶考、最后还要拼命追赶文化课成绩时，张津京才更加深刻地体会到了这种滋味不好受。当然，付出和回报是成正比的，功夫不负有心人，大学一年级，她以数字媒体系全动画第一名的成绩入学，进入了自己的第一志愿第一专业。

悉数张津京过去三年的大学生活，她实现了一个又一个自己定下的小目标。

想要成为一个好的设计工作者，首先就要具备良好的专业知识修养。在这三年的学习生涯中，张津京始终让自己的专业成绩保持在班级前三名，年级前五名。即使课外有辅修课程和实习工作，这些也都不能成为动摇她专业成绩的理由。在不断巩固自己专业知识的同时，与老师同学之间的交流与沟通也是很重要的。"三人行，必有我师"，认识别人身上的长处，向优秀的同学学习是必不可少的一环。为了扩大自己的社交范围，认识同专业或不同专业的人，张津京打大一起就加入了学校的很多学生组织。在这期间她参与策划了多项活动，这些活动不仅让她结识了很多优秀的人，也锻炼和提高了她的社会工作能力。

回首这三年，如今再做评价，张津京的专业、工作能力都获得了老师们的一致认可。对于不断向着梦想前进的她来说，所有努力和付出都是值得的。

全面发展——奋斗

为了不断提高自己的思想水平，张津京于 2014 年向数字媒体系学生党支部提交了入党申请书，并于 2016 年顺利地成为一名光荣的中国共产党正式党员，接任党支部书记的工作。在学生党支部工作的一年时间里，她带领党支部成员参加北京高校"两学一做"微动漫比赛；与平乐园社区党委共同举办了庆祝建党 95 周年文艺晚会。这其中微动漫作品《工小锤的一天》荣获比赛三等奖。数字媒体系学生党支部还代表学院参与评选了北京工业大学 2016 年"红色 1 + 1"示范活动，获得了第一名的好成绩。张津京不断提高自身思想的宽度、深度和远度，加强学习理论知识，提高认知水平。通过这三年的学习与工作，她的思想水平有了一个质的飞跃。

在大学三年的学习中，张津京努力认真，向老师和同学虚心求教，在自己不懂的方面乐于与老师进行多次探讨。在班级内她担任学习委员一职，这不仅能够让她在专业课程上有一定提升，也能让她更好地帮助同班同学，解决他们关于学习与生活上的困难与问题，与大家做到共同进步。为了不断扩大自己的知识面，不仅仅局限于专业知识，张津京还辅修了第二外语：法语。张津京希望在学校的有限时间内，能够学习更多的知识，扩展自己的知识面。在双线并行的情况下，她能够合理安排好学习时间，并在专业和辅修课程中都取得了不错的成绩。在这同时，张津京参与北工大每年资源库制作，在整理院长的资源库专题时，她学习了很多以前未接触过的专业文化知识，这对于其自身素养提高来说有很大的帮助。

梦想是精神的食粮，追梦的过程要从实际出发。每个人都对自己有一个标准，或高或低，张津京在真正参与实习工作前为自己规划了一个宏伟的蓝图，将自己的设计标准放在了对于当时的她来说比较高的位置。2015 年她进入一家文创传媒公司，有幸参与了明星周边制作。在这段工作中，张津京面临了很大的挑战，这时她才真正意识到自己存在的自我认知问题。通过多次工作磨合，增加与导师的沟通，张津京成功调整好自己的心态，脚踏实地，一步一步来。在参与了多次实习工作后，她为自己做出了一个实际的规划："博学之，审问之，慎思之，明辨之，笃行之。"张津京一直以一个很严格的标准要求自己，因为她知道，她身上肩负着一种责任，当她说服家里人，开始追逐梦想时，她就要为自己的这个决定负责。

丰富多彩——生活

对于张津京来说，学习和娱乐是互不影响的。在她努力奋斗的同时，她又有着数不清的兴趣爱好。在大三她参与过学校合唱比赛，她也在数字媒体系元旦晚会上与同学一起表演四筝联弹，她很乐意每天多花一点时间在这些事情上面。她有时会在完成学习和工作后腾出时间，杀去电影院，看一两场最新的电影，有时会用一下午的时间为家里人做一顿丰盛的晚饭。

每年张津京都为自己规划一个读书的小目标，至于今年，她专门为自己选了 10 本书，这其中有专业书籍，也不乏名著与小说，虽然量不多，但是她一直在坚持阅读。张津京一直相信，人要读书，但不能读死书。学习可以通过多种方式，她能从生活中获得很多埋头苦读时学不到的知识。人要学会享受生活，发现生活中的美好。丰富多彩的业余爱好可以为自己的学习、工作生活点上一笔浓重的绚丽色彩。

经验分享

大学，对于每位刚入学的学子来说都是一个梦想的殿堂，它承载着很多人的热情与期望。但是这种情感需要沉淀。在新鲜过后，每个人都要知道自己追求的是什么，为自己设立一个追逐的目标，然后脚踏实地地去奋斗。干好每一件小事，才有能力做大事。耍一些小聪明并不是智慧的表现，这个世界上没有捷径可以走。最后，充实自己的生活，增加自己的爱好，可以提高一个人的幸福感。

先有个梦想，然后奋斗，过着让自己幸福的生活。这就是我想分享的。

努力奔跑的追梦人

艺术设计学院　李徽

获奖者简介

李徽，男，汉族，中共党员。
2014 年入学北京工业大学艺术设计
学院工业设计工程专业研究生。获得
校研究生一等学习奖学金、研究生社
会工作奖、优秀研究生奖、科技创新
优秀奖、2014～2015 学年北京工业
大学科技节最佳人气作品奖、2015
年中国汽车设计大赛最佳生态解决方
案奖、2015 年起亚汽车设计大赛
30 强。

事迹介绍

追逐梦想

他是一位思维活跃、大方开朗的研究生。学习艺术多年，以及在艺术设计
学院的学习熏陶下，使他看起来更像是一个"文艺青年"。在工大这几年的学习
生活中，他学到了知识、获得了荣誉。用他的话说，其实就是一直在追求设计
梦想道路上坚持奔跑。

关于他为何会选择学习设计，选择工业设计专业，要从小时候的爱好与梦
想说起。李徽小时候就对汽车产生了浓厚的兴趣，站在路边看着马路上川流不
息的车流，辨认各式各样的汽车型号与品牌。小学时期每个月规律地买着汽车
杂志，关注着汽车行业最新的动态。从那时候起，他就对汽车尤其是汽车的造
型设计产生了浓厚的兴趣。幻想着能有一天自己也可以尽情地畅想，潇洒地挥
笔，让一台由自己设计的汽车问世。由此，他立下了未来奋斗的目标：当一名

汽车造型设计师。为了实现自己的人生理想，李徽同学在中学阶段开始学习艺术基础，并作为艺术类考生考入了北京工业大学艺术设计学院，如愿进入工业设计系开始了专业的学习生涯。并且通过自己突出的专业成绩、优异的竞赛表现，获得免试资格进入研究生学习，继续他人生的追梦旅程。

在研究生学习的伊始，李徽同学就对自己有了明确的规划，除了日常的课业学习外，在每个学期还要完成哪些任务，争取哪些额外的机会，他都十分明确，并且按照计划在一步一步地推进。这些目标的规划都与他一直以来的奋斗目标持续靠近，为当上一名汽车设计师而努力。

回顾这两年的研究生学习生活，他确实有条不紊地在朝着预期规划的目标而奋斗。除了在专业课的学习名列前茅外，他利用课余时间参与专业竞赛与系里组织的一些国际设计师工作坊学习。在参与专业竞赛的过程中积极地将自己的想法与导师沟通，汲取意见并不断地完善自己的设计方案。他深知设计不是一蹴而就的事情，需要在过程中反复地思考，推敲每一个设计点。在一个又一个深夜，宿舍同学都已经就寝休息时，他还在电脑前不断地思考，借着台灯微弱的灯光下笔勾勒想法。凭借自己的热情与坚持，在研究生学习的一年中他获得了两个专业奖项。并且凭借着荣誉与平时积累的作品，他顺利得到了在汽车企业设计中心实习半年的机会。对他而言，这是一种对努力坚持的肯定与回报。然而他并没有就此停下自己前进的脚步，而是珍惜机会，向着更高的台阶继续奔跑。

努力工作

在研究生期间李徽同学担任专业硕士班的班长职务，同时自身也是一名中共党员。因此，他认为更应该有一颗为大家服务的心。在工作期间，他认真完成老师传达的每一项任务，组织同学填写各项申报材料，有条不紊地开展各项工作。在每次布置研究生学期成果展览的时候，他组织同学协调布展的时间、看场地、协助同学搬运展品、调试灯光。最后在大家都布置完自己的作品后与其他班长将凌乱的展览场地打扫一遍，以整洁的面貌迎接即将前来看展的全校师生。此外，他还担任研究生党支部的青年委员一职，负责协调一些研究生党建活动的事务。在上个学年协助组织筹划了面向新生的学习经验与竞赛经验分享会，同时也分享了一些自己在学期间的感受，更好地帮助刚入学的新生尽快适应环境，找到大学的学习方法。

除了尽心尽力地工作外，他在工作之余也可以和同学们很好地打成一片，没有一种自己是班长的高高在上的感觉。他会在每学期定期组织大家聚餐，在这种非常放松的场合下互相交流，侃侃而谈。大家谈谈最近的学习生活，分享苦与乐，增进了同学之间的感情。

热爱生活

学习与工作占据了他大量的时间，那他的生活就会单调与无聊吗？其实不然，跟他熟悉的同学都会说，他是一个开朗活泼、兴趣广泛的人。在生活上，他确实是一位爱好广泛的多面手。

他非常喜欢体育运动，尤其是篮球，闲暇时间便会约上几个同学一起打一场，活动活动身体。他一直认为拥有一个良好的体魄是努力奋斗的物质基础，同时在打球的时候也可以放空一下持续紧张的心情。其次是在音乐方面，他比较喜欢唱歌，也学过钢琴，还曾经在学院的元旦晚会上作为乐队的键盘手参与演出。对于音乐的态度，他觉得艺术是具有相通性的，感悟音乐的韵律之美也是在提高自身对于艺术的修养，对于自己做设计中感性的一面也是很有帮助的。最后，他在强烈的好奇心驱动下还喜欢到处去走走看看，感受不一样的风土人情。他亲身体验过好莱坞的环球影城，追寻过沉浸在宁静中的欧洲古堡，登顶过绵延的阿尔卑斯雪山。这些年的广阔行程，使他感受到了世界如此与众不同，细心的他也留心到了平时学习中看不到的一些好设计，并用图像记录下来。他认为，除了追上自己的梦想，能有这些爱好也是一种满足。这些爱好不仅调节紧张的学习强度与高压的状态，更多的是能让自己的人生变得丰满，等到以后回忆青春时感觉丰富而有意义。

经验分享

有梦想的人非常多，但是能坚持自己的梦想并一直坚持努力奋斗的人却很少。要能定位自己的目标，并且朝着目标一直奔跑。虽然付出不一定就有与之相匹配的回报，但是只有空想是肯定无法实现自己的梦想的。坚定信心，持续努力，总有一天会得到让自己满意的结果。同时，现在是个信息十分发达的时代，学习的途径也变得越来越多样，我们不能仅仅满足在学校这个小圈子里，还要把眼光放长远一些，看看学校外边的世界，外面还有很多值得你去学习的地方。就像中蓝公寓的门上写的那样：入室勤学苦读，出门放眼天下。

触碰科学　展翅翱翔

都柏林国际学院　张艾

获奖者简介

张艾，男，满族，中共预备党员。北京工业大学，北京—都柏林国际学院软件工程专业 2014 级学生。在校期间荣获学习和科技等奖励及成果 19 项，包括国家奖学金 1 项、学科竞赛奖 2 项、发明专利 1 项、软件著作权 2 项、学术论文 2 篇和学习优秀奖 7 项，并且完成了"星火基金"重点项目 1 项。同时积极参与社会工作，曾担任北京第 15 届国际田联世界田径锦标赛安保翻译志愿者。

事迹介绍

展翅翱翔

时光在点滴间匆匆而过，通过在校期间的学习和生活，张艾有机会能够进入学校重点实验室去触碰科学，拓宽视野，参与科学实践研究，感悟课堂中无法触及的知识，体会解决问题后的激动和满足，在不断的探索中展翅翱翔。

带着对未知的好奇，张艾怀着激动的心情走进了北京市重点实验室，想要发现科学中"美丽的风景"。

在这里他体悟到要成为一名优秀的研究者就应走至险远之地，比别人更多一些探索，要具有强烈的好奇心和创造力，坚强执着的意志，严谨的科学态度和良好的工作习惯。他在学习和科研实践的过程中，不断成长，逐步磨砺和培养了这些品质。

科学研究需要能走至险远之地，需要对事物具有强烈的好奇心，包括对于自然的好奇，对于普遍事物的好奇，需要探知事物的规律，具有看到事物最为本质一面的本领。他在平日里的学习和工作中，总喜欢问为什么，不仅问老师和同学，也喜欢问自己，总想发现别人没有发现、完成他人不能完成的研究。入学初是高年级的学长带他走进了他们组建的"未命名的计算机工作室"，带领他们编程，鼓励并帮助他们四位低年级的同学申请到星火基金重点项目的课题研究任务，提高了他的编程能力。而后接触到重点实验室的课题，与指导老师讨论，让他明确了研究课题的任务需求，完成了模块的算法设计和编程实现。通过测试发现错误，他不断进行改进和优化，加深对所学知识的深层理解。通过科研项目的训练，他不断积累了算法设计和编程的专业经验，在课题研究中也潜移默化地提升了他的学科竞赛能力，为他参赛打下了良好的基础。在2016年ACM国际大学生程序设计竞赛校内选拔赛中他一举获得二等奖，成功进入了首届中国高校计算机大赛团体程序设计"天梯赛"的决赛。

不畏艰险

科学研究应具备不惧道路的险远、曲折、幽暗，一直无畏前行下去的精神。他在项目研究过程中，总是会碰到各种各样的"拦路虎"，这就必须通过自己努力，克服困难，迎难而上。他借阅相关书籍，在专业论坛里寻找思路和查找解决的办法，通过查阅大量的资料，反复思考，终于掌握其理论原理，找到了解决问题的思路和方法，攻克了课题中的关键性技术难题，品尝到了"展翅翱翔"的快乐。

触碰科学让他懂得了不能满足于眼前的成功，要多对学术刨根问底，要不惧艰险，不畏遥远，全身心投入，走至学术的险远之处。

在科技项目实践中，随着课题的不断深入，他养成了刻苦钻研的科学态度和良好的工作习惯，他总是能够按预先约定的时间提前到达实验室，长期坚持。他专门准备了记事本，详细认真地记录下了每一个问题，每次到实验室与指导老师见面，都一一询问，并认真地做记录。他尤法理解和解决的问题，主动跟实验室的老师和研究生学长们随时请教，养成了从简单入手多元思考的思维方式。在讨论项目研究方案的过程中，他会提出自己的想法和解决问题的思路，通过相互的学习讨论，找出解决问题更好的办法，使原有的设计方案更加科学合理，有利于后续编程的具体实现。

参加学科竞赛和课题研究是他大学中最宝贵的财富，让他在科学道路上展翅飞翔，并将一直努力前行，实现远大理想。

坚持梦想

科学研究和课程学习是相辅相成、互相促进的，张艾在从事项目研究活动的整个过程中得到了很多的收获和体会。首先，项目研究工作需要扎实的理论、技术功底，每当遇到一个个技术难题的时候，需要查阅大量的技术参考资料，对这些资料的理解，离不开在课堂上所学的专业基础知识。其次，科学研究工作需要有长期坚持的毅力，面对各种各样的困难时，他在团队学长和指导老师的帮助下一次次坚持下来，如果没有持之以恒的精神，就不可能取得成功。最后，通过课题研究拓宽了知识结构，这不断增加了他学习专业课程的动力。他相信每一个理想插上翅膀都会翱翔，每一个青春因为奋斗都会变得精彩。

他感谢授课老师和带领他走进研究领域的学长们，是他们使他懂得了真理往往掩藏在许许多多险远背后，或者常常在不经意之处，甚至总是被虚假的云雾掩盖着，稍不用心就会错过。学习亦是如此。我们不能仅仅止步于"夷以近"，满足于表面所学，而应挖掘掩藏在这背后的本质，只有这样才能在险远的道路中触碰科学，在科学的天空中展翅翱翔。

经验分享

我认为大学生活重在充分利用时间，成为时间的主人。我通常会拿出一些时间巩固所学的知识，抓紧一切零散时间提高自己的英语能力，充分利用课余时间参加项目研究。

希望同学们重视我们的专业课学习，积极参与科研项目和竞赛活动，使大学生活更加充实。

勤奋、好学、感恩

实验学院 鲁宁

获奖者简介

鲁宁，男，汉族，中共党员，北京工业大学实验学院电子信息工程专业四年级本科生。多次参加 RoboCup 世界杯、RoboCup 世界杯中国赛等科技竞赛，获得国际级奖项 1 项、国家级奖项 4 项、省部级奖项 3 项；两次获得北京工业大学三好学生、学习优秀奖；连续三年获得校科技创新奖、校优秀学生干部；获得 2014～2015 学年国家励志奖学金，2015～2016 学年获国家奖学金、校长奖学金。

事迹介绍

学习中的他

他是标准的工科男，入学四年来，学习刻苦努力，严于律己。在校学习成绩优异，多次获得校级奖学金。

在平时的学习中，他勤学好问，经常和老师讨论问题，并和学长学姐请教自己学习中的疑问。身为班中的学习委员，他以身作则，每个学期的期末考试前，他都会给班级中学习比较困难的同学进行一些课程辅导，帮助他们梳理老师强调的知识点，带着他们做练习题，让他们能够尽可能的一遍通过考试。

公益中的他

他热爱公益，经常参与公益活动。在大一的第二个学期，他每个周六都会去天阶社区给孩子们讲课。孩子们都是来京务工的农民工孩子，由于条件限制，孩子们在平时的学习中很少能接触到年轻的教师、新鲜的知识，并且家长们的能力有限，很难让学生去接触相对专业的兴趣课程。天阶提供了这样一个平台，有这些志愿者们帮助，能够让孩子们开拓一些视野，培养课外兴趣。他是这些志愿者中的一员。在志愿活动中，他主要给孩子们上兴趣课。

每个周五的晚上，他都会为周六的课程内容做一些准备工作，看教材、设计课程内容，写教案。周六的早晨6点，他会准时起床去坐车，在10点之前到达天阶西直河校区。10点准时出现在课堂上，给孩子们讲课。

上课的过程很辛苦，每个孩子的性格不同，需要去照顾到班里的每个人，确保每个孩子都有所收获，所以需要眼观六路、耳听八方。他说："当你在讲课的时候，看到孩子们对于知识渴望的眼神，看到孩子们对你讲的东西听得津津有味，你就会觉得其实就算再累一点也值了。不求他们把所有的内容全部听会，只希望在这样枯燥的学习中，能让他们感受到一点点不同，一点点乐趣就足够了。"

工作中的他

在校期间经常参加科技竞赛，如RoboCup世界杯中国赛、全国大学生电子设计竞赛、北京市大学生物理竞赛等等。奖项涵盖国际级、国家级、省部级等，并担任北京工业大学机器人协会会长、实验学院信息工程系学生会科技部部长。

在担任科技部部长期间，他和他的部员们多次组织院内科技活动如：指尖上的奇点、自由之翼航模比赛等等，丰富了院内学生的课余文化生活。

在担任机器人协会会长期间，他负责组织会员参加全国、省部级机器人竞赛。在赛前组织学生培训，指导学生完成参赛机器人，指导的小组均获得省部级或国家级奖项。

除此之外，为了帮助协会成员明确自己的未来发展方向，激发会员对于某些科技方面的兴趣，他们于2015～2016年第一学期开展科普课堂活动。活动面向全院师生，会员主要讲自己喜欢的科技知识，将课程做成视频发布在微信平台、协会网站上，受到了学院师生的广泛好评。

课堂的知识没有平时的实践是不能很好消化的。为了帮助大家更好地学习，并将知识学以致用，他对协会会员实行任务制，即每个学期必须团队开发出一个小项目。他会定期查看项目进度和项目实施情况，并记入会员的个人考核。以一种制度的方法让大家不断学习，并让大家在协会中有所收获，不虚度大学时光。在他的努力下，协会的会员在班集中实力基本处于上游水平，能够从事项目开发。

从2016年7月起，他入职百度，成为百度商业安全部云加速部门的web前端实习生。就职期间负责百度云加速网站的页面开发、内部后台管理页面的开发和百度企业安全官网的网站页面开发。

在百度的实习中，他学到了很多领先的技术，同时也知道了很多自身的不足，看到了自己与同龄人的差距。百度实习的经历让他明白在大学中明确自己未来就业方向的重要性。他在机器人协会的第一次例会上给大家分享了他的实习经历，告诉他们要尽快明确、规划自己的未来，多去接触新鲜的技术，放开眼界，多去实践。对于大三的同学们来说，有很多人已经开始去思考一年后毕业去做什么，去往哪方面努力。

他其实很平凡，他说："我不期望我可以做出什么惊天动地的大事，我想做的是尽我所能去帮助大家，把我知道的、学到的教给大家，把我的经验教训告诉大家，让大家能够尽可能少地走一些弯路。我是这样想的，也是这样去付出行动的。只要大家有收获，那我做的一切都是值得的。"

经验分享

日常学习中，课堂效率是最重要的。抓住课堂的时间，你的效率会事半功倍。理论学习固然重要，要理论与实践结合，把学到的东西应用到实际项目中，有助于理解课堂内容。因此在平时多参加竞赛或自己做一些项目。

学习之余，建议大家去企业实习，在学校中学习的知识相对来说比较基础，建议大家去企业接触一些大的项目，对于大家就业很有帮助。

最后，尽早明确自己的职业规划方向，有目的的去学习，你会收获得更多。

多勤奋，深挖掘，广交流

固体所　李永合

获奖者简介

李永合，男，汉族，中共党员。2013 年起就读于北京工业大学固体微结构与性能研究所，攻读材料科学与工程博士学位。截至目前，获得两次教育部研究生国家奖学金以及两次"联通沃"研究生科技之星提名奖（2014 年、2016 年）；获得博士生创新奖学金和优秀研究生奖学金（2015年）；获得科技创新特等奖、一等奖、二等奖、优秀奖奖项（2014~2016 年）；负责主持研究生科技基金重点项目一项；基于其出色的科研学术能力，他受聘校博硕论坛主讲人以及研究生处良师益友顾问团（2014~2016 学年），每年为新生讲授自己的生活和科研经历，给新生的研究生阶段提供了方向。

事迹介绍

多勤奋

在科研道路上靠聪明做出点事情来，那必定是爱因斯坦、霍金等卓越科学家的"专利"，而绝大多数科研工作者，无论大至教授，小到研究生，要想在某一领域或方面颇有建树，保持勤奋特质是必不可少的。而固体所 13 级博士生李永合常和学弟妹们说："做研究的人最起码百分之八十的人都是一样的，差别可能就在研究的努力程度上。"他在进入博士阶段学习后，工作时间从早八点到晚十一点成为常态，因为需要大量时间阅读文献，深刻了解国际学术前沿动态以及平衡自身的科研优势，来确立博士阶段的科研工作的开展方向。最终在张跃飞教授的指点和帮助下，他们决定利用原位透射电镜揭示锂离子电池电极材料电化学反应过程这一课题，然而课题的开展并不是一帆风顺，首先他没有相关锂电电极材料，因为初入该领域合作者也没有，这就要求他自力更生做出自己需要的电极材料。他从心底里感觉做材料应该挺简单的。然而每做一次反应实验就要十几个小时，所得样品结构不纯、形貌不一，一次次的失败开始打乱他的心智，他想"这一次次失败都半年过去了，最核心的实验还没开始，这如何是好"。但是平静过后他每次给自己的信念便是下次实验就会好了，功夫不负有心人，最终他还是获得了他想要的样品，有时他会想那次实验如果打了退堂鼓，没有勤奋坚持，也就没有了以后。而在做核心的原位透射电镜实验时，连续性和动态性是研究的特色。这就要求每一次实验都有可能面临通宵达旦。而他一次较为关键的实验便是在连续观察二十多个小时获得的，一直在目不转睛地连续拍摄照片。而实验刚一结束来不及休息他便返回家中照顾襁褓中的儿子，这时他身体虽乏累但精神上幸福到极点。

深挖掘

勤奋的科学实验是基础，而对课题基础科学问题的把握亦是关键。一开始做实验时，他说他是属于只顾埋头实验，缺乏分析精神那种类型的学生。然而老师的一次谈话，他很记忆犹新，老师说"不能让数据死在硬盘里，你不碰它，它就永远地躺在那里了"。也就从那以后，他每次实验后数据都要整理分析，因为分析后才能对下次实验的设计提出根据。他还每天坚持浏览同领域权威期刊的文献，他最常假想的便是如果他是这篇文献的作者，他能发掘的这么深入吗，能分析这么透彻吗，然后去查找自己和别人的差距，并学习别人分析问题的方法借鉴到他自己的工作上来，科学问题就进一步深入了。最终他将数据的定稿和一开始自己分析的数据一对比，他真心感受到数据挖掘的魅力，也解决了更多的电化学基本科学问题。

广交流

大家都知道做科研如果只靠自己闭门造车，即使最后能够成功，可能也会走好多弯路，而与领域内国内外知名学者开展广泛交流和学习合作，才能取长补短，提高自身的科研水平。他因为深知这一点的重要性，在博士期间经常搜罗领域内的大牛级别国际会议去旁听，并同与会学者交流学习，遇到心目中的大牛便会努力推销自己的工作。现在他与国内外一些教授仍保持邮件联系，遇到问题也会时常向他们请教。而他最近发表的文章（Nano Energy，2016，27，95 – 102. IF = 11.5）也是他和老师与国外学者交流合作，利用国外学者的理论模拟证实他们观察实验现象的正确性，因此广泛的交流不仅能够学习他人优势也能弥补自己不足，进而通过合作的形式能够尽快完善自己的科研成果。

最后他将最终高水平成果发表归结于他自身总结的三要素：勤奋、发掘、交流。

经验分享

进入研究生阶段，自立的个性，规划的生活是研究开展的关键，在学习的方法上，跟踪文献是了解科研前沿的常态。每天到办公室应该首先打开自己浏览器的收藏的期刊源进行阅读，并以周为单位将相关文献整理，以 PPT 形式再现，提出自己的观点。合理规划自己的时间，要今日事今日毕，才有可能在最短的时间完成最多的工作量。另外生活不只有科研，好的身体是基础，在特定时间去爬一爬山，打一打篮球，逛一逛街都能将近期枯燥的心灵释放。

科研精于勤成于思

激光学院　高寿飞

获奖者简介

高寿飞，男，汉族，中共党员，激光工程研究院 2015 级博士生，光学工程专业。以第一作者发表 SCI、EI 收录论文 14 篇；在国际、国内顶级光学会议上做报告 15 次，其中作国际会议 Postdeadline 报告 1 次；荣获 2016 年度和 2014 年度教育部"研究生国家奖学金"、中国光学学会学术大会"优秀学生报告奖"、中国物理学会秋季会议"优秀张贴海报奖""科技创新一等奖""科技之星提名""学术道德先锋""优秀研究生奖"等。

事迹介绍

2012 年 9 月的北京，"天气正好不冷不热"。北京工业大学 2012 级硕士研究生高寿飞，正面向校旗庄严宣誓，"今天我成为北工大的学子，面对校旗庄严宣誓：胸怀祖国，热爱学校；志存高远，全面发展；勤奋学习，勇于实践；知行统一，诚实守信；团结严谨，求实创新。为中华民族的伟大复兴而努力奋斗。"三年后，当他再次面对母校校旗做出同样庄重的承诺时，他已是 2015 级博士研究生。

对于承载他五年硕士和博士生活的北京工业大学，他充满感恩和热爱。五年春秋与冬夏，足够北工大塑造出一个全新的他。成熟稳重，努力拼搏，甘于奉献，这一切都受教于他在北工大的每一天。化为他的信条：做人，要谦虚谨慎，光明磊落；做事，要认真负责，讲究原则。

思想是行动的导师

他认真学习党的工作路线，正确贯彻党的方针政策，始终坚持社会主义和共产主义信念，坚决拥护中国共产党的领导。

滴水藏海，小处见大。从点滴做起，严格要求自己的言行举止，维护研究生的良好形象，关注时政要闻和国家大事，努力提高思想觉悟，积极要求思想进步，激励自己向党的要求更近一步。他积极进取，树立良好的人生观、道德观、价值观，并于2013年12月，光荣地加入了中国共产党，更于2016年3月成为北工大激光院博士生党支部书记。他担任激光院博士生党支部书记期间，严把发展党员关，积极落实"两学一做"学习教育活动，组织党员参与"党支部书记讲党课"培训等。五年的历练，他逐渐成长为一名学风严谨、政治成熟的博士研究生。同时也更加深刻地意识到自己肩负的责任和使命。

科研精于勤成于思

他深知学术研究要建立在丰富的知识储备与开阔的理论基础之上。因此他除了全面系统地学习本专业理论基础外，还坚持用发展的观点去审读科学技术的创新，用方法论去印证科学技术与实践应用的相互转换关系，着力保持自己处于激光领域科技和新型实践应用研究的前沿。

现为北工大激光工程研究院博士生的高寿飞，主要从事特种光纤制备、光纤激光器以及光纤非线性效应等方面的研究。在导师王璞教授和汪滢莹老师的悉心指导下，他积极参与科研项目实践、刻苦钻研，并取得了优异的学术成果，主要包括：空芯反谐振光纤的制备及其高功率超短脉冲激光传输、紫外光蓝光增强的超连续谱光纤光源、空芯光子带隙光纤与普通单模光纤的低损耗熔接，其中制备的近红外、可见光传输的高性能无节点空芯反谐振光纤在国际、国内产生了较大的影响力，多次在国际顶级学术会议上作口头报告。

至今，他以第一作者发表SCI、EI收录论文13篇，其中1篇发表于Optics Letters、2篇发表于Optics Express，1篇发表于IEEE Photonics Technology Letters，1篇发表于Applied Physics B；在Conference on Lasers and Electro – Optics（CLEO）、SPIE Photonics West、Advanced Photonics Congress、Advanced Solid State Lasers（ASSL）、Europhoton、中国光学学会学术大会等国际、国内顶级光学会议上做报告15次，其中作国际会议Postdeadline报告1次；另外申请国家发明专利2项。

真正的学者需要的不仅是认真耕耘专业知识的严谨态度，更需要永怀学子之心谋求素质的全面发展。他时刻提醒自己端正学习态度、保持谦虚谨慎的作风、发扬永不服输的精神。一分耕耘一分收获，他的学习成绩和综合成绩均居全年级前列。硕士研究生期间他获得了 2013 年中国光学学会学术大会"优秀学生报告奖"、2013 北京工业大学"学习优秀一等奖"、2013 年北京工业大学"优秀研究生奖"、2014 年教育部"硕士研究生国家奖学金"、2014 年北京工业大学"科技之星提名"、2014 年北京工业大学"学术道德先锋"、2015 年北京市"优秀毕业研究生"、2015 年北京工业大学"优秀毕业研究生"、2015 年北京北京工业大学"优秀硕士论文"、2015 年北京工业大学"科技创新一等奖"（两次）、2015 年北京工业大学"科技创新优秀奖"。博士研究生期间他获得了 2016 年教育部"博士研究生国家奖学金"、2016 中国物理学会秋季学术会议"优秀张贴海报奖"、2016 年北京工业大学"科技创新优秀奖"（三次）、2016 北京工业大学"优秀社会工作奖"以及 2016 北京工业大学"优秀研究生奖"。

对于高寿飞来说，荣誉既是责任，更是鞭策。他将继续扎实专业基础知识，广泛涉猎，丰富修养，拓展思维，更严格地要求自己，不断取得新成绩以实现自己的人生理想，回报社会。

丰富课余劳逸结合

在紧张的学习科研之余，他还活跃于"迎新篮球赛""羽毛球精英赛""激光杯足球赛"等各项课外活动，积极参加各种社会实践和志愿服务活动中来。2013 年 5 月"第五届国际光电子探测与成像技术学术会议"在国家会议中心召开，他成为会议的志愿者，主要负责会议的前期准备工作和参会人员的注册工作。他在接待国际友人时，提高了英语口语水平的同时和他们成了朋友。2015 年 9 月"中国物理学会秋季学术会议（CPS Fall Meeting）"在北京工业大学召开，他再次成为会议志愿者，主要负责前期准备工作和参会人员的接待工作。

志愿者服务给予他锻炼机会和实践舞台，使他的视野更加开阔，对奉献过程中得到的快乐也有更深的体会。此外，高寿飞还不忘与学弟学妹们交流自己积累的经验和掌握的方法。例如，在学校组织的"博硕风采论坛"中他作为主讲嘉宾分享做好科研的经验，并被研究生会聘请为"良师益友"顾问组顾问。还在校研会组织的"科学精神与学术规范"活动中与大家分享"理工类学位论文答辩 PPT 制作经验"。丰富的课余活动和社会实践，给他的校园生活增添几许亮丽的色彩，劳逸结合使他在科研学习中能沉着、冷静地面对问题，分析问题，解决问题。

怀着感恩的心成长

他怀着感恩的心回首在北工大的五年成长，父母和家人是他最坚强的后盾、导师是他前进的指引者，同学和朋友是他学习的好伙伴。因为对科研的热爱，所以他坚持、他努力，他将不止于此。和所有为学者一样，他将以全人类之进步为己任。他坦言，"不息为体、日新为道"的校训早已成为自己不竭的力量源泉，他将牢记恩师的嘱托与教诲，创造更灿烂辉煌的未来。

做一个让自己看得起的人

未来网络创新中心　孟浩

获奖者简介

　　孟浩，男，汉族，共青团员。2016 年入学就读于北京工业大学北京未来网络科技高精尖创新中心计算机科学与技术专业。2016 年 7 月获得计算机软件著作权 1 项，2013 年 12 月荣获国家励志奖学金，2013 年 11 月获得华北五省（市、自治区）及港澳台计算机应用大赛决赛二等奖，2013 年 10 月获得华北五省（市、自治区）及港澳台计算机应用大赛内蒙古赛区一等奖，2014 年 7 月被评为内蒙古自治区优秀毕业生，2014 年 6 月被评为校级优秀毕业生，2012 年 7 月被评为内蒙古自治区级优秀学生干部，2012、2013 年 7 月被评为内蒙古自治区级三好学生，2012、2013、2014 年 12 月被评为校级三好学生，2012、2014 年 12 月被评为校级优秀学生干部。

事迹介绍

生活中的他

　　他是一名研究生一年级的新生，也是一名计算机专业资深程序员。一提起程序员，人们总是将他们戏称为码农，并且在他们脑海中总会闪现出这样一幅画面：一个蓬头垢面的大叔，手里端着一桶泡面边看电脑屏幕边津津有味地吃着，周围杂乱无章地堆着各种生活用品。这次他要向大家证明码农也是阳光、热情、干净、体面的好青年。从刚刚进入大学开始，当别的同学还沉浸在好奇与兴奋中的时候，他已经在安排着自己大学四年的作息与锻炼计划了。他给了自己一个承诺：早睡早起，每天晨跑半小时。四年中他一直坚守着自己的承诺，每天早晨的校园操场上，总能看到一个瘦高个子的年轻人在奔跑着迎接清晨的第一缕阳光，从初春到盛夏，从金秋到寒冬，从不间断，在2015年9月他参加了乌兰察布国际马拉松赛半程赛，并且顺利完赛。

大学期间，孟浩参加了校学生会科技实践部，从给各个社团活动拍照开始做起，慢慢地与部员在部长的教学下一起学习Photoshop和绘声绘影等软件，并且他也参与设计并制作了部门中很多活动的宣传海报。他的努力获得了同学们的一致认可，大家推举他担任了科技实践部副部长，也有了新的部员，他担负起副部长的责任，与部长一起，教部员使用常用软件，并与他们一起组织策划并举办了电影配音大赛，取得了圆满的成功，他与部员深刻地体会到举办一场活动不是作为观众看到的那么简单，从活动的策划到布局，到场地的申请，活动的宣传，中间会面临很多的挑战，必须提前想好可能出现的各种情况并且给出解决办法。他还应老师要求，在老师的指导下，与部门成员一起举办了机器人大赛，给同学们校园文化生活增添了一些色彩。

年少的人们爱追梦，喜欢无拘无束，喜欢时尚风情，喜欢谈天说地。可是他认为在最美好的年纪还应该懂得发奋图强，让这美好的时光不随风飘走，把握生命中的黄金时段，给青春一份无悔的答卷。

学习中的他

孟浩对于学习一直都很执着，他觉得学习是学生的分内工作，如果连自己的本职工作都不好，那么作为学生来说，他的学习生涯是失败的，不完整的。他坚定地认为，课堂的知识是用来课堂掌握的，大学生课外的时间是用来丰富自己的阅历，锻炼自己的身体，提升自己的专业技能与专业知识的。他从大一开始就是这样严格地要求自己，很好地利用课堂时间学习知识，利用课外时间提升自己的专业技能，他的努力最终有了很好的回报，他大学四年综合测评每次都是班级第一，连续获得学校一等奖学金。

他的英语水平在刚上大学时是很有限的，他知道大学英语四、六级考试对他来说是必须通过的槛，所以他一直很努力地利用课外时间自己学习，终于第一次考英语四级顺利通过，但是英语六级对他来说很艰难，考了很多次，他不断坚持着、努力着，终于在大三下学期，以一个比较满意的成绩通过了考试。

他一直很喜欢编程，那一行行代码，是思维的展现，编程的美体现在你可以与计算机深度交流，你的思维与计算机的运行能完美地同步与融合。他自己学习了安卓移动应用程序开发，那是一个暑假，当别人都在休息放松的时候，他宅在家中编写一个叫"E课树"的安卓软件，全身心地投入使他常常忘记白天与晚上，当项目完成并且获得比赛专家组认可的时候，他笑得十分开心。

有时候对某一个知识的学习深度不在于你看了多少本关于这方面知识的书，而是找一本好书，静下心来，细致地分析，做到每一个细节都心中有数。

工作中的他

孟浩在班级中担任团支部书记，他深知团支书的责任：一方面团结同学，了解同学的思想动态，确保同学们安全出行；另一方面，积极配合学院与学校团委的工作，举办团日活动，做好团费的收缴和上交工作。他一直践行着自己的责任，与班长积极配合，努力做好班级的各项工作。在一次学校运动会中，他所在的班级方队以其饱满的精神风貌，高昂的斗志，整齐的步伐，深得师生的赞赏，支部被评为优秀团支部。他们支部举办的团日活动以其创新的节目形式，精彩的节目表演，获得学校和学院团支部观摩团的一致好评，并且此次团日活动被评为金牌团日活动。他的经验是做一件事情时一定要从总体把握，从细节出发，分清主次，才能有的放矢。

满载荣誉的他

关于荣誉，他认为荣誉的得到并不是靠投机取巧，而是靠切切实实的劳动，只有付出过汗水后获得的荣誉才能无愧于心。在大学中，孟浩凭借其优秀的学习成绩，良好的工作业绩，获得了很多来自学校和学院的荣誉：三好学生、优秀学生干部、优秀毕业生等。但是他真正在意的是，在这些荣誉的背后，包含着他大学四年在各种身份与角色切换中对于学习、生活、工作的感悟与经验，包含着他与同学之间深厚的情谊，包含着大学四年他的所有的汗水与付出。四年的时光中，获得的与失去的，满意的与失意的，兴奋的与悲伤的，此间种种，构成了他所有关于大学本科的记忆。

经验分享

大学的时光是非常短暂的，有时候甚至有一种还没有真正开始就已经结束错觉。昔日，我们对世界知之甚少，一切充满着神奇，我们不懂得如何去把握，如何去拥有，只在茫茫宇宙间感叹生命的千变万化，自然界的缤纷绚丽，任时光匆匆流逝，忘记了珍惜生命中每一次相逢，每一段旅程，忘记了要用知识充实自己，待到今日，我们逐渐明白，要努力珍惜生命中每一次经历，珍惜身边每一个朋友，爱你的与你爱的人，要努力提升自己，要经常探索与思考，剔去浮华，远离喧嚣，以一颗最本真的心与自己对话，这种对话通常是痛苦和折磨的，也正因为此，人才不至于让自己像空气中的浮尘，心灵才能有了归宿，生命才能有踏实感与厚重感。

做一个让自己看得起的人，这样，人生才有了精彩的可能。

静水流深，听喧享静

循环经济研究院　田西

获奖者简介

　　田西，男，汉族，中共党员。北京工业大学循环经济研究院资源环境与循环经济专业博士研究生。在校期间作为项目负责人完成了北京工业大学研究生科技基金重点项目，并获得了北京工业大学博士生创新奖学金、三次科技创新一等奖；获得校研究生数学建模竞赛特等奖、校级挑战杯学术科技竞赛作品三等奖；获得第九届 International conference on waste management and technology 优秀论文奖、环保部城市环境管理征文比赛二等奖；曾被评为北京工业大学优秀研究生。

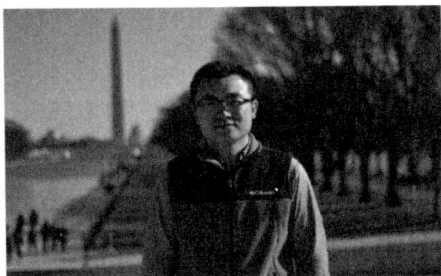

事迹介绍

学习——志存高远，刻苦勤奋

　　2013 年秋天，田西同学进入北京工业大学，开始攻读资源环境与循环经济（经济学）博士研究生。他是循环经济研究院招收的第一批博士生，同时也有幸成为左铁镛院士招收的经济学方向第一位博士生。左铁镛院士作为我国最早一批倡导并深入研究循环经济的大家，其高屋建瓴的学术思想，给田西同学打开了前所未有的学术视野。田西同学也被左院士前瞻的国际视野和务实的学术情怀所震撼，对自己承诺接下来必须要像老师那样胸怀理想，在循环经济领域做出一些成果。面对理想，田西选择用汗水兑现承诺。从博士一年级开始，他就忘我地投入到学习当中。"在实验室里，我经常一待就是一整天十几小时以上，力争掌握研究领域的每一个点。"辛劳没有白费，天道终将酬勤，田西的学习科研成果在多个国内外学术知名期刊发表，这也为他带来了许多荣誉。面对荣誉奖状，他依旧头脑清醒、保持脚踏实地的科研作风，并不断攀登更高的学术高峰。

面对日益增长的社会竞争压力，田西深知校园就是现实社会的缩影，充满着无数的竞争，要想在这一个人生小舞台上脱颖而出，就必须努力做到在方方面面都比别人优秀，也必须时时刻刻做好吃苦的准备。环境只能影响一个人，但不能决定一个人。少一点怨天尤人，多一分自尊自立，通过自己的坚持努力改变现状，这才是积极的人生态度。所以，刚进入博士学习阶段他就确定了自己的努力方向，在学习生活中，图书馆和实验室成了他生活的大部分。正是因为自己较早地明确了奋斗方向，明确了要成为什么样的人的问题，所以才能够以饱满的热情和十足的信心去学习科研，才能够静下心来修学储能。

科研——敢于创新终起步

作为循环经济研究院资源环境与循环经济交叉学科第一届博士研究生，除了导师左铁镛院士的培养，田西同学也受到了吴玉锋及其他老师的大量的帮助与指导。两位老师以严谨的治学态度，规范的学术道德，以身作则，言传身教，给予田西同学极大的正面影响。在科研方面，田西参与了学院及导师左铁镛院士的多项重大课题，其中包括中国工程院重大咨询项目《我国"城市矿产"综合开发应用战略研究》、中国工程科技中长期战略研究项目《我国特大城市生态化转型发展战略研究》等。围绕城市矿产开发中含铅废物回收，从接触科技活动到专业领域的科学研究，以第一作者撰写并发表学术论文9篇，其中4篇SCI论文在循环经济领域知名期刊发表，并赴美国做国际会议报告1次。

为了更好地实现这个美好的理想，田西作为公派联合培养博士研究生，到美国密歇根大学资源环境学院的可持续系统研究中心学习，将对方国际前沿科研方法引入本学院的课题研究，以第一作者身份，与对方指导教师合作撰写论文4篇，均投至国际循环经济领域知名期刊，目前处于审稿阶段。学成后回到北京工业大学循环经济研究院，继续完成发展我国循环经济、建设资源节约型和环境友好型社会这一任重而道远的使命。

学习不是为了死读书，而是为了在科学研究上有自己的创意，为自己今后的科研道路闯出一片天空。田西同学先后获得了第九届International Conference on Waste Management and Technology优秀论文、环保部城市环境管理征文比赛二等奖。在校内，作为负责人完成了校研究生科技基金重点项目，获得了校博士生创新奖学金、三次校科技创新一等奖、校研究生数学建模竞赛特等奖、校挑战杯学术科技竞赛作品三等奖、校优秀研究生。在博士学习的第二年，他与学院两位硕士生组队参加全校研究生数学建模竞赛，他与队员精益求精、止于至善，连续七天通宵钻研、设计、制作，最终以绝对的优势夺得了特等奖。田西在学术竞赛活动中逐步表现出较强的攻关能力和组织协调能力。在一次次的成功中他成长起来，更在经历许多次的失败后成熟起来。丰富的经历和扎实的功底得到了老师和同学们的肯定和赞赏。

社会工作——怀寰宇之心，砺报国之志

心有信仰，胸怀天下，田西在 2005 年就以坚定的信念加入了伟大的中国共产党。博士期间他一如既往地积极要求进步，主动向党组织靠拢，在学校老师的培养引导下，并通过自身不懈努力认真地学习了马列主义、毛泽东思想、邓小平理论、三个代表重要思想，特别是在深入学习实践科学发展观的活动中表现积极，学习认真，积极参加各种培训活动。学会了用正确的理论武装自己的头脑，树立正确的世界观、人生观、价值观。在日常学习生活中，热爱祖国，遵纪守法，尊敬师长，团结同学；关注时政，了解和学习党的精神，积极向党组织靠拢。他时刻牢记要保持自身的先进性，并且在各个方面都严格要求自己，在思想行动上为同学们树立一个良好的榜样，虚心求教，接受同学监督。

未来——祖国终将选择那些选择了祖国的人

改革开放 30 多年来，我国经济发展取得了举世瞩目的伟大成就，但资源消耗量急剧增加，环境压力越来越大。加快发展循环经济，建设资源节约型和环境友好型社会，实现经济增长方式的根本性转变，是我国今后经济社会发展应着力解决的重大问题。身为资源环境语循环经济交叉学科的博士研究生，田西对自己的专业领域有着特殊的热爱和认同。一直立志成为我国循环经济产业专家学者的他，立志将"发展循环经济、建设资源节约型和环境友好型社会"作为自己的奋斗目标，为我国绿色发展与生态文明建设做出自己应尽的一份贡献。

经验分享

博士研究生阶段主要是在导师的带领下，运用前期积累的知识储备，探索研究新领域的问题。非常有幸能够成为左铁镛院士在循环经济方向的第一位博士研究生，有名师指导非常重要，让我有机会接触我国，甚至国际的各类前沿研究。但学术研究需要投入大量的精力，如果要获得真正属于自己的研究成果，必须要能够宁心静神，全身心的投入自身的科研中。正如古语有云：静水流深，听喧亨静。

第二篇

02

北京工业大学校长奖学金获得者

默默无闻处，时至花自开

信息学部　姬庆庆

获奖者简介

姬庆庆，男，汉族，共青团员。2013 年起就读于北京工业大学信息学部计算机学院物联网工程专业。曾获得 2015～2016 学年校长奖学金、北京工业大学学习优秀奖及科技创新奖等奖项。在科技竞赛中荣获"挑战杯"全国大学生课外学术科技作品竞赛三等奖等国家级奖 5 项，省部级奖 11 项，校级奖 19 项。取得发明专利授权 1 项，进入实质审查 18 项；取得实用新型专利授权 16 项，取得外观专利授权 1 项，取得软件著作权登记 12 项；发表学术论文 3 篇。

事迹介绍

每个人的人生中最华丽的篇章是青春时期，而华丽篇章中最精彩的片段正是大学时光。正是在这里，他经历了很多，有人生的惆怅，有未来的迷茫，也有难题的阻挡，但是他在磨砺中成长，在荆棘中前行，人生是一场奋力一搏的旅程，他用极致绽放致敬平凡的大学生活。他，是来自信息学部计算机学院的姬庆庆。

脚踏实地，做好当下

他洋溢着青春与笑容的脸庞让很多人觉得他是那么的自信，仿佛一切在他眼里都是轻而易举就能够得来的。

但是姬庆庆从不觉得自己素来就是"佼佼者"，就连当初选择就读的、今天不断努力、并从中收获快乐的物联网工程专业，也都曾是他的"无奈之举"。高考填报志愿滑档，在征集志愿阶段被物联网工程专业录取。在北工大计算机学院这个"高手云集"的地方，姬庆庆并没有马上脱颖而出。入学之初，他的成绩并不理想，甚至偶尔会成为"垫底"的那类人。作为大一一开始就要学习的C语言等编程类课程对于之前几乎没有接触过程序设计的姬庆庆而言，在学习积极性和自信心上都是一个不小的挑战。

"当时也有过迷茫，与父母的通话中还询问过自己是否应该转专业。"姬庆庆回忆道，"但我明白一个道理，尽管我不知道未来自己会做什么，但眼下我能做的也必须做的，就是做好当下的事情。为今后的成长和发展积累'资本'。"在接下来的一学年中，姬庆庆一边认真阅读课本，一边学习专业知识，同时根据自身兴趣点报名广告学专业作为自身第二专业进行学习。通过不断努力，他的成绩逐渐有了起色，并培养起了干事情脚踏实地、坚持不懈的习惯，为未来的科研工作打下良好的基础。

进入大二下学期之后，姬庆庆在一个偶然的机会被正在参加"挑战杯"课外学术科技作品竞赛的学长邀请加入到团队中，从那时起，他在肖创柏、左国玉两位老师的带领下逐渐对科研产生了浓厚的兴趣。随着自身不断努力，在将近两年的时间里取得了较为优异的成绩。到目前为止，在各级各类科技竞赛中共获得国家级奖5项，省部级奖11项，校级奖19项，获奖领域涵盖计算机、数学、环境、经济、法律、广告学等多个领域。

坚持不懈，永不言弃

姬庆庆说，如果说自己有一样最为重要的品质，那就是坚持。"做科研，很多人并不缺乏激情和动力，却没有多少人能够坚持到最后。很多成功的人，只是比别人多坚持了一下而已。"

在他小的时候，也曾没有"长"性，对什么事情都是"三分钟热度"，随着年龄的增长，在一次班会课上，班主任介绍自己钢笔字一直写得很不好，经常受到同事们的嘲笑，于是便在工作闲暇时间坚持练字，没想到一下坚持了十几年，后来书写水平已经获得了很大的提高，练字也成了他的一个习惯。老师的认真与恒心给了他很深的触动，他心里逐渐生出一股前所未有的韧劲，这件往事，让姬庆庆第一次明白了面对困难时，"坚持"的含义。

姬庆庆这种坚持不懈的品格一直延续到今天的科研工作中。在带领团队参加科技竞赛的过程中，他的团队曾遭遇过长达两个多月的瓶颈时期，未取得任何进展，甚至看不到成功的希望。然而，在那漫长的两个月中，尽管其他团队不断取得新的突破，进入新的环节，姬庆庆也从未有过放弃自己团队，放弃继续参赛的念头。

"我的目标本来就不高，哪怕不能成功，排除些错误答案也是好的。放弃从来不是我要想的事情。"姬庆庆说。坚持，再坚持一下，或许只是这"一下"，就会造成结果的天壤之别。正是这种坚持的品质，使得姬庆庆一步一步地取得了今天的成绩。截止到目前为止，以第二作者身份（导师第一）申请国家发明专利20项，已获授权1项，18项进入实质审查阶段；以第二作者身份（导师第一）申请实用新型专利20项，目前已获授权16项；以第一作者身份申请外观专利1项并已获授权。以第二作者身份（导师第一）申请软件著作权13项，目前已获登记12项；以第一作者身份在国家级期刊发表论文2篇已经见刊，以第三作者身份撰写的论文1篇已获国家级期刊录用。

幸运之子，常怀感恩

姬庆庆一直觉得自己是一个幸运儿。"我幸运的地方不只是在于选择计算机作为自己的专业，还在于北工大给我提供了一个'宽松'的学术氛围，幸运地遇到了很多愿意指导我的老师、接触到了一些高端的课题，以及幸运地遇到了一批支持、鼓励我做科研的朋友。"

姬庆庆亦十分感激很多老师们对他在各方面的指导。繁忙的学术工作之外，不少老师还在校、院两级担任行政职务，"忙碌起来甚至无暇打点好自己的生活，真是到了'忘我'的地步"。可姬庆庆每次给他们发短信或者邮件时，他们都会认真回复，每一个细节老师们都会用心指导。"遇到的这些恩师们告诉我，做研究的第一要义其实不在于做出漂亮的结果，而是总结每一次失败，在每一次失败中成长。"姬庆庆觉得，没有老师们的这些鼓励和帮助，自己很难在科研之路上走得如此坚定。

姬庆庆在科研之路上的不竭动力，也来自于很多志同道合的同学的理解与支持。由于姬庆庆涉猎领域众多，因此遇到一些较为困难的专业性问题，他的团队中往往会有很"靠谱"的朋友帮助他解决问题，共渡难关，一起取得最后的胜利。因此，在他看来，大学期间多认识一些志同道合之人十分重要。

肩负使命，回馈学校

除了踊跃参加科技竞赛以外，他还积极参加各类科技展示及交流活动。连续三年携带不同科技作品参加北京工业大学科技节，并在2015年北京市科技节北京工业大学分会场开幕式上代表北工大发表主题演讲。除此之外，还积极配合学部开展针对本科新生的科技竞赛宣讲活动，将自己的经验传授给他们。

除此之外，他还在北京工业大学阳光志愿服务总团工作部担任部员，积极参加志愿活动。其在学期间献血量已达800ml，"能为社会做出一些贡献我感到十分荣幸"。姬庆庆觉得，在别人需要帮助的时候贡献一份自己的力量，在以后自己需要帮助的时候也会得到大家的热心帮助。

在业余时间，他还担任《北工大报》的学生记者一职，发现北工大发生的新闻热点事件，撰写新闻稿，为北工大的宣传工作贡献一份自己的力量。

生活的目的是成长，成为你力所能及的最好模样。"人心必须珍藏某种信念，必须握住某种梦想与希望，必须有彩虹，必须有歌可唱，必须有高贵的事物可投身。"世间美好，相信的人能够得到。"优秀是一种习惯"，无论是专业课程学习、科技竞赛还是社会活动中，他都能够通过自身的不懈努力取得令人满意的成绩，同时锻炼和提升自身的综合能力，不断完善与超越自己，相信通过自身的不断努力将会在今后取得更大的进步！

从大山中走出的 90 后阳光男孩

信息学部　王远阳

获奖者简介

王远阳，男，汉族，中共党员。2014 年 9 月入学，就读于北京工业大学信息学部通信工程专业。曾荣获：2015 ~ 2016 学年度北京工业大学校长奖学金、国家励志奖学金；北京工业大学"智慧三人行"数学建模竞赛二等奖、北京工业大学心理宣传月之"画说生命"图文征集大赛三等奖；首都高校十大励志人物、学习优秀奖、校优秀学生干部、"三好学生"。

事迹介绍

不满 20 岁的青春岁月，先后接受两次大手术的王远阳凭借自强勤奋战胜慢性脑癌病症，如愿自市级"火箭班"考入北京工业大学。在过去的两年中他两次获得国家励志奖学金、2015 ~ 2016 学年度北京工业大学校长奖学金、2015 ~ 2016 学年度北京工业大学"智慧三人行"数学建模竞赛二等奖、2015 年度北京工业大学心理宣传月之"画说生命"图文征集大赛三等奖、2015 年度首都高校"十大校园励志人物"、2014 ~ 2015 学年度校优秀学生干部，两次获得学习优秀奖及"三好生"等荣誉称号。与多数同龄人相比，王远阳的生活忙碌且刻苦许多，却也让他更加充满正能量。

洋溢着灿烂笑容的王远阳，让人很难将其与病痛、苦难联系在一起。正如他的名字一样——永远阳光，这一耀眼并温暖的特质伴随着王远阳带着梦想走出大山，以勇敢、坚强和毅力书写出自强的乐章。

乐观照亮阴霾："术后第五年，我还没复发"

1993 年，王远阳出生于贵州遵义，是家里的第三个儿子。家庭虽不富裕，祖孙三代同堂却也算得上温馨。然而自王远阳出生落地起，他的身体中便隐藏着一颗"定时炸弹"，慢性脑癌的病症随时威胁着他的健康。

伴随着慢性脑癌引发的头疼、反应慢、记忆差等病症，王远阳在孩童时期接受了一次器官手术。那之后七年，他和家人担心的事情还是来了。因慢性脑癌病发，王远阳接受了第二次手术，也是被公认为危险系数极高的脑部手术。这也让本不富裕的家庭增添了贫困的压力。

关于自身的病情，王远阳也曾心有余悸。他依然存有模糊的记忆，自己在手术前的哭闹和挣扎、妈妈的鼓励与安慰成为最深刻的烙印。"一觉醒来"，妈妈就坐在他的身边。那时王远阳才知道，手术前医生让妈妈签"生死状"，她犹豫了好久好久才决定签字。

真正令他有所改变的事件，反而是患有同样病症的堂弟的离世。"2013 年的冬天堂弟接受了手术，但是半年后复发了。"说到这里，王远阳的声音有些许的颤抖，"堂弟去世的那天，我握着堂弟的脉搏，感受到脉搏的急剧变快，随后又慢慢下降，直至消失。"王远阳以"感悟生命的节奏"形容当时的感受。在为堂弟的离去而悲伤的同时，他也深刻地体会到生命的可贵与自身的幸运，决心要去追梦，也为堂弟去做没机会做的事情——上大学、孝敬父母、回馈社会。他知道将来还有很多路要走，或许还会经历更多磨难，然而他选择积极地去面对和迎接每一次挑战。

如今谈起病情，王远阳少了一些紧张，多了一分淡然，"手术很成功，但是医生说五年后非常有可能复发，而今年刚好是术后第五年。不过到现在我还没有复发呢"。腼腆的笑容里展现着对未来的信心，也包含着对生命的敬畏与珍爱。

勤奋堆砌阶梯："让自己成为有用之人"

面对生活和学业，自喻为"笨鸟"的王远阳毫不惜力。2014 年，他以高于贵州省一本线 119 分的好成绩成为北京工业大学电控学院的一名新生，担任通信系 140242 班的班长，并入选 2014 届北京工业大学杰出学子计划。

然而鲜有人知的是，由于患有慢性脑癌的原因，王远阳的反应不及同龄人敏捷，即使是在手术后，他的记忆力也不是很好。就算是小学期间最为基础的汉语拼音的学习，都会成为王远阳极大的挑战。为了克服这一问题，他用勤奋堆砌进步的阶梯，风雨无阻地 6 点起床晨读。

"首先要勤奋努力，其次要找准方法。"王远阳将学习经验总结为此。出于对英语学习的浓厚兴趣，他用反推英文音标的方法学会了小学时的遗留难题——汉语拼音；中学最后一次考试，考出了全校第二、全镇第五的优异成绩。积累了良好的学习基础，无论是在"学霸"云集的高中市级"火箭班"，还是在实力雄厚的重点大学，王远阳均如鱼得水、收获颇丰。

校园环境变了，始终不变的是态度。当别人还在清晨酣睡之时，王远阳已在树荫下大声朗读；每一堂课总会发现他坐在第一排，专心致志，敦敦听教；寒冬之际，天亮得晚，图书馆开门较迟，清晨寒风凛冽，他便蹲在图书馆门口，借着微弱的光线背诵英文，如此持之以恒，他的英语口语突飞猛进，期末口语取得100分的佳绩，同时本学年他的加权平均分排名专业第一。除去每天在图书馆学习之外，他经常在实验室探索，研究如何将人脸识别技术运用到教学评估中，并据此设计了一款基于人群状态检测的智能播放系统，他希望能够把这项技术运用到实际中激发同学的学习热情，提高课堂抬头率，如今这项技术正在申请专利中。

"我觉得校园环境特别好，各种学习设施都很完善，学习资料也很丰富，能够上大学是我最大的幸运。"王远阳感慨道。入学不久后，他便为自己锁定了下一个奋斗目标——出国深造。一方面能够融入更良好的学习英语的环境，另一方面也能够在学好英语之余开阔视野。"要让自己成为有用之人，才能更好地回馈社会，为社会做出更多的贡献。"这一理念成为支撑王远阳追求出国深造梦想的最大动力。

善良直面磨砺："很开心能够为他们做些什么"

善良的性格成就了王远阳的好人缘。他将良好性格的养成归功于奶奶的言传身教。尽管自身文化程度不高，但奶奶对一家三兄弟既高标准又严格，培养一家三兄弟都成了大学生。

胸怀与人为善、服务他人的抱负，王远阳踏踏实实地对待每一件事情。进入大学之后，颇有担当地自荐为班长。很多同学问他："你为什么那么傻？别人都在忙自己的事，你却一直为别人的事情忙？"

起初，王远阳也不知该如何作答。一边是繁重的学业，一边是琐碎的班级事务，双重挑战让王远阳也会偶感心力交瘁。尽管如此，他仍是未曾动摇。"既然选择了，那就认真去做，即使很累也要坚持下去。"王远阳将乐观坚持到底，始终默默付出。这也让他深感快乐和幸福，"同学们都特别优秀，很开心能够为他们做些什么。"王远阳如是说。

时间久了，他也从忙碌中寻找到答案，"我希望能够尽力做好每一件事情，不给身边的同学带来一点麻烦，不给周围的人带来不好的事情，或者是负面的消息。希望大家都能够开开心心地一起走下去。"正是这位傻傻的可爱班长，赢得了老师和同学们的一致认可。

心存恩念，王远阳始终铭记受到过很多学校师生、社会人士的帮助。只要自身情况允许，他都会投身到志愿服务之中，先后参加了支教，照顾看望北京市脑瘫儿童、赴博物馆、运动会担任志愿者，无偿献血等多项服务活动。他认为这样的方式不仅可以帮助他人、回馈社会，也能够帮助自己更好地进步。在首都高校十大励志人物评选活动中，这位 90 后少年王远阳的经历打动了 23000 余名网友，纷纷为其点赞、给予支持。2015 年 4 月他入选首届首都高校十大励志人物并代表高校本科生在北京国际会议中心作励志事迹报告，他的故事感染了在场的每一个人。

或许现实和梦想依然存在差距，然而阳光男孩王远阳坚信，决定人生高度的，是具备强大的能力，还有人格与品行；凭借坚持不懈的努力，总能够让差距越变越小，让梦想照进现实。

经验分享

大学是一个放飞梦想的平台，一定要珍惜！一路走来，无论是父母亲人还是老师同学和社会好心人士，都给予我最大的鼓励和帮助，因此我一直以感恩的心态来面对生活，虽然我不能做太多，但是我会在生活的点滴中去感恩父母，感恩他人，回馈社会。

对于学习和科研我建议大家把握好时间，静下心来多去思考，每当遇到问题多向别人请教，做每一件事情的态度都要认真并持之以恒，踏踏实实走好每一步路，相信我们未来会从青涩走向成熟，将梦想变为现实。

知于行，源于思

信息学部 知行智能

获奖者简介

知行智能团队是一支以人工智能和机器人为对象的本科生科技创新小组。团队共8人均学习成绩优异，有2人次获得国家奖学金，3人次获得国家励志奖，2人次获得2016年度"科技之星"，6人次获得校"三好学生"称号，8人次获得校学习优秀奖，14人次获得校科技创新奖，8人次入选杰出学子计划，多人次发表论文、获得软件著作权。知行智能团队在中国机器人大赛、全国大学生计算机博弈大赛等科技竞赛中，共获得国际级奖项1项，国家级奖项21项。

团队负责人：谢晓添，本科三年级，自动化专业

团队成员：刘洪星，本科三年级，自动化专业；顾凌云，本科三年级，自动化专业；胥子宸，本科三年级，自动化专业；闻文，本科四年级，电子信息工程专业（实验班）；李晋，本科四年级，自动化专业；鲁宁，本科四年级，电子信息工程（实验学院）；朱少青，本科四年级，电子信息工程（实验学院）。

事迹介绍

大学是每一个人梦想的殿堂，为了来到这个殿堂所有人都经历了风风雨雨。既然跨进了这道门槛，那么就没有理由不在这梦想的殿堂里尽情地挥洒汗水。大学对于他们就是青春的激扬，是个性的飞扬，是提升自我的训练营，是造梦的工厂。他们就是知行智能团队。

团队于思想

知行智能团队共有三名中共党员：李晋，鲁宁，刘洪星。他们政治上要求上进，思想上积极向党组织靠拢，认真学习马列主义，毛泽东思想、邓小平理论，积极实践"三个代表"重要思想，并坚持贯彻以人为本，全面、协调、可持续的科学发展观和发扬习近平总书记系列重要讲话精神，充分发挥出党员的先锋模范带头作用。在三名党员的带领下，知行智能团队斗志高昂，积极进取，为实现中华民族伟大复兴的中国梦贡献自己的力量！

团队于学习

知行智能团队共有 8 名本科生，他们分别来自不同的年级，不同的专业，不同的学院，但是有一点是他们共同的，那就是热爱学习。他们热爱学习，学习使他们快乐。优秀是一种习惯，他们徜徉在知识的海洋里，吮吸着知识的雨露。因此，该团队有 2 人次获得 2015～2016 学年国家奖学金，3 人次获得 2015～2016 学年国家励志奖，2 人次获得 2016 年度"科技之星"，6 人次获得 2014～2015 与 2015～2016 学年校三好学生称号，8 人次获得 2014～2015 与 2015～2016 学年校学习优秀奖，14 人次获得 2014～2015 与 2015～2016 学年校级科技创新奖，8 人次入选杰出学子计划，多人次发表论文和软件著作权。时间飞逝，他们让优秀成了一种习惯！

团队于科研

大众创业，万众创新！他们，也不例外。知行智能团队以校机器人创新创业基地和研究生工程实训平台智能机器人实验室为依托，负责学校人工智能与机器人相关的科技赛事组织管理，承担了国家大学生创新创业训练计划、星火基金等多项学生科研计划，是我校机器人协会的骨干力量和重要的学生科技创新力量。他们也多次代表学校和学院参加了世界机器人大会、中国智能产业创新创业大会、文博会、首都大学生科技展、校科技节等科技展会。其中，他们参与的"遥控操作随动机器人系统"作为前沿性的研究成果入选了 2015 年世界机器人大会"探知未来"展区，李源潮副主席与刘延东副总理分别进行了参观并给予高度评价！

他们曾先后承担本科生和研究生科研计划 9 项，承担杰出学子计划 8 项，其中主持国家大学生创新创业训练计划创新训练项目 3 项，星火基金重点项目 2 项（荣获优秀项目）。他们共获得科技竞赛国际级奖项 1 项（季军），国家级奖项 21 项，其中一等奖 10 项，冠军 4 项，亚军 3 项，季军 2 项。此外，他们还多人次发表论文和软件著作权。知于行，源于思，他们不断前行！

团队于生活

团结互助，积极进取是同学们对知行智能团队的第一印象。德智体美全面发展的团队成员们在大学生活中积极参加各项活动并且尽自己所能帮助同学，做到与身边同学同进步、共发展，在帮助同学回馈社会的同时不断提升个人能力。

他们受邀参加了 NI 公司与学校的设备入校洽谈会，跟 NI 工程师就设备应在学校如何应用并普及进行了交流，他们根据个人经验提出了合理建议。他们在自己参加各类科技竞赛的同时，在学校积极开展工大机器人校赛工作，并牺牲自己的课余时间对参加校赛的同学进行指导，让所有对机器人感兴趣的工大学子都能够切身体会这些项目带来的乐趣。此外，知行智能团队还积极参与各项社会志愿活动，如去 APEC 会议当志愿者等。

是不懈的努力，是持久的拼搏，成就了知行智能团队的累累硕果；是各位成员间无比的信任，让团队拥有共同理想，铸就了团队所拥有的超强凝聚力，让每位成员都能够发掘出自身无限的潜力；也是来自学校老师的支持，给了团队蓬勃发展的动力。在布满荆棘的道路上，知行智能团队的每一位成员都会继续一步一个脚印，迈着坚实的步伐走下去，因为他们知道，穿过这些磨难，梦想之花终会开放，灿烂的明天终会到来。

经验分享

真知即所以行，不行不足以谓之知。知而不行，只是未知。学源于思，思源于疑。小疑则小进，大疑则大进。因此，知于行，源于思！一切皆因思想而异！如欲改变命运，首先改变自己。如欲改变自己，首先磨炼内心。以知促行，以行促知，知行合一！最终，你可以凭借意志和内在的修炼成为你想成为的人！

全部的终结　一切的开始

建工学院　李冬

获奖者简介

李冬，男，汉族，中国共产党党员。北京工业大学建筑工程学院土木工程专业博士研究生。在学期间，获2016年美中恢先地震工程奖学金、2016年博士研究生国家奖学金和2016年北京工业大学校长奖学金。共发表学术论文19篇，1篇EI论文被评为2016年第2期《水利学报》重点导读论文，并任SCI期刊《ASCE Journal of Structural Engineering》特邀审稿专家。

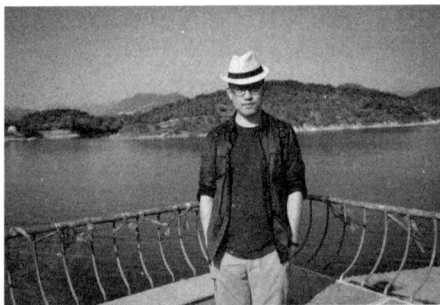

事迹介绍

李冬，1988年出生，北京人，中国共产党党员，现为北京工业大学建筑工程学院土木工程专业博士研究生。他政治意识强，工作原则性强，时刻严格要求自己，思想上进，具有鲜明的政治立场，始终与党中央保持高度一致，坚持马克思列宁主义、毛泽东思想和中国特色社会主义理论体系，不断提高自己的理论水平和工作能力，全心全意为党和国家服务。

自2006年大学本科开始，他就学习和生活在北京工业大学的校园里，本科、硕士和博士，一晃十年，他最好的青春撒在了校园的每一个角落。经常有人和他开玩笑说："……十年了，你刚来的时候，不断地送走毕业的师兄师姐们，后来你保研了，又送走了你本科的同学们，再后来你又硕博连读了，连一起读硕士的同门也都送走了，现在读博士，连师弟师妹们都一个个送走毕业了，是不是连老师也送走了一大批呀……哈哈。"他说："十年，说起来时间长得很，回想起来却历历在目。"

本科阶段

2006 年，初次踏入大学的校门，他兴奋地和宿舍的小伙伴们一起玩乐、一起学习、一起踏遍了学校的每一个角落。本科的四年，他对自己有了更深刻的认识，独立地面对人生的各种困惑与困难。他通过自己的努力，连续三年获得了北京工业大学学习优秀奖，同时还成为建工学院优秀学生干部和三好学生。他在参加的北京工业大学第六届结构设计大赛专业组比赛中获得了三等奖，这是他自接触土木工程领域知识以来，第一次亲身体会到设计大型工程结构过程中的艰辛与责任，这也为他后来能够得到北京工业大学第九届星火基金的支持奠定了坚实的理论基础与实践经验。2010 年，本科毕业的时候，他的论文《高层钢框架结构试验模型设计与主动控制仿真分析》获得了北京工业大学特优毕业论文，他也被评为北京地区高等学校优秀毕业生。

硕博连读阶段

2010 年，他选择了北京工业大学提供的保研深造机会，师从杜修力教授，继续在建筑工程学院学习研究结构工程领域的前沿课题。学术研究是枯燥乏味的，做学问的过程也是五味杂陈，当课题无法顺利开展，成果产出延滞的时候，他甚至想到过放弃，但通过自我调整，他勇敢地坚持了下来，不断地阅读国内外前沿科技文献，不断地积累自己的专业知识，不断地尝试——推倒重建——再尝试……终于有一天完成了自身的突破。2012 年，在导师杜修力教授的鼓励与建议下，他毅然选择了硕博连读的机会，决心申请博士学位。在接下来的岁月里，依托北京工业大学和建筑工程学院为莘莘学子提供的良好生活环境和科研环境，他也更加努力坚持，在 "973 计划" 项目 （2011CB013600）、国家自然科学基金创新群体项目 （51421005） 以及国家自然科学基金重点项目 （50838001） 等支持下，在学术的道路上越走越远。截至目前，他共撰写学术论文 19 篇，相关文章相继发表在《水利学报》《工程力学》《中国科学·技术科学》《防灾减灾工程学报》《北京工业大学学报》 "Engineering Structures" "ASCE Journal of Structural Engineering" 等国内外被 EI、SCI 检索的主流期刊上，其中 1 篇 EI 论文被评为 2016 年第 2 期《水利学报》重点导读论文，并任 SCI 期刊 "ASCE Journal of Structural Engineering" 特邀审稿专家。2016 年，他相继获得了美中恢先地震工程奖学金、博士研究生国家奖学金和北京工业大学校长奖学金。

学术之余

十年的大学时光，在同一个地方生活、学习和工作了这么久，而他从未感觉到厌倦，是因为在学术之余，他还有着一项热爱并且随着时间的增长会更加热爱的运动——羽毛球。2006 年本科入学，他背着一把羽毛球拍，以为打羽毛球就是要力气大、大、再大，他不自量力地在那个时候校园里唯一可以打羽毛球的地方——二教——挑战了羽毛球高手们，结果被刷 30 分，那种发自内心的灼烧至今记忆犹新。后来，他和高手们成了最好的朋友，"多少年苦练英语发音和文法"般的学习羽毛球技巧，强烈地抑制着内心"只靠蛮力打球"的小宇宙，终于有一天能够代表北京工业大学建筑工程学院参加学校组织的"工大杯"羽毛球比赛，只不过第一次打正式比赛，输得很惨……接下来的日子里，建筑工程学院羽毛球队的小伙伴们一起训练、一起努力，终于在 2014 年、2015 年和 2016 年获得了北京工业大学"工大杯"羽毛球赛的三连冠，创造了建工羽毛球队的历史。随着羽毛球技巧的提高，他还代表北京工业大学参加了北京市首都大学生羽毛球锦标赛，连续在 2015 年和 2016 年获得了团体第一和团体第二的好成绩。

结束语

之所以叫"全部的终结，一切的开始"，是因为他说："十年的大学生涯马上就要结束了，但实际上这才是今后所有生活的开始……"在今后的工作中，他一定会更加勤勉，运用所学知识努力探索、不断前行，为社会、为人民做出一名合格博士生应有的贡献。

经验分享

"谨言慎行、戒急用忍，真正的才智是刚毅的志向。"

我一直把这句话作为我的座右铭。在科研的道路上一定要保持住自己内心的平静，脚踏实地地做好每一项工作。一切的质变都是基于在量变过程中的努力与坚持，怀揣着对知识的渴望与探索，才能够在创新的情绪中感受快乐。另外，要保持良好的身心状态，健康是一切成就的基石，健全的体魄是取得学术成绩最强大的助力。学会分享、懂得感恩，也是最终实现自我价值的必要品质。

科研：一条勤奋和坚持铺就的路

环能学院 苗蕾

获奖者简介

苗蕾，女，汉族，中共党员，现为北京工业大学环境与能源工程学院环境科学与工程专业 2013 级博士研究生。研究生期间获得 2016 年校长奖学金、2015 年研究生国家奖学金、2016 年北京工业大学博士创新奖学金，获得校研究生科技创新特等奖 3 项、一等奖 1 项、二等奖 3 项，获校优秀研究生奖、社会工作奖，获第十四届"挑战杯"全国大学生课外学术科技作品竞赛二等奖、第八届"挑战杯"首都大学生课外学术科技作品竞赛特等奖、2015 年北京工业大学"科技之星"。以第一作者发表 SCI 论文 6 篇，其中一区 5 篇（1 篇 IF = 5.991，4 篇 IF = 4.917），二区 1 篇（IF = 2.463）。

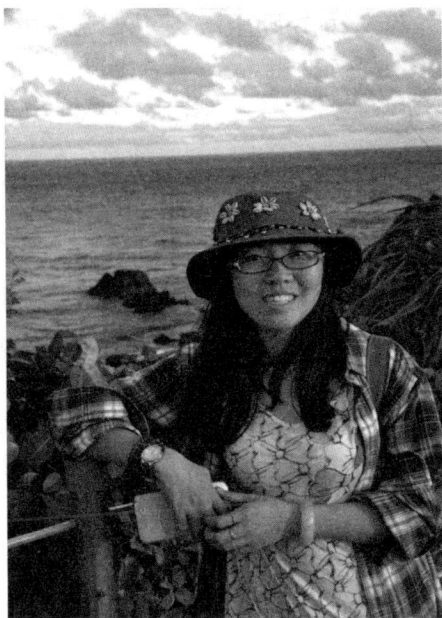

事迹介绍

科研中的她

她是一名博士研究生，一名环境工程专业的博士研究生。从小到大，她就梦想读博士，能够在自己的专业领域有所作为。在初中的时候她就对化学和生物产生了浓厚的兴趣，随着不断长大，面对着一天天变糟的环境，她在填写大学专业的时候毅然地写上了环境工程。从此以后她便和环境工程结下了不解之缘。大学时候的她勤奋努力，终于获得了外保的资格。本着一颗不变的初心，她来到了北京工业大学拜读在彭永臻教授的门下，从此便开始了她的科研之路。

科研是辛苦的，但是在她眼中这些辛苦的付出都是她前进的铺路石。由于她的研究方向是水污染控制，因此避免不了要接触废水。很多人都不明白为什么女生愿意去做这样的研究，但是她却其乐融融，因为她知道她现在所研究的内容是真正可以应用到实际工程上的东西，她所学习和掌握的本领也是可以让她以后有机会真正为社会和人民服务的。所以，她坚持贯彻自己导师的理念，研究要结合实际应用，科学研究要为实际服务。因此，六年来，她一直跟实际污水打交道，不论脏或臭，在她看来，都是要解决的问题。她从实际应用的角度出发，以实际污水为研究对象，不断研发新的工艺，再进一步地优化和挖掘。六年来，她共研发了三套污水脱氮处理工艺，申请了4项国家发明专利。通过对试验进行小试和总结，她以第一作者身份共发表了7篇文章，其中有6篇被SCI检索。

科研是乏味的，但是她却乐在其中。处理生活污水、还周围一片碧水是她的梦想，而现在所研究的东西也正是她所感兴趣的。正所谓兴趣是最好的老师，她把自己的热情投入科研工作中，把枯燥的研究变成有趣的探索。为此，她还报名参加了"挑战杯"大学生课外学术作品科技竞赛。起初在学校的比赛只是她自己报名参加的，后来成绩不错有机会参加首都甚至是全国的比赛，她意识到需要一个团队才可以更好地前进。于是她找了几个不同专长的同门一起组了队，开始全力以赴应对比赛。作为团队的负责人，需要比其他人付出更多的努力，因此她常常为了修改申报书工作到晚上一两点；为了保证申报书的质量，她会一遍遍地翻看，连个标点符号也不放过；为了保证作品质量，她会在文印店待上大半天。此外，一个负责人还要很好地调控所有人的情绪和工作，让每个人都可以在其中找到自己的位置发挥自己的优势。在她的团队里，每个人都是热情满满地在付出，大家齐心协力地向同一个目标努力。在她和她的伙伴们的拼搏下，他们取得了"挑战杯"首都大学生课外学术作品科技竞赛特等奖和"挑战杯"全国大学生课外学术作品科技竞赛二等奖的成绩。整个"挑战杯"的比赛从首都赛到国赛一共历时八个月左右，这对于一个博士研究生而言一定很浪费时间吧？但是她却不以为然。她认为，参加"挑战杯"这个比赛，不仅可以将自己的研究应用到实践中，更是锻炼了自己的综合能力。在她看来，社会需要的是一个全面能力的人才，而不仅仅是一个科研机器。

工作中的她

在大学的时候，她就一直担任着班干部，从班长到学院的团委副书记，她不断地锻炼着自己的能力。到了研究生阶段，她担任博士环境党支部的书记，时刻铭记要认真为支部的同学服务。大到承办学院的活动，小到收发材料，每一步她都会认真对待。很多博士研究生对于班级并没有很强的意识，对于群里的通知也不会上心和在意。对于这样的事情，她会不厌其烦地通知到每一个人，重要的事情更是会亲自通知到个人。对于有入党意愿的同学，她会按照发展要求积极提供帮助；对于生活中遇到困难和挫折的同学，她会耐心开导，给予最大的帮助。在大家的一起努力下，博士环境班稳步前进，并于2016年获得了校优良学风班荣誉称号。

满载荣誉的她

经过这将近六年的努力和拼搏，她取得了一定的成果和成绩，也获得了一些荣誉和奖励。她一直把实验室和学校里优秀的人当作自己的榜样，不断激励自己，时刻告诉自己要向他们学习。在老师和同学们的帮助下，通过一点一滴的积累，今年她终于鼓足勇气申请了学校的最高奖——校长奖学金。在获得校长奖学金后，她更是激动地掉下眼泪。因为这个奖不仅仅代表着最高的荣誉，更是对她这六年拼搏的肯定。她相信她不是最聪明的人，但勤能补拙；她不是最有想法的人，但坚持就会离成功更近一步。对于这些荣誉，她还认为这是另一种动力，鞭策着自己不断前进，因为只有不断进步，才能对得起这些荣誉，才能不辜负老师和同学们对她的期望。

经验分享

科研不仅需要勤奋的付出，更需要有积极向上的精神。我们在科研中，不仅仅从文献中寻找灵感，更是要从实践中找寻目标。因为科研离不开实际，科研也应当为实际服务。我们需要有创新的意识，创新就是敢于打破常规，敢于面对和教科书不一样的结果。一个实验也许结果和你的预期不一样，但是再经过反复试验验证后还是一样的结果，那么就不要怀疑自己，大胆顺着结果深究下去，你也许会取得更高的成就。当然，如果在完成学业的情况下还能有精力，我们应该全方位地锻炼自己，因为走出校门，社会需要的不是个科研机器，而是一个具有综合素质的人才。大学时间短暂而美好，好好把握这宝贵的几年，这也许是决定未来最重要的时间。

仰望星空　脚踏实地

生命学院　孙国辉

获奖者简介

孙国辉，男，汉族，中共党员。北京工业大学生命学院13级生物医学工程专业博士研究生，导师为北京市教学名师钟儒刚教授。获得2016年"国家奖学金""校长奖学金""博士生创新奖学金"；2015年第四届北京新星杯演讲比赛"北京市决赛优秀选手"；2012年北京市"三好学生"；2015年和2016年连续两年获得校十大"科技之星"；2015年校十大"优秀共产党员标兵"、十大"学术道德先锋"、党支部书记培训"特优学员"。

事迹介绍

他与科研——科技之星

2007年高考的时候，像计算机、工商管理、经济和机械工程等专业是绝大部分考生和家长心仪的热门专业，他也在志愿填报书上将这几个专业放在前面，而把应用生物科学放在平行志愿的最后一个，最后实际录取的恰恰是靠后填报的较为"冷门"的应用生物科学专业。但他始终坚持"既来之，则安之"的生活态度，无论做哪件事，一定要把态度放端正，包括学业。

大学读完后，孙国辉发现自己已经喜欢上了生物科学，2011年他以总分403分（专业第一名）的成绩考入北京工业大学生命科学与生物工程学院攻读硕士研究生，期间又通过硕博连读选拔成为博士研究生，攻读专业为生物医学工程，主要研究方向为分子毒理学与癌症防治。

博士期间，在北京市教学名师钟儒刚教授和北京市科技新星赵丽娇教授的指导下，他围绕着环境致癌物的致癌机理和烷化剂类抗癌药的耐药性机理开展了一系列的研究。已发表SCI收录论文7篇（其中2篇为JCR一区论文，4篇为JCR二区论文），已获国家发明专利授权1项，初审1项，会议论文若干。目前担任4种SCI收录期刊和1种EI收录期刊的审稿人。鉴于在科研学习上的成果，他于2014～2015学年和2015～2016学年连续两年获得北京工业大学十大"科技之星"荣誉称号，"科技之星"代表的是北京工业大学学生科技类最高奖项。

他认为做好科研其实并不是一件难事，但"贵在坚持"。他说自己刚上研究生的时候，看一篇英文文章往往要一个多星期，有时候还看不明白，但他始终坚持去看，遇到不明白的就去问老师和实验室的师兄师姐或者查阅相关资料。"不积跬步，无以至千里；不积小流，无以成江海"。研一、研二期间，他阅读了近200篇专业领域的相关英文文献，慢慢地，他找到了阅读文献的感觉，喜欢上了文献中描述的每一个"小故事"；借着跟师姐学习的阶段，他也掌握了实验室相关仪器的使用和一些实验的操作。这些文献的阅读和操作技能的学习都为他后来的博士课题相关实验的开展做了重要的铺垫。直到现在，他基本上每天晚上都坚持在实验室待到11点才和老师一起离开，他说晚上的安静可以激发产生更多的科研灵感。

他与学术传播——学术楷模

他说："做学术的传播者要比自己发表SCI文章还要开心。"在校期间，孙国辉同学担任了研会科技部部长和13级博士班班长，热衷于学术传播，弘扬学术道德，作为学生干部不仅协助学院组织并举办多场"名家风采讲坛""工程大师论坛""企业家论坛""院成立十周年庆典""院博硕风采论坛""留学生经验分享交流会""国奖经验分享交流会""北京市新星杯演讲比赛"，同时还积极参与学校有关"科学精神与学术规范"和"科技节"的相关活动，如受邀参加"科学精神与学术规范月基地活动""京津冀高校博硕风采论坛""科技夏令营"和"校博硕风采论坛"等活动并做主题报告。作为班长，他每年都会在年底组织班级开展"博士生学术沙龙活动"，除了本班的同学，还要请其他年级的博士生一起参与其中，以学术沙龙为平台，促进博士生之间的学术交流和沟通。13级博士班几乎每个学期都获得了学院年底评选的优秀班级，更是获得了2015～2016学年校评选的"先进班集体"称号。他说，科技类活动衬托着科学思想，能从中学到很多科学研究的思维和知识。鉴于孙国辉同学在弘扬科学精神，恪守学术规范方面做出的贡献，他获得了2014～2015学年北京工业大学十大"学术道德先锋"荣誉称号。

他与支部建设——优秀共产党员标兵

发挥党员先锋模范作用，建立"学习型、创新型和服务型"党支部是他担任博士生党支部书记以来定下的目标，支部开展的所有活动都紧紧围绕着这个目标进行，力求支部活动引领"博士生支部内涵建设和党员思想与学术双提升"。他在支部工作中认真踏实，与其他支委一起，积极组织参与支部的各项工作，维护支部的荣誉。身为博士生党支部书记，致力于支部建设，与支部成员共成长。结合今年以来的"两学一做"学习教育活动，他利用了多种方式组织支部进行理论专题学习，如组织观看红色电影《红盾先锋》《走出西柏坡》《湄公河行动》和《勇士》，组织参观中国科技馆，开展"两学一做"学习交流会，给支部成员讲"践行四讲四有，做合格党员"的主题党课，提高支部成员的理论水平与政治觉悟。为持续推进"两学一做"学习教育活动，把"建强支部、严管党员"的工作目标落到实处，他还组织支部成员开展了关于"合格党支部建设规范和合格党员行为规范"的大讨论，经提炼、整理，形成了《博士生党支部建设规范》和《博士生党员行为规范》。博士生支部举办的一系列"两学一做"活动更是三次登上生命学院和北京工业大学"两学一做"官网宣传报道，并且作为特色活动在北京市委"两学一做"学习教育督导组调研督导北工大基层党组织学习教育开展情报告会上展示。他说自己看见支部取得了这些荣誉，感到十分的骄傲和自豪，觉得自己这个书记没有白当，也算是为学院的党建发展贡献了微薄的力量。

在促进支部发展的过程中，他倡导所有党员要做实"三亮"要求，做"四讲四有"合格党员，让博士生党员成为"勤学、修德、明辨、笃实"的表率。鉴于孙国辉同志在支部建设方便做出的贡献，他获得了 2014～2015 学年校十大"优秀共产党员标兵"和党支部书记培训"特优学员"等荣誉称号。

他与生活——篮球达人

他说："很多学术大家到了晚年往往郁郁而终，是因为他们只用科研这'一条腿'走路，而没有自己的兴趣爱好。一个人要用两条腿走路，才走得稳，走得快，除了科研和工作，我还有一个爱好，那就是'篮球'。"作为篮球达人，他是生命学院研究生篮球队的主力，曾带领生命学院研究生篮球队于 2011 年和 2014 年两次杀入校研究生篮球赛四强。他说篮球使他的生活更加丰富多彩，生活更加有趣，有激情。

经验分享

在平时的科研学习中，首先一定要把态度放端正，要耐得住寂寞，把实验室当作家，要用发散性的思维去思考问题和解决问题，要多听、多想、多问、多沟通；在工作中，要把班集体和支部的荣誉放在首位，利用好学校和学院提供的多种学习平台，积极参加校院的科技类活动、文化活动和党建类活动，丰富我们的视野与思维。

不管是科研、工作还是生活，我始终秉承"仰望星空，脚踏实地"的态度，这就是我最想要分享的东西。

不忘初心，砥砺前行，综合发展

经管学院　李柯乐

获奖者简介

李柯乐，男，汉族，共青团员。2014 年 9 月入学，北京工业大学经济与管理学院工商管理专业三年级本科生。在校期间荣获：2016 年全国大学生羽毛球锦标赛男子单打第一名、2016 年全国大学生羽毛球锦标赛男子双打第二名、2016 年北京市首都高等学校羽毛球锦标赛男子单打项目第一名、2016 年北京市首都高等学校羽毛球锦标赛男子团体项目第一名、2015 中国大学生羽毛球锦标赛男子双打亚军。

事迹介绍

不忘初心

凭借出色的身体素质，以及对羽毛球的喜爱，李柯乐 6 岁就开始接受羽毛球训练，至今已经有 14 年的光阴，平均每天至少训练 3 小时，迄今为止已有 1.5 万余小时。在别人眼中，走在羽毛球这条道路上的他是非常幸运的。在广西出生，李柯乐高中时便成了一颗冉冉升起的羽毛球新星。三年中获得广西壮族自治区运动会、羽毛球锦标赛等比赛的单打、双打、混双、团体冠军等多项荣誉。但只有他知道，为此他付出了多少努力，在球场上洒下了多少辛勤的汗水。

因为梦想，所以执着；因为坚持，所以可以把很小的一件事做得很好。李柯乐永远是训练场里的第一个来，最后一个走。当大多数人还沉浸在梦乡中时，他已经开始了一天的训练，当大多数人已经回家休息时，他仍在场上重复着相同的动作。伤病、疼痛不能阻止他的梦想，365 天最多陪伴的仍然是手中的球拍和永不放弃的梦想。寒暑假期间，李柯乐通常只有几天的调整时间，就要开始更加系统全面的训练。在春节团圆的日子里，当别人吃着热乎乎的饺子时，他已经背起行囊，执起球拍，有时也曾因为想念家人，偷偷抹泪，更多的时候，手中的球拍已经成为他的亲人和朋友。十四年的时间里，李柯乐很少请假，因为他知道，"球拍的重量"必须每天感受才能记住。一次的缺席，需要更多地训练才能补救，一旦自己有所松懈，就会落到别人身后。面对失败，他从不气馁，他知道只有通过竞争，自己才会得到提高。因此他始终坚持在羽毛球这条道路上，愈挫愈勇。尽管六岁和他一同开始训练的小伙伴们渐渐因为各种原因而放弃，在这条道路上的他愈发孤独，但功夫不负有心人，他的努力取得了回报。他身边的人总问他训练这么辛苦，他怎么能坚持下来。这时他总会回答：不忘初心是最重要的，因为不知道人生有多长，所以他要过好每一天。

砥砺前行

高三时，他凭借优异的成绩和一级运动员的称号进入北京工业大学，在这里，他寻找到自己新的目标。砥砺前行，他用成绩不断见证前行的自己。

2015 年 8 月—2016 年 9 月期间他荣获十项国家级比赛，五项省市级比赛的冠亚军。中国大学生羽毛球锦标赛是代表大学生羽毛球竞技水平的最高赛事，2016 年，李柯乐荣获男子单打的冠军。这是十年来北京工业大学第一次在大赛上拿到男子单打冠军，是"零"到"一"的突破。

2014 年他获评"全国阳光少年"受到刘延东副总理的接见，2016 年获评优秀运动员受到柳贡慧校长的接见，2016 年获评湖南卫视《先锋乒羽》频道最佳男运动员，2016 年参加湖南卫视《男神季》节目担任录制嘉宾。

在队友、同学、老师眼中，他是个技术一流的羽毛球运动员，甚至早在大二时，队友和老师就让他申请作为学生心目中最高荣誉的校长奖学金，但李柯乐认为，他只是一个怀揣羽毛球梦想的小小追求者，距离那沉甸甸的荣誉他还需要更加努力。一分耕耘，一分收获，没有付出，就没有收获。他不骄不躁，不会因为获得这样多的荣誉而自满，也不会因此觉得自己足够优秀。他渴望自己能够站上最高的领奖台，只因为这是对自己追逐梦想的最大肯定。

综合发展

尽管从小热爱体育，并以体育特长生的身份在校学习，但只追求体育的优秀从不是他对自己的全部要求。在他心中，综合发展才是他的目标。在学习、生活、工作中他同样要争取做到最好，勇于拼搏、积极进取的体育精神也是他对待学习、工作和生活的态度。

他在学习上从未松懈，认真钻研专业知识，刻苦学习，取长补短，希望和同学们共同进步。他学习成绩优异，加权平均分达到81.36，排名本专业第八。同学眼中，他对待学习非常认真，训练之余他会争取补齐所有功课，其他同学休息时，他还会一个人去自习室温习功课。球场上他是拼搏厮杀的运动员，课堂上他是认真学习的好学生。

在工作上，李柯乐担任北京工业大学羽毛球队队长，辅助教练带领全队为学校争夺荣誉。全队曾多次获得全国、省市级羽毛球大赛团体冠军。同时他还是141142班的团支部组织委员，团结同学，创先争优，他始终不忘自己的职责，完成自己的本职工作，努力做到最好。

生活中，李柯乐敦厚实在，不漂不浮，内心充实，不追求物质享受和精神刺激。他待人诚实，不喜欢花言巧语。真诚厚道的性格让他总能赢得朋友的信赖。在同学眼中，他总能传播给别人正能量，一直是大家的"开心果"。他利用空闲的时间积极参加社会公益服务，为学校组织的体育活动做裁判，担任中小学羽毛球教练，一年累计时长300余小时。

成为工大人的这两年多来，李柯乐时刻激励着自己，要做一个爱工大、爱学习、爱体育、爱生活、为工大争夺荣誉、综合发展的"阳光型体育特长生"。他不忘初心，砥砺前行，力争做到综合发展。羽毛球是他一生所爱，他会以一种事业心一如既往地爱它，始终坚持在这条道路上，绽放光芒。

经验分享

每个人都要有梦想、有目标、有坚持，拥有自己现阶段的小目标和人生的大目标，并要持之以恒去努力实现它。其次，荣誉，既是终点，又是起点，不管曾经取得怎样的成绩，都只代表着过去。不能因为一时取得好的成绩而骄傲，也不能因为成绩一时不理想而气馁。心中应该要有更高的追求，才能有继续向前的动力。

脚踏实地，志存高远

都柏林国际学院　杨明宇

获奖者简介

杨明宇，男，汉族，共青团员，就读于北京工业大学北京—都柏林国际学院，2013 级物联网专业 1 班。获奖情况：2015～2016 学年校长奖学金，2015～2016 学年国家奖学金，连续三年校级学习优秀奖，2015～2016 学年校级科技创新奖，2015～2016 学年北川奖学金科技创新与实践一等奖，2013～2014、2014～2015 连续两年北川奖学金学习优秀奖竞赛，第十二届"博创杯"全国大学生嵌入式设计大赛本科组特等奖荣誉称号，2015～2016 学年北京工业大学"三好学生"。

事迹介绍

梦想破碎

杨明宇高中就读于北京汇文中学，是学校里出了名的优秀生，常年位居班级第一，年级前十，一直被老师视为清华北大的苗子，自己也十分渴望进入这两所顶级学府。然而，高考阶段的大意，让他与梦想大学失之交臂，最终进入北京工业大学，成为北京—都柏林国际学院物联网专业的一分子。高考的失利并未让他过于沮丧，因为早在高中时期，杨明宇便对物联网产生了浓厚的兴趣，他在填写志愿时，特意将都柏林学院物联网专业作为北工大的第一选择。某种程度上说，高考的失利反而激发了他的斗志，在老师的劝说下，他并没有选择复读，而是毅然选择了北工大，说白了，就是为了证明自己即便不在清华北大，也会通过自己的努力，超越那里的学生们。带着这样的目标，杨明宇踏入了大学校园。

初露锋芒

进入大学，杨明宇很快便适应了大学的生活节奏，并开始逐渐展现自己的实力，他在大一上学期的期中考试中，高等数学和线性代数成绩均为年级最高，凭借此次考试的优异成绩，他得到了寒假前往都柏林大学游学的机会，并且受到学校全额赞助。大一、大二的主要课程，他几乎都取得满分，出色的学习能力，让他成为班里其他同学的考试守护神，作为班级的学习委员，他会在期末考试前组织同学进行串讲，梳理知识点，这个传统从大一一直坚持到了大四，同学们甚至评价他比某些任课老师讲的还要好。在大学前两年，他获得了几乎所有与学习相关的奖学金，包括连续两年的"北川奖学金"学习优秀奖、校级和院级的学习优秀奖。

立志出国

杨明宇出国的想法始于大二，出于对数学和物理的喜爱，他参与了斯坦福大学广义相对论、线性代数以及普林斯顿大学狭义相对论等公开课程。观看这些公开课，不仅开拓了他的视野，还激发了杨明宇对于美国名校课堂的向往。他体会到了美国教授对于知识的敬畏，也看到了美国学生对于知识的饥渴，这正是他打心底里所期望的课堂！他突然发现，自己就是井底之蛙，一直以来仅仅为了应付考试而学习，考了高分就好，然而最终学到了什么呢？Nothing！自己这两年引以为傲的成绩，放在真正的知识舞台上时，一文不值。他立志要在接下来的两年时间付出更多努力，学到更多知识来提升自己，并最终前往美国继续自己的学业。

释放潜能

大三这一年被杨明宇充分地利用了起来。他在日常课程的学习中投入了更多的精力，课上增加了同老师的互动，课下也积极参与讨论，平时更是戒掉了绝大多数电脑游戏，用了更多时间去钻研。正因此，他大三学年的绩点达到了满分4.2，在很多科目上取得满分，这给很多都柏林方面的外教留下了极其深刻的印象，有的老师甚至评价他为自己接触过的最优秀的学生。与此同时，他并不满足于课堂的知识，大三上学期，他在外教的指导之下额外学习了电路模拟。寒暑假的时间他也没有浪费，他先后两次利用暑假时间前往中科院实习，分别接触到了图像处理、信息安全以及RFID技术。这两次的科研经历，让他触碰到科研的同时，也让他接触到了很多默默无闻的科研工作者，被他们的奉献精神所感染。另外，在大三寒假，他争取到了前往美国康奈尔大学进行短期学习的机会，这是他第一次走进美国名校的校园，最让他激动的，无非是走进康奈尔大学的图书馆，与本校学生一同静心学习。他们组的研究主题是偏微分方程的离散解法，杨明宇在其中又一次凸显了自己，第一个完成了所有的实验项目。

大三学年对杨明宇最重要的，是"博创杯"全国大学生嵌入式设计大赛，杨明宇和都柏林学院另外两名同学组队参加了该项赛事，他们打算做四旋翼无人机。准备比赛的日子里，他们过着教室—实验室—宿舍三点一线的生活。因为要兼顾学业和比赛，杨明宇几乎都是每天两点以后才上床休息，临近比赛前一周，他和其他一名男生甚至直接住进了实验室，做梦都是他们的无人机。最终，他们的付出有了回报，他们的作品"智能避障无人机飞行控制系统"拿到了该项赛事的特等奖，这也是北京工业大学参赛以来获得的最高奖项，数百支代表队中仅有三个特等奖。

凭借大三学年的突出表现，杨明宇荣获了 2015 ~ 2016 学年校长奖学金，国家奖学金，北川奖学金以及校三好学生等奖项。然而，在荣誉面前，他并没有沾沾自喜。他认为，这些奖项是对于自己过去一年努力的认可，他很感激，但这已经成为历史，未来自己能有何成就，还需要向前看，一步一个脚印地前行。

学习之外

大多数人眼里，杨明宇是出了名的学霸，但其实，他的课余生活同样丰富。他喜爱体育，尤其痴迷于篮球和台球。他是执着的湖人球迷，他经常开玩笑说，自己在初中见证了湖人王朝的建立，高中见证了湖人王朝的没落，大学前三年见证了湖人王朝的崩塌，大四看到了湖人复兴的希望。他对于台球的热爱始于小学五年级，一直延续至今，从小他就展现出了台球方面的天赋，初中的时候就能击败大多数成年人，虽然进入大学后鲜有时间练习，但他仍然打进了"工大杯"的四强。他表示，台球带给他的，是专注，是心静，在瞄准、出杆的过程中，屏住呼吸，一切烦恼的东西都将抛之脑后。

此外，杨明宇还积极投身社会活动，在大三暑假，他曾前往希腊参加国际志愿者项目，负责照顾残障儿童，这段经历让他终生难忘。就在起飞当天，转机的伊斯坦布尔发生了政变，杨明宇同其他乘客一同成为滞留土耳其的中国旅客，在土耳其困了整整两天时间。他经常调侃自己在这两天是小强一般的存在。

经验分享

就个人而言，我是一个想搞学问的人，鉴于并不是每个人都走这条路，分享学习方面的经验略显不妥。个人认为，无论走哪条路，最重要的就是稳。信息时代的社交已经极其发达，表面上朋友圈广了，但实际上这限制了一个人的视野，同时也降低了成就感的门槛。当你越来越多地关注你身边人的生活，越来越多地从身边的人那里得到认可，获得满足感时，你往往会忽略一个事实，那就是你一直局限在这个圈子里沾沾自喜，不曾放眼圈外，有多少人对你的小成就不屑一顾。我也曾经沾沾自喜过，但当我站在更高的舞台，我才意识到自己有多渺小，有多么愚蠢。因此，我觉得，咱们应该积极往外看，用更高的标准看待自己，这样才不会因为自己的小成就而沾沾自喜，才能真正踏下心来做事情。

"探索在路上"—校长奖学金获得者红旗

获奖者简介

KhanWaheedQamar（红旗），男，加拿大籍，北京工业大学材料科学与工程学院 2014 级博士研究生。他有一个非常醒目的中文名字——红旗。红旗富有活力、求真务实、乐于助人，无论是在学术层面还是生活中其他的方方面面，他从不吝啬于伸出援手。他坚信，"重要的不是我们工作了多少，而是我们在工作中投入了多少热情；重要的也不是我们付出了多少，而是我们在付出中投入了多少热爱"。

红旗不仅有乐观迷人的性格，更拥有超凡的专业水准。他是 IAENG（国际工程师协会）、PVS（巴基斯坦真空协会）、MSEE 国际会议（2016）技术程序委员会的会员，同时也是 ICSMME－2015（结构，机械，材料工程国际学术会议）的主题报告人。同时工作之余，他还在北京垂杨柳医院帮助医务人员学习实用英语，以便和他一样的外国友人在必要时能够得到更好的救助。

成长的探索

一个有着良好教育氛围的家庭，是红旗取得事业、人生成功源源不断的动力。生活中，红旗总是井井有条、彬彬有礼，是一个一丝不苟并且值得信赖的人。他热爱旅游，至今为止，已经在英国、美国、法国、德国、加拿大等二十多个国家留下过自己的足迹。然而几年前，当他刚刚开始博士的学习时，父亲和兄弟的不幸去世使得他不得不放下一切去照看大家庭。

要知道，经历过如此大的变动，仍保持着初心、活力和对人生的追求，需要莫大的勇气。为了学习更多的专业技能，也是为了更加丰富多彩的生活，红旗选择在2000年移民去了加拿大，在充满生气的城市多伦多展开了新的人生画卷。然而，在那里红旗又迎来了新的挑战——他必须要重新通过多伦多当地的所有考试才有资格申请工作。不懈地努力下，红旗以优秀的成绩通过所有的测试，成为了国际工程师协会、安大略湖注册工程师协会、巴基斯坦工程委员会以及巴基斯坦真空协会的会员。

探索在中国

在取得硕士学位后，红旗在巴基斯坦就职于一家国家科研机构。在此期间，他曾到中国接受了航空航天方面的技术训练，也因此对中国人民和中华文化产生了强烈的兴趣，与中国结下了不解之缘。

也是因此，当在加拿大的事业如日中天之时，他又计划着来到中国继续攻读博士。他的中文名字——红旗，充分展示了他对中国的热爱，以及对这样一个有着博大精深文化的国家的理解与向往。

红旗说："中国有着绝佳的学习环境，在这里学生们被鼓励去细心、批判性地思考，去解决困难而不是掩盖问题。而北工大也一直鼓励并努力提升教学过程的定期监管和反思，也成功地向人们传达了高等教育中最为重要的信息——学习需要承诺、勤奋、责任以及一颗愿意冒险的心。如果能够遵循这些原则，你将会受益匪浅，将会发现原来学习可以这么有趣。所以，好好学习吧！"

未尽的探索之路

如今，在两年多的不懈努力和持之以恒下，红旗成为了一个高超的研究员，也终于为自己的选择交了一份满意的答卷。在其他学生眼里，他是榜样、是楷模；可在他自己看来，他不过是一个勤奋而幸运的人罢了。

在研究和学习上的用功，使得红旗没有太多时间和精力去参加其他的社交活动，但他对于北工大和国际学院组织的各项活动却总是保持着很大的积极性——他和朋友还一起在北工大的"国际日"活动中搭建了文化站台。除此之外，他还致力于号召人们保护地球、参与像"地球一小时"这样的环保活动。2016年3月19日，红旗就亲身实践、加入到了WWF（世界野生动物基金）的"地球一小时"活动中来。这一活动席卷全球，红旗和成千上万的志同道合的朋友一起，熄灯一小时、拯救地球一小时。

　　可以说，红旗的坚持与成功鼓舞着年轻的学生和研究员们。他一直相信好的习惯才能造就高尚的品格；而好的习惯与高尚的品格也并非与生俱来，相反的，正如孔子所言："性相近，习相远"，我们有一切权利和机会去选择养成什么样的习惯、去踏上怎样的人生道路。

　　红旗还相信，个人在取得成功的同时更应承担起对社会的责任。每个国家、每个家庭都能获得和平与安稳，是他最伟大的梦想；能看见每个人脸上都挂着一抹幸福的笑容，则是他最真诚的愿望。

03

第三篇

北京工业大学科技之星获得者

仰望星空，脚踏实地

机电学院　董丽华

获奖者简介

董丽华，女，汉族，中共党员，2014年9月考入北京工业大学机械工程与应用电子技术学院学习机械制造专业。研究生期间，发表SCI、EI等十几篇文章。曾多次参加国际会议，并做英文汇报。申请北工大科技基金立项，并顺利结题。连续两年独自担任本科生ANSYS上机指导教学工作。曾获得研究生国家奖学金、科技之星、杨叔子院士奖学金等奖励。

事迹介绍

刚接触董丽华，会以为她是一个书生气十足的女生，但随着深入地了解，会发现原来她是一个内心十分强大的女生。面对繁重而枯燥的专业，她享乐其中，在她的认知里，学习机械是脑力的锻炼、体力的磨炼和心理的磨炼。"简单、快乐、自信、阳光"，这是她给我们留下最深刻的印象。

像海绵一样吸收有用的知识

大学毕业之后，她没有像很多同学一样步入职场，而是选择攻读学术型硕士研究生，增加自己的知识储备。进入研究生之后，她迅速地融入实验室的课题研究团队。研究生一年级时主动参与导师课题的研究，并申请学校的科技基金立项。实验室例会对于她来说是学习的好机会，师兄师姐们的激烈讨论，老师的点睛之语，都令她兴奋。对于她来说，学习是一种无穷大的乐趣。近两年的生活，可以用实验室和宿舍两点一线的方式来形容，对于董丽华同学来说，她乐在其中。科研不仅仅需要创新的思维，更需要勤奋的努力，任何学习的机会她都不会放过，从未停止对知识的渴望。她从每天的学习中得到很多的乐趣。方程的推导对她来说就像是星空中的光芒不停闪烁，带给她力量。实验做不出来的时候，她不会因实验的失败而烦躁，而会一遍又一遍地再次耐心操作，探究原因，创新实验操作方法，不断与老师、师兄师姐沟通交流，直到实验结果更准确、更可靠。

回望两年来的研究生学习，董丽华用掉了十几本便利贴，因为她每天到达实验室的第一件事就是做规划，把每天准备做的事情以及昨天事情完成的程度都规划一遍，就是这个简单的习惯，让董丽华每天的学习效率都特别高。用她的话说就是，效率对科研工作非常重要，一定要高效率做事，而不是熬时间做事。她的成绩一直名列前茅，她是别人眼中的学霸。但在她心中，这只是她热爱的东西，她做的只是认认真真学习，踏踏实实努力，不断用知识武装自己的头脑，把所学知识融会贯通，真正融进自己的脑海中，并学以致用，同时有效利用课余时间，拓宽自己的知识面，陶冶自己的情操。

坦然就是生活的美丽

在大家眼中，董丽华是一个有趣的人。在同学眼中，她是负责的好伙伴。每次的集体活动都会出现她的身影，一有机会，她就会积极参与学校、班级等组织的活动，如代表班级参加学院组织的 400 米接力赛和趣味运动会等活动；积极参与班级申报优秀班集体工作，协同班委做好班级的相关工作。在与人相处的过程中，她总是给人一种踏实稳重的感觉，她从不轻易给人承诺，但每一次参与活动，她都全力以赴。

在实验室同学的眼中，她是锲而不舍的好搭档。每次研究讨论方案，总能看到她独特的视角，敏捷的思绪和较好的表达力，她温柔的声音带给大家一种特别舒服的感觉，让大家的团队讨论轻松而又有效。每次操作实验，她都会不断给大家鼓劲，一遍不行就两遍，两遍不行就三遍，锲而不舍，直到得出最佳的实验数据。师弟师妹们有什么疑虑的问题，她都会给予细心的讲解，不急不躁。同时，她有什么不明白的问题，也会主动询问别人，总是与大家互帮互助，与班级同学经常一起交流学习心得，跨学科进行学习资源的共享。

在本科生眼中，她是兢兢业业的学姐。在两年多的助教工作中，她以敬业奉献的精神、大气从容的气质、细致生动的讲解和周到的答辩得到了很多学生的喜爱。她的课堂活泼而有趣，不断与同学们互动，使课堂效率达到高点，让学生感觉到枯燥而机械化的软件学习是一件快乐而轻松的事情。

在舍友的眼中，她是贴心的大姐姐。从入学开始她就像一个大姐姐一样，尽力照顾到每位同学。舍友都亲切地喊她老大。有什么烦心事，大家都爱找她倾诉，这时她会耐心地帮舍友排忧解难，让大家体会到家的温暖。董丽华同学充分发挥带头作用，以点带面，带动整个宿舍全方面提高。

成功一件事，千万不要等待着享受荣誉

不管是在学习方面，还是在生活方面，两年的磨炼让董丽华同学成长许多。大学的时候，她因成绩优异获得多项奖学金及奖励。进入研究生之后，她并没有因此而自傲自大，而是以此鞭策自己，坚持不懈地做好自己的科研工作。面对荣誉，她始终恪守"过去并不代表未来，努力就会有收获"这一青春箴言，刻苦学习踏实做人，一跃荣获"科技之星"。

经验分享

做科研首先得端正态度，必须予以专注和认真，只有沉得下心来才能做学问；其次需要扎实的专业知识，平时注重对基础知识的把握，再通过大量的阅读，拓宽自己的知识领域，才能为自己的课题工作打下坚实的基础；最后就是学会交流与分享，比如从师兄师姐那里获得指导和交流，每次交流都会让我们及时发现思考问题的漏洞和问题，让下一步的实验与学习得到更好的结果。认真对待自己的专业，自然水到渠成。

勤奋刻苦，不断拼搏

机电学院 章子玲

获奖者简介

章子玲，女，中共党员，机械工程与应用电子技术学院机械工程专业四年级博士研究生。连续两年获得北京工业大学研究生科技创新一等奖学金，获得 2015～2016 学年北京工业大学研究生科技创新三等奖学金、2015～2016 学年国家奖学金、2015～2016 学年"杨叔子院士奖学金"、2015～2016 学年优秀研究生和 2016～2017 学年联通沃之"科技之星"。

事迹介绍

章子玲同学学习勤奋，自觉性强，自入学以来，各科成绩优秀，积极参加各项活动，在学习、生活、个人实践等方面都取得了较大的进展，受到同学和老师的好评！通过她取得的科研成果和获得的荣誉与奖项，多数人认为她是学霸，之所以这样认为，是因为榜样的力量带来了神秘感。其实，她也是和我们一样有喜怒哀乐的同龄人，在这四年的学生生涯中，她也曾因困难的出现而困惑，也会因难题的解决而豁然开朗，唯一不同之处在于她坚忍不拔的毅力和不断进取的恒心。

学习中的她

硕士毕业后的她，很快被国内一家知名国企录用。活泼开朗，平易近人和

聪明好学的性格，使得她很快掌握了工作的技巧，和同事也建立了良好的工作氛围。就在家人和同事及朋友认为她应该开始享受生活的时候，她萌发了新的思想。她从平日工作的点点滴滴中不断总结，深切地感受到自己有潜力做得更好！鸟欲高飞先振翅，人求上进先读书。于是，她毅然地选择了攻读博士学位，在当时，做这样的决定，需要莫大的决心和勇气，因为取得博士学历和学位的要求很高。有弃有取，有得有失，对于知识的渴求引导她克服了所有的问题，终于在她顽强拼搏和不懈的努力后，再次踏上了求学的道路。

进入新的学习环境，有了新的研究方向和课题，因此，在新的研究领域缺乏基础知识和实践成为一个问题。获得知识是一种快乐，而好奇心则是知识的萌芽。这时的她，坦然面对问题，不但没有胆怯，反而对新事物充满了好奇与热情。惜时、专心和苦读是做学问的一个好方法。为了打好基础，博士第一年，多少个夜以继日，她专心地学习专业所需的相关理论知识和仿真软件，掌握实验仪器的使用方法，经常与导师沟通科研思路和研究方法，以求准确快速地切入新课题。在这期间，她制定了博士生涯的学习计划和今后职业规划。SCI 论文写作是博士期间必须掌握的一项基本技能，也是毕业的一项要求。第一篇 SCI 论文的发表是在博士一年级，万事开头难，为此她付出了很多的努力。她对自己的论文要求极高，论文的主题思想是否正确新颖，试验方案的设计是否合理，甚至一些措辞，都要反复斟酌。她学会了如何阅读 SCI 论文，如何组织论文框架，如何产生新思想，如何解决某一问题及如何与编辑和审稿人进行学术交流，这些知识和经验作为一笔宝贵的财富，在今后的科研道路上发挥着重要的作用。到了二年级，她凭着自己之前的基础和取得的科研成果，开始了她新阶段的科研之路。在过去的两年中，她阅读了大量论文。同时，她也很注重科研与实践相结合，她坚信，科研的很多思想来自于实践。在先进制造技术北京市重点实验室，她坚持身体力行，常常爬上机床，进行仪器安装和调试，或者搬工件，或者亲自换刀等。通过试验，她发现并解决了该领域需要解决的一些问题，研究内容由易到难，由静至动，清晰明了，凭借着顽强的毅力和锲而不舍的精神，她在该领域取得了一定的科研成果。2016 年 11 月 29 日，她被邀请作为 2016 京津冀硕博士论坛机械工程专业主讲嘉宾，为北京工业大学、天津大学和河北工业大学的学生介绍自己的研究课题，并分享了自己的科研经历和心得，得到在座师生的一致好评！

纵观章子玲同学的博士阶段学习经历，可以看出，她是一个勤思考，自主能力强，并且勇于拼搏的人。爱拼才会赢，想要做好一件事，勤奋必不可少，旷日持久的努力必不可少。

生活中的她

在生活中，她是家里的独生女，从小备受呵护，在父母亲良好的教育下，她善良宽厚但又是非分明，勤俭节约但又追求生活品质。由于博士阶段的学习需要投入大量的时间和精力，对于生活的要求相较过去就低了很多，特别是在做项目的时候，经常通宵达旦，连续几周没有休息。但她清楚，这是一个短暂的时期，坚持过去了，会有意想不到的收获，付出越多，收益越大。也就是从那时起，对于生活中出现的矛盾，遭遇的困扰，她以巧妙的方式进行了化解，而这些，无不受益于长期科研生活给她的启迪和智慧。原来，生活和学习一脉相承，一通百通！章子玲同学热衷于帮助他人，过去两年，她作为实验室的师姐，在项目规划与人员组织安排方面，用心了解团队成员的实际需求、存在困难，会根据每位同学的兴趣爱好、优点长处与时间，安排他们的工作内容。在团队协同工作中，常常与其他同学探讨不同的观点，分享研究工作的经历和经验，指导硕士毕业生完成毕业论文，帮助新同学快速切入课题。

满载荣誉的她

章子玲同学在博士阶段获得国家级、校级等多项奖励和荣誉，每一个奖项都是辛勤汗水的写照，是对她勤奋学习，不懈奋斗和乐于助人的充分肯定。在她看来，获奖不仅是件开心而光荣的事情，逆水行舟，不进则退，荣誉和奖项更激发和督促着她为下一站的目标努力和拼搏。人生如斯，唯有拼搏，才可以使自己的生命之路变得更加辉煌，唯有今天努力将自己做到最好，今后的路才会越走越宽！

经验分享

科学是严谨的，在有些人看来是神秘的，其实它更是艰辛的。成功没有捷径，只是一句沉甸甸的话：勤奋刻苦，不断拼搏！经过三年的科研生活，深知做学问的不易。每一个问题的提出，每一个难点的攻克，无不汇聚了学者们辛勤的付出。同时，人外有人，天外有天，在科学技术高速发展的今天，只有与时俱进，不断拼搏才能在社会中立足与发展。此外，做个德才兼备、善良宽厚、乐于分享的人，常怀感恩之心，会让今后的道路更宽阔！

让优秀成为一种习惯

信息学部　李晋

获奖者简介

李晋，男，中共党员，信息学部自动化专业四年级本科生，三年总成绩专业第一，获清华、中科大、中国科学院大学等多所高校 offer。连续三年获得北京工业大学"三好学生"、学习优秀奖和科技创新奖，连续两年获得国家励志奖、2015～2016 学年国家奖学金、2015～2016 学年校长奖学金，科技竞赛获得国家级奖项 5 项、省部级奖项 2 项、校级奖项 5 项，入选杰出学子新生和培育计划。

事迹介绍

大学生活如一卷素绢，而他用时间与汗水书写了青春最美的篇章。他，用勤奋浇灌了时间的花朵，收获了两袖幽香；他，用踏实巩固了矫健的步伐，望见了希望灯塔。他，坚守着心中对社会、对家庭、对自己的那份责任，用行动诠释着成长路上的努力奋进。他，就是李晋。

苟利国家生死以，岂因祸福避趋之——论思想

李晋同学作为一名中共党员，拥护中国共产党的领导，政治上要求上进，思想上积极向党组织靠拢，认真学习马列主义、毛泽东思想、邓小平理论，积极实践"三个代表"重要思想，并努力贯彻坚持以人为本，全面、协调、可持续的科学发展观，时时刻刻以一名优秀共产党员的标准来严格要求自己，不断提高自身党性修养，充分发挥出一名党员的先锋模范带头作用。

三更灯火五更鸡，正是男儿读书时——论学习

李晋同学家住安徽省六安市，不远千里独自一人到北京这样一个多姿多彩、充满魅力而又让人感到陌生的城市求学，他深知这样的求学机会是多么的来之不易。因为不易，所以珍惜。每个学期，他都会制定科学合理的学习计划，细致地安排时间，对自己高标准严要求。李晋同学的学习心得看似平常，却也难能可贵，难在执行，贵在坚持。但这两点，李晋同学做到了。全面发展的他，获得2013～2014学年北京工业大学校三好学生、2013～2014学年北京工业大学校学习优秀奖、2013～2014学年北京工业大学校科技创新奖、2014～2015学年北京工业大学校三好学生、2014～2015学年北京工业大学校学习优秀奖、2014～2015学年北京工业大学校科技创新奖、2015～2016学年北京工业大学校三好学生、2015～2016学年北京工业大学校学习优秀奖、2015～2016学年北京工业大学校科技创新奖、2013～2014学年国家励志奖、2014～2015学年国家励志奖、2015～2016学年科技之星、2015～2016学年国家奖学金、2015～2016学年校长奖学金、2013年新生军训"优秀学员"。刚进入大三那会，他就立下要在这一学年结束的时候获取保研资格的目标，于是更加努力学习专业课相关知识，最终他综合成绩97.28分，位居自动化系第一，以超出系第二4分的优势获得保研资格，并取得清华大学、中国科学院大学、中国科学技术大学等多所高校的录取通知，最终选择了清华大学航院航空宇航科学与技术专业的学硕，三年多的光阴很快就这么过去了，他偶尔闲下来去回味，只觉得很充实，很有意义。

江山代有才人出，各领风骚数百年——论科研

毛泽东的《沁园春·雪》意境波澜壮阔，深得李晋同学的喜爱。他坚信，数风流人物，还看今朝。登攀不止，热爱科研创新的他，大一下学期入选北京工业大学第三期"杰出学子新生计划"，跟着成长导师左国玉教授，进入研究生工程实训平台智能机器人实验室和校机器人创新创业基地，并担任机器人协会的主要负责人，充分利用实验室丰富的资源，在夯实理论基础的同时，注重学以致用，曾先后参加本科生和研究生科研项目6项，承担杰出学子计划项目2项，其中主持国家大学生创新创业训练计划创新训练项目1项，星火重点项目1项（荣获优秀项目），代表学校参加2015年世界机器人大会机器人展，参展2015年度和2016年度校科技节2次，获得科技竞赛国家级奖项5项，省部级奖项2项，校级奖项5项，其中2015年中国机器人大赛暨RoboCup公开赛一等奖（亚军），2015年第十四届"挑战杯"中航工业全国大学生课外学术科技作品竞赛二等奖，2015 年全国大学生计算机博弈大赛二等奖，2016 年北京市大学生电子设计竞赛本科生组一等奖等。此外，他还发表了论文 1 篇（第一作者）和软件著作 2 篇。勤于动脑，勇于动手，他不是天使，却给自己构建了一双创新的翅膀。

富贵不能淫，贫贱不能移，威武不能屈——论生活

为人和善，乐于助人，是同学们对李晋同学的第一印象。也正是这样一个全面发展的他，大二时受邀参加了学院举办的新老生交流会，跟学弟学妹们就大学里应该如何更好地学习，应该如何更好地成长这些方面分享了自己的心得与体会，他还在军训期间组织学科串讲，帮助同学解决学习上的问题，建立了良好的人际关系。此外，他还积极参与各项志愿活动，比如去西单献血屋当志愿者、在平乐园小学串讲知识产权以及去动物园当志愿者。"达则兼济天下"，李晋同学始终怀着一颗回报学校，回报社会的感恩之心，为校园的美丽风景挥洒自己的汗水，将温暖传递给他人。

是努力，是奋斗，成就了李晋同学不屈的意志，铸就了他惊人的耐力和敏锐的观察力，让他发掘出自身无限的潜力，也正是来自学校的支持，给了他放飞梦想的机会。年轻的战场上，他会继续一步一个脚印，迈着坚实的步伐走下去，因为他知道，穿过这片沙场，梦想之花，定会在彼岸灿烂盛放。

经验分享

一路走来，收获颇丰，但所有的成绩都不是一蹴而就的，都需要长时间的踏实努力和坚持奋斗，都需要一点一滴的酝酿和积累，正所谓"天道酬勤，厚德载物"，伟大的成功和辛勤的劳动是成正比的。此外，不要太看重眼下一时的利益，当你足够优秀的时候，获得荣誉都只是自然而然的事。

踏歌长行，梦想永在

建工学院 吕育锋

获奖者简介

吕育锋，男，汉族，中共党员，于 2013 年就读于北京工业大学建工学院市政工程专业。博士在读期间撰写并发表 SCI 论文 5 篇，且均为 SCI 一区 TOP 期刊，EI 论文 1 篇，申请并授权国家发明专利 3 项。2016 年获得上海同济高廷耀环保科技发展基金会"青年博士生杰出人才奖学金"，2016 年北京工业大学"科技之星"、优秀研究生，2014～2016 年连续三年获得校科技创新奖。

事迹介绍

他乐观开朗，乐于助人；他勤奋好学，成绩优异；他勇于争先，挑战自我；他涉猎群书，兴趣广泛。他就是我校 2015～2016 学年"科技之星"获得者、13 级市政工程博士班的吕育锋。

坚持不懈，刻苦钻研

奋斗中的他对所有事物都有一颗探索的心，喜欢创新，踏入工大的校园，至今已有三年多的光景。刚入学的时候，受老师和师兄师姐的影响，再加上平常接触到了很多学术、科研方面的事物，他对科研很快就产生了浓厚的兴趣。从那时起，他就收起了自己那颗好玩的心，整天泡在实验室里看文献、做实验。博士期间，他曾获科技创新、优秀研究生等多项奖项和荣誉。今年，因为在学术方面的优秀表现和杰出成果，他于 9 月份获得了由上海同济高廷耀环保科技发展基金会颁发的"青年博士生杰出人才奖学金"，并在 11 月获得了工大学术荣誉"科技之星"的称号。

在学习生活中，好多人称他为"学霸"，每次他听见了都会摆出"不"的手势，然后笑着说："我想当的不是学霸，而是学术帝。"正是因为这句话，他总是认认真真地看文献，踏踏实实地做实验。他谦逊随和，能力突出，眼神中总是透着坚定和自信。他的师妹这样评价他："我觉得，吕师兄做任何事都会给人一种只要我说了就一定会做到的自信感，他也确实做到了，所以我觉得他超赞！并且他乐于助人，乐于把他的研究成果分享出来。"他的室友这样评价他："他学习刻苦，成绩优异，有较强的学习能力和科学素养，综合素质很高，浑身散发着正能量。"

时不我待，只争朝夕

对生活、对科研浓厚的兴趣是他前进路上的巨大动力。兴趣，是一种甜蜜的牵引。在研究生阶段，他就经常出入图书馆，不断扩大自己的知识储备量，这样的习惯他一直保持到现在。在学习方面，他慎思笃行，潜心钻研，对学术孜孜不倦，注重点滴积累。他着重强调学习的效率以及主动性和计划性，要以一颗积极的心态去学习，而不是把学习当作是完成任务，善于思考，发现并解决问题，这样才是高效的学习方法。平常他会阅读大量的文献资料，拓展自己的知识面，遇到问题就及时与同学、老师交流、沟通。除此之外，他表示，一味地学习是不会有太好的效果的，劳逸结合才是最佳的学习方式。当学不进去时，或是思路受阻时，要出去放松一下心情，换一下思维，使自己更加清醒，这样才能更好地投入到学习和研究中。谈到自己的研究方向时，他表示既是兴趣所趋，也是一种不言的缘分。科研实践中，在导师的悉心指导下，他在污水处理中生物除磷方向取得了很大的突破；他通过广泛阅读相关文献，涉猎多领域的课外知识，在开阔视野的同时，对自己的学科和所进行的研究也有了更宏观的认识。几年来，他一直坚信自己的研究内容可以发表高质量的论文，因此，他并没有因为毕业或者各种奖项而草草地发表论文，而是耐着性子潜心研究，最终撰写并发表了 5 篇 SCI 论文，且均为 SCI 一区 TOP 期刊，申请并授权了 3 项国家发明专利。

直面挑战，迎难而上

对于学术研究，他表示最重要的就是心静如水，切忌浮躁心态。学术研究是枯燥之味的，面对它我们需要的是耐心和恒心，不断树立新的目标才能拥有持久的科研动力。平常更是要主动学习别人身上的优点，主动与大家沟通，主动帮助师兄做实验，主动帮助老师完成课题，不断积累专业知识、提升自己。

博士期间，他发现在污水处理中的生物除磷工艺一直有缺陷并存在多年，因此，他毅然选择了这个富有挑战性的课题。虽然开始就遇到了困难，不管怎么尝试都达不到满意的效果，但是他并没有放弃，而是不断的查阅文献、反复地实验，并与同学老师一次又一次地探讨，终于在无数次的失败之后成功地解决了难题。正是这种恒心和对学术的热爱，才有了今天的成绩。他的导师李冬教授这样评价他："吕育锋创新能力和社会实践能力特别强，对于学术研究，他总是会有很多想法，做事细心、认真，能够沉下心去做学术。"

"比时间和勤奋更重要的是思考的能力，我们只有具备了思考的能力才能避免浪费时间和精力。"这是他的人生格言。在这么多年的学术研究与工作中，他收获了成绩，也收获了成长。但他认为荣誉就好比是圆形的跑道，既是终点又是起点。不论是怎样的荣誉只能说明过去，并不能代表将来。荣誉会随着掌声渐渐消失，但是奋斗的脚步却还需继续。时光飞逝，现在的他即将迎来毕业，踏上工作岗位，但是学习期间他学会的东西，是一笔数目未知的财富，他将永远珍藏这笔财富，并不断挖掘它的潜在价值。成功源自于坚持不懈的精神和敢于挑战的勇气，他相信自己在未来会有更好的发展。

经验分享

看文献是做科研的基础，刚开始的时候可能会觉得记不住、理不清，但是看的多了，到用的时候脑海中会很自然地浮现出需要的内容。一个成功的人必须耐得住寂寞，要学会享受一个人的世界，培养自己思考的能力。此外，懂得休息是非常重要的一个秘诀，学习累了，文献看不下去了，一定要停下来，四处转转，看看窗外的风景、美女帅哥，或者干脆背着网球拍去打会儿球，你会发现先前的疑惑和不解其实是那么的简单。时间不是不重要，但肯定不是最重要的，最重要的是效率，一定要养成高效率地做事而不是熬时间的习惯。

努力中挑战自我，执着中收获快乐

环能学院　杜睿

获奖者简介

杜睿，女，汉族，中共党员。2014 年入学，现为北京工业大学环境与能源工程学院环境科学与工程三年级博士生。研究生期间，曾获：北京工业大学 2015～2016 年度科技之星；北京工业大学研究生学术道德先锋；北京大学唐孝炎环境科学创新奖学金；研究生科技创新特等奖（3 项）、一等奖（2 项）、二等奖（8 项）；研究生学习优秀一等奖；北京工业大学优秀研究生奖。

事迹介绍

坚持是通往梦想的必经之路

成功贵在坚持，对于杜睿同学来说，她在学业之路上一路走来充分践行了这个道理。杜睿同学本科就读于我校环境工程专业，她认为在大学里应该保持良好的学习习惯，认真对待每一门课，这些是奠定基础和提高能力的源泉，只有把基础打好，才能站得更高更稳。课堂之上，她会认真地做笔记，把老师讲授的知识转化成自己的知识，自己动脑去加工和整理。大学四年她一直保持本专业排名第一名的好成绩，也正是因为这样的坚持，杜睿在大四时获得推荐免试攻读硕士研究生资格，开启了她新的学习生活。

研究生期间她选择了污水处理的研究方向，实验中经常会跟污水和污泥打交道，这并没有妨碍她对科研的热情和坚持的信心。她一直有一个简单的理想，就是能将自己所学用于解决现实问题，哪怕只有一点点。她所研究的污水处理活性污泥中有大量的微生物，通过这些微生物的生长代谢可以去除污水中的一些污染物。为了使这些活性污泥得到最佳生长条件以改善污水处理效果，她每天都要投入大量时间和精力。每天早上很早到实验室，开始一天的学习和实验，给实验的反应器配水、加药和测样。她中午很少回宿舍休息，因为这样能节省来回路上的时间。晚上要10点以后才回宿舍休息，周末和假期也是如此。虽然在实验室的时间很多，但是她几乎不会用来看电影或刷手机，而是读文献、做实验和写论文。努力的人才有幸运的机会，研二的时候，她和所在课题组的同学在污水处理过程中发现了短程反硝化的现象，这在国际上尚属首次。这个发现让她倍感兴奋，如果该技术能成功稳定实现并且应用，将会对污水处理技术的革新有很大意义和价值。兴奋的同时也充满了好奇，与导师多次探讨后，她和课题组同学开始进行大量调研与试验研究，经常从早到晚围着反应器转，一忙就是十几个小时，最后终于成功实现了短程反硝化过程的稳定维持与菌种的富集，这为解决目前最经济高效的厌氧氨氧化污水处理新技术的应用瓶颈问题提供了新思路和新方法。正是这个非常有意义的新发现，让她决定将科研之路坚持下去，于是在研二时选择硕博连读，继续深入研究自己的课题。读博的两年时间里，她以第一作者发表了6篇SCI论文，累积影响因子达到29.035，其中SCI一区论文5篇，单篇最高引用28次，并且有多篇论文准备投稿。每次实验前她总是反复研究实验方案，坚持实验中要有严谨、负责的科研态度，和积极上进的学术精神，为此，她还获得了北京工业大学首届研究生"学术道德先锋"称号。一路走来，她靠的始终是努力和坚持，并且正在一步一步接近自己的理想。

困难是灵感出现前的序幕

在一次污水处理实验中，杜睿和她课题小组的同学发现了一种与以往非常不同的现象，实验中的反硝化活性污泥在硝酸盐还原过程中产生了很高的亚硝酸盐积累，积累率能够达到80%以上。其实，对于反硝化过程中高浓度的亚硝酸盐积累现象并不少见，但是很多人忽略了这一现象或者避免这一现象的发生。杜睿觉得这恰好为现在最经济高效的厌氧氨氧化技术的应用提供了另一种方法，应该想办法去合理利用它。因此，她明确了自己博士期间的研究方向，不是去追求所谓的热点问题，而是去探索最实际的问题。她的想法得到了导师的充分肯定和支持。虽然这一发现很有研究价值，但是关于这方面研究很少见诸报道，很多实验条件完全不确定，这使得研究的第一步就遇到了难题。但是她并没有因此放弃。通过大量调研文献、与导师探讨、和师兄师姐交流，她一点一点进行实验条件的摸索。经历了300多天的不断尝试和调整，终于实现了亚硝酸盐积累在长期稳定维持，并且积累率能够达到 90%。不仅如此，还成功富集了起到关键作用的功能菌，这在科学和工程上都具有重要意义。然而，有了这样的成果，杜睿并没有止步反而认为这才是刚刚开始。污水生物处理的实验周期一般较长，杜睿依然坚持每天早起晚归的生活，除了一些常规实验外，她还喜欢去搜索一些最新文献，并研究和思考是否可以再进一步将新的思路融入自己的课题中。她的周末和假期基本都是在实验室度过的，这在别人眼里可能非常枯燥无味，但是在她看来，那些与污水和污泥相伴的日子让她的生活变得更加充实、有意义，也给她带来了快乐和成就感。实验中总是会遇到大大小小的问题，但她觉得这正是创新的最好机会，遇到问题就要想办法解决而不是放弃。功夫不负苦心人，经过坚持不懈的努力，她首次成功构建了短程反硝化耦合厌氧氨氧化技术处理含硝酸盐废水和城市污水，该技术受到国际知名专家的肯定和好评，为高效低能耗污水脱氮技术开发提供一种新途径，该成果发表于水处理领域顶级期刊 *Water Research* 上。

心态是科研之路的必修课

健康的心态是做好科研的重要前提。读博是一件考验毅力的事，想要做出成果，压力自然也会比较大，所以需要及时调整自己的心态。实验室之外，杜睿喜欢通过运动来排解压力和放松心情。她一直坚持跑步，打网球和练习瑜伽，还带动身边的人一起走出去运动，她觉得在运动的过程中可以让大脑真正放松下来。有时候实验上的问题想不出好的解决办法，她就会出去打打球或者练练瑜伽，靠这些运动给自己较高强度的脑力劳动提供更多休息空间。适当的休息之后往往会有更清晰的思路，更有利于解决问题。此外，她平时非常喜欢跟身边的老师和同学交流，分享自己实验或者生活中的想法和感受，不但能把自己的学习心得和科研经验传给其他同学，有时也能解开自己的疑惑，这也是丰富自己生活和调整心态的另一种方式。她还参加了北京工业大学第 11 届硕博风采论坛开幕式，并被校研会聘请为"益友"顾问组顾问。科研之外，她也会跟三五好友小聚，聊聊身边有趣的事，这些都是她生活中最宝贵的经历。

在科研之路上，不但要有坚持的毅力，执着的精神，还要有一个积极乐观的生活态度。杜睿同学正是用坚持不懈的努力和积极向上的心态，才能取得丰富的科研硕果。

经验分享

无论是科研还是生活中，都会遇到困难和挫折，而努力和坚持是成功的必经之路。不要因为一点小的进步就放松自我要求，有时候付出了汗水和泪水过后才能收获最真心的快乐。科研过程中需要做到细心和耐心，细节往往是创新的开始，有了新发现就要大胆尝试，不要担心和害怕困难的出现，困难也是机遇，应该积极调整好心态勇敢地去面对。学会在枯燥的事物中找到乐趣，抱着积极乐观的心态去做事往往会取得意想不到的效果。

青春与科研相伴的日子——认真、务实、感恩

环能学院 马丹丹

获奖者简介

马丹丹，女，汉族，中共预备党员，环境与能源工程学院环境能源技术研究所动力工程及工程热物理专业博士三年级。曾获 2015 年博士生国家奖学金、2016 年博士生创新奖、科技之星、优秀研究生奖、科技创新特等奖等奖项、一等奖、优秀奖。

事迹介绍

她是一位工科女博士，而且学习的是动力工程专业。工科女常常给人以理性、逻辑清楚、不善言辞的印象，或许大家会认为工科女博士是无所不能、难以接近、没有风趣的。但她用与科研相伴的青春岁月证明了，工科女博士忍受得了孤独，承受得了压力，有理想，有抱负。

科研中的她

回首她四年来的博士研究生科研历程，可以说是认真务实、刻苦踏实、勤于思考、敢于创新、乐于助人、团结同学、成果突出。

在研究生一年级时认真学习专业课知识，辅助师兄师姐做实验，并查阅大量文献了解有关课题组相关研究（射流冲击和抗垢），了解最新研究方向和研究思路，寻找自己的研究方向。研究生二年级转导师来到夏老师的课题组，积极参与科研项目，负责外协加工和制图两方面工作。她独自学习制图软件顺利完成制图工作，协调三家单位（材料购买单位和材料加工的两家单位）顺利实现了试验件的加工，出色完成任务，得到了老师的中肯表扬。选题对于博士研究生至关重要，它关乎所做研究工作的科学意义及学术贡献。她奋战科研项目的

同时，还挤出时间阅读大量文献，对实验室已有研究进行了系统学习并对当前国际有关研究进行充分了解，针对当前工业技术的发展，结合新的研究背景，将课题组已有微通道相关研究用于解决 3D-IC 的散热问题，最终确定自己的研究方向。

第三年进入博士阶段，针对自己课题，她敢想敢做，勇于创新，提出了 3D-IC 热阻模型，并进行实验和数值研究，取得两篇 SCI、一篇 EI、两项专利的突出成果。此时，层间微通液体冷却 3D-IC 也成功获得了国家自然科学基金支持。尽管成果突出，她依旧谦虚认真、刻苦钻研，在科研方面尽自己最大能力帮助同学。她和师弟师妹们的关系都比较融洽，他们的论文一般都喜欢让她进行审查。她遇到问题，勇于面对，敢于讨论，注重交流，思路严谨，最终总能在大家的共同努力下得到解决。博二期间，她依旧认真务实的研究着课题，并取得两篇 SCI、一篇 EI 和一项专利的突出成果。印象最深的是，暑假最热的时候，同学们基本都已休假，而她仍然坚守在实验室静心认真地做实验。她热爱她的课题、热爱她的学科，在注重基础研究的同时，也注重当前的工程应用，例如把微通道应用到 3D-IC 的热管理中就是一个很好的思路。在这个复杂的交叉学科问题上，她更是充满了热情、敢想敢做，为科学研究服务于生活做自己的一份贡献。

四年来，她除了科研工作上有了很大的进步外，在思想也是有很大的进步。她从入学就提交了入党申请，尽管在入党的道路上不是那么顺利，但她能够积极乐观地面对并坚信这是党对她的考验，一直坚持相关理论知识学习，不断提高思想觉悟。在预备期内，她能以一名优秀党员的标准严格要求自己，起到带头模范作用。2016 年 12 月 1 日，她终于成为一名真正的党员，相信她是一个有理想有抱负的人，相信她能在以后的学习工作中做出更大的贡献，取得更大成就。

生活中的她

生活中，她是一个风趣幽默、亲切贴心、人情练达、成熟稳重、乐观豁达的好朋友。她常说实验室的兄弟姐妹们是她在学校最亲最爱的朋友。师弟师妹曾以"小马哥"称呼她，这可能是由于她在师弟师妹心中是无比强大的，愿意也能够帮他们解决各种问题。她的成熟稳重、乐观豁达、人情练达在进入实验室时都被大家赞赏；她的风趣幽默能化尴尬为幽默、活跃气氛；她的亲切贴心更是在生活中处处可见。她办事干练，严于律己，和别人合作时会主动地去帮助别人完成。

她积极参加征文活动、竞走比赛、志愿者支教、实验室外出爬山等活动。

在活动中，她不但能照顾好自己，同时也特别注重团结队友、互保互助。记得在实验室外出爬山活动中，她细心地准备着创可贴以备急需之用，同时不断提醒大家注意安全。她是一个感恩的人，她感谢党组织的培养；她感恩家人对她读博的理解和支持；她感谢学校和学院给她提供很好的科研平台，让她可以认真钻研并进行学术交流；她感恩导师的指导；她感恩实验室兄弟姐妹的理解和帮助。她在青春的年华里，用突出的科研成果和坚韧自强的生活态度回馈生活。

满载荣誉的她

对她来说，最大荣誉就是获得了党员的身份。在四年的博士研究生生活中，她稳重、踏实、刻苦，她取得了突出的研究成果，在博士二年级就获得了国家奖学金（5%）、博士生创新奖学金以及多项科技创新奖，在博士三年级获得了优秀研究生奖和科技之星。她始终坚持那份认真的态度，敢想敢做的气魄，谦虚而又自信的气场，风趣幽默的方式，在科研的道路上勇往直前；她始终坚持着那份真诚感恩的心，乐观豁达的心态，与人为善和人情练达的方式，在生活的道路上快乐前行。

经验分享

在如此丰富多彩的时代里，吸引我们的东西实在太多，科研之路也许单调，但科研之路是探索真理的通道，它充满创新创造的欣喜。在进入科研工作初期，可能有些迷茫，切记戒骄戒躁。首先，一定要踏实认真地阅读大量文献，全方位了解当前课题研究现状，了解当前工程需求或问题；其次，和导师充分交流，确定选题的价值性和意义性；最后，结合当前的工程问题，开拓思维，勇于创新，将科学研究用于解决工程问题，创造更多的价值。

阳光总在风雨后

数理学院　吴晓锋

获奖者简介

吴晓锋，男，汉族，中共党员，北京工业大学应用数理学院物理学专业三年级硕士生。座右铭：当你觉得为时已晚的时候，恰恰是最早的时候。在校获得 2015～2016 学年研究生国家奖学金、2015～2016 学年校研究生励志奖、2015～2016 学年北京工业大学联通沃之"科技之星"奖、中国物理学会 2016 年秋季学术会议优秀张贴海报奖。

事迹介绍

初来乍到

他是一位腼腆的男孩，个头不高却很精神，嘴角时常挂着微笑。

2014 年 4 月，吴晓锋以专业排名第二的成绩从安阳师范学院考入北京工业大学。当得知此消息时，他欣喜地去见导师翟天瑞老师询问课题方向并留下邮箱，此邮箱也成了日后他与导师科研交流的桥梁。

在入校前，他就开始阅读课题相关文献，但当时他还不太懂文献里的波导耦合光栅、波导共振模式等专业词汇，如今他已在科研中快乐地与这些词汇打了两年交道。也许你只看到了他获得的奖项，殊不知这一切并不是一帆风顺的。

多彩生活

研究生生活和本科时相比，有它的独特性。班级里的人与人交往没有本科时那么频繁，所以要珍惜每次集体活动的机会。吴晓锋在入校后第一次新生见面会时就积极要求加入院研究生会。因为他想认识更多的朋友，想锻炼自己的口才，想为院里的活动尽些力。研一期间，得知学校的第十届博硕士风采论坛数理学院分论坛即将举办，吴晓锋立即向研究生会提出要当主持人，并主动邀请演讲嘉宾。通过这次活动，他在大众场合讲话不再紧张，同时也被嘉宾们的事迹深深感染。随后他又参与了学院的元旦晚会、党支部的植树活动、党规党章知识竞赛活动，作为志愿者参与中国物理学会秋季学术会议，作为主讲嘉宾参与了第十二届博硕士风采论坛等活动。这些活动使得他从原来的胆怯、自卑变得阳光、自信起来。他说："研究生要多参与集体活动，不能整天只顾埋头苦干，集体活动能促进思想的碰撞、增加活力。也许你正陷入一种封闭的思路里，不妨说给大家听听，别人的建议很可能助你解决问题。"

风雨彩虹

研一期间，从未做过实验的他充分利用课余时间到实验室向师兄、师姐学习器件制作工艺。他专心致志地观察并记录每一个步骤，他总是会问许多问题，而这些问题都是最容易导致实验误差的。他所面临的另外一个挑战是英文文献，想必这是每一个本科生到研究生过渡期间的一大难题吧。但他绝不向困难低头，单词不懂他就查，在通读了十几篇文献并回想自己做的器件时，他大概明白了研究课题是怎样的。"万事开头难，当你做某一领域入门后，你会发现它远没有最初想象的那么难，甚至你会对此产生浓厚的兴趣。"他如是说。

经过研一上学期的学习，吴晓锋掌握了器件制作工艺，也喜欢上了导师安排给自己的课题——分布反馈式有机激光器。本想着终于可以独立做一些创新性的实验了，可困难才刚刚开始。创新总是在不断克服困难中产生，他尝试在光纤上制作一个激光器件，多次实验后终于成功。但由于实验设备的故障，此实验并没有论文发表出来。当问及他做了这么多次实验而没有发表文章是否甘心时，他的回答令人振奋，他说："我能坚持在几百微米的尺度上做器件，是因为我热爱，而且从理论上讲是可行的。现在我已证明它的可行性，这就是成功了。至于发表论文，可以等设备维修好之后再继续测数据。"他是真的热爱自己所做的事情。

吴晓锋在后续的实验方案中又遇到了许多的困难，但他并没有因此而让步，反而愈战愈勇。他很庆幸自己能有这些'逆风'经历，这就好比一场比赛，如果轻松地赢了，反而觉得没意思。正是由于失败，才让他看到自己的不足，才能改进做到更好。在一次次实验失败又改进后，在导师的指导下，他终于迎来春天，做出了结构新颖，性能良好的器件，这篇文章被发表在 Applied Physics Letters 上，随后又做出"基于拍频结构"的有机激光器件。阳光总在风雨后，相信他的成功并不是偶然。

不忘初心

初步取得一些成果后，他取得了一些荣誉，包括"研究生国家奖学金"和"科技之星"。"科技之星"作为北京工业大学学生科技的最高奖项，代表了学生科技的最高水平。能够进入候选人的同学，科研能力都是很强的，科研成果也是丰硕的。吴晓锋始终抱着一种给老师、同学们汇报自己工作的心态，把答辩当作组会报告。他说他能得此奖项，和成果有关，也和心态平和分不开。2016 年 11 月 24 日下午，北京工业大学科技节闭幕式暨学生年度颁奖典礼在校礼堂举行。吴晓锋作为获奖学生上台领奖的那一刻，心情是复杂的，一本鲜红的荣誉证书很轻却又很重，它是获奖学生多少的心血和汗水浇铸出来的！他始终坚持不忘初心，继续前行。"已获得的荣誉是对自己过去的肯定和鼓励，前方还有很多事在等待着我。"这是吴晓锋被问及获评科技之星感受时说出的话。

这就是一个真实、纯粹、亲切的他——北京工业大学应用数理学院 2014 级硕士研究生吴晓锋。

经验分享

曾经被问及用三个词来概括自身，我不假思索地给出了"真诚、勤奋、思考"。人的社会属性决定了我们必须真诚待人，如果一个人总是戴着面具，那么他不会过得轻松、快乐。改变人类生活的重大发现、发明无一不和"勤奋"有关，爱迪生百分之一的灵感也是来源于他百分之九十九的汗水，鲁迅先生把别人喝咖啡的时间用在了写作上。如果在勤奋上加入些思考，会事半功倍。另外，要给自己锻炼身体的时间，现代社会太匆忙，有效的锻炼能缓解精神压力，忙碌的工作也需要强健的体魄。最后，要学会看书，包括专业书、文学书等。

勤奋、严谨、宁静致远

生命学院 庞海亮

获奖者简介

庞海亮，男，汉族，共青团员，北京工业大学生命科学与生物工程学院生物学专业三年级硕士研究生。获得 2015～2016 学年研究生国家奖学金、2015～2016 学年研究生励志奖、2015～2016 学年校科技创新一等奖、2015～2016 学年北京工业大学"科技之星"。

事迹介绍

现代社会浮躁的生活像雾霾一样萦绕不散，淹没了我们的身影，也让我们迷失了方向。总是听到有些同学抱怨学习、科研没有方向，没有动力，我觉得那是因为大家心里没有了榜样。其实，如果我们本着一颗明亮的心，你就会发觉：榜样，就在形形色色的生活中，就在你我身边。

庞海亮是一名普通的有机化学专业硕士研究生，硕士期间，他以勤奋与严谨的态度进行硕士论文的研究工作，利用有机环加成反应合成了一系列潜在抗肿瘤活性药物小分子，在国际著名的学术期刊发表多篇 SCI 论文。他用实际行动告诉我们大家：科研之路，勤奋与严谨同行，非宁静无以致远。

科研中的他

回首庞海亮同学两年来的硕士研究生生活，可以说是道路曲折，前途光明。学习科研之路，从来不会是一帆风顺的，他之所以能在曲折的道路上，获得丰硕的科研成果，究其原因就是：规划。他经常静思反省，在宁静的环境中，静下心来，有效规划自己的每一天、每一周、每一学期。庞海亮同学在大学毕业前，也和大多数大学毕业生一样面临着工作、考研甚至出国的选择，他权衡各方面的利弊后选择了在有机化学方向继续深造攻读硕士研究生。于是进入北京工业大学的他，就为自己立下了一个目标：努力学习，认真进行实验探索，做一名出色的研究生。开学的第一天，他就为自己的研究生生涯做好了规划：学好每一门课程，多参加学术活动，提前进入实验室，提前参与课题……两年后的今天，当他面对已取得的成果时，终于露出了满意的微笑。而今天一切的收获，都来自于他对自己的未来明确的规划和坚持不懈的努力，不骄不躁。

学习中的他

"夫学须静也、才须学也"出自诸葛亮的《诫子书》，他告诫孩子宁静的环境对学习大有帮助，配合专注的平静心境，就更加事半功倍，才能是通过学习获得的，庞海亮同学通过自己的努力，取得了丰硕的科研成果。在实验室中，他虚心向师兄师姐学习实验技能技巧，经常和同级的硕士研究生探讨实验方法，他也会和不同专业的硕士研究生讨论实验问题，了解不同的学科领域，学习他们的思维方式、实验方法等。回到宿舍，在宁静的环境中，他静下心来，静思反省，复习总结学到的知识，对于不太清楚的问题，他都会反复思考，查阅文献，直到他能够完全弄明白。他对科研的热爱，不仅仅在于实验技能的培养，而是更深层的把握实验原理，做到知其然更知其所以然。他就像一头努力耕种的黄牛，不断耕耘，充实自己。因为喜欢奇妙的化学世界，他不断地学习新的知识，来了解、探索化学领域，来为生存在这个世界的人们创造更加美好的生活。

生活中的他

清晨，迎着第一缕阳光，庞海亮同学轻轻地起床收拾好后，离开了宿舍，他早早地来到实验室，熟练地打开了各种实验设备，开始了一天的科研生活。在实验室中，他学习各种专业软件，利用专业数据库查阅总结文献，利用掌握的有机合成实验技能技巧，熟练地进行有机化学实验探索。作为实验室的师兄，他严于律己，为人处事正派、踏实可靠，既会耐心为师弟师妹解答专业疑难问题，又会指导他们正确进行科研。他总是严肃地对师弟师妹说，知道怎么做是远远不够的，更要知道为什么这样做，实验操作不是一成不变的，不是万能的，需要根据不同化学物质的性质，改变实验流程，才能到达最好的效果。这是他对科研的一种认真而严谨的态度，他是这样做的，也希望师弟师妹能做到。

作为实验室的安全员，他总是强调实验室安全无小事，每个学期开学，他带领大家学习实验室安全规范，排除实验室安全隐患；每天离开实验室前，他总是和大家一起，关闭实验室仪器设备，按照实验室安全守则，逐条检查安全。实验过程中，化学药品可能是易腐蚀、易燃、易爆甚至剧毒，他以身作则，不管酷热炎夏，还是凛凛寒冬，总是让大家穿好防护衣服，注意保护自己，告诫大家使用未知化学品时，首先查阅其化学性质。他还负责实验室药品的订购、分类、储存和仪器的管理、维修。在实验室只要师弟师妹有解决不了的事情，一定是首先找他帮忙。能力越大，责任越大。

科研生活中，庞海亮同学坚信"怠慢则不能励精，险躁则不能冶性"。电脑时代是速度的时代，样样事情讲求效率，快人一步，不但理想达到，更有时间去修正及改善。在化学实验过程中，他讲求方法、追求效率，有好的想法会立即付诸实施，同时他明白欲速则不达，遇到实验瓶颈，要查阅文献，静思实验方法、实验过程，不能太过急躁。他明白生命中要做出种种平衡，要"励精"，也要"冶性"，提升自己的品质。

满载荣誉的他

经过两年多的研究生学习与科研，庞海亮同学基本完成了硕士论文研究工作，发表了三篇 SCI 论文，在老师和同学的建议下，他参加了 2015～2016 学年的"科技之星"评选，并有幸成了今年的"科技之星"获奖者。他说在看到其他获奖者的事迹和科研成果后，他感到了这份荣誉的沉重，要向他们学习，要继续保持一颗宁静而充满激情的心，继续前行。

经验分享

现代社会浮躁的生活，他人的竞争压力，让我们很难静下心来专心做科研，我们追求的是速成。但是科研之路，从来都不是一帆风顺的，道路从来是曲折的，我们只需时而慢下来问一问自己，你需要的是什么？你喜欢的是什么？然后给自己定一个阶段性的目标，通过自己的努力去实现它。此外，不单单对于科研，对于生活、学习、工作，保持一份内心的宁静，不被他人口中的"你应该与你不应该"所牵制，不忘初心，才能方得始终。静下来，才能看清自己的目标，才能不偏离方向，才能走得更远。而勤奋和严谨，让科研路上的人走得更快、更稳固。

勤奋、严谨、宁静致远，这就是我最想分享的东西。

尊重别人，更做自己

实验学院　朱少青

获奖者简介

朱少青，男，实验学院电子信息工程专业四年级本科生。现担任实验学院电子协会副会长。获得 2015～2016 年三好学生和科技创新奖、2014～2015 学年学习优秀奖、2016 年 Robocup 世界杯中国赛技术挑战赛和正赛双料冠军、2016 年北京市大学生电子设计竞赛二等奖、2015 年 Robocup 世界杯中型组季军、2015 年北京市大学生物理实验竞赛三等奖、2014 年全国大学生机器人大赛暨 Robocup 公开赛标准无差别组二等奖。

事迹介绍

大学是一个梦想的摇篮，是展现青春的驿站。这里青春激扬，个性飞扬，是提升自我的训练营，是造梦的工厂。大学是一片给予我们最多人生思考、最多汗水和最多欢乐的地方。大学是一生中储备知识、养成性格最为宝贵的时期。成长便是艰苦卓绝、风雨交加的自我磨炼。告别迷惘的昨天，微笑面对明天，漫漫远方路，成为我们不懈的追求。如今枫叶流舟，金菊在笑，硕果飘香，他将自己的经历记下。

学习中的他

他与学习做伴，将学习作为提升自己的一种特定方式。看书，听课，实践，获取他人经验，并且加入自己的理解，将零碎的知识变得整体而结构化。建立思维导图，将事实与知识整理成纲，联系自己的实践经历改造或者深入理解理论。对于学术，他会疯狂地询问过往人的经验，以及注意事项。他听取别人的意见但是并不会一味采纳，而是通过实践有所验证。的确，他走了很多弯路，也一直被认为此举过于偏执，但是他用这样的一种方式更好地诠释了知识本身并获取了更加深刻的理解。经过探讨学习，并且不断地实践努力，他也靠着这份执拗，成就了优异的专业成绩，加权平均分达到92.67，多门专业成绩在95分以上，排名专业第一。但他从不在意排名，只是不断地为自己努力，为了提升自己这一终身课题而不断地奋进。直到宣布保研资格时候，他才发现自己高出第二名将近六分。同时他还考取了多项专业证书，计算机二级C语言，计算机三级嵌入式系统开发技术，大学英语四六级等。他并不为别人，只是做自己该做的，却得到了最大的认可。

科研中的他

作为一名工科生，竞赛科研将是永恒不变的课题。他参加Robocup世界杯中型组项目，获得了世界季军的好成绩，这一成绩也突破了历史。之后在他参加的Robocup世界杯中国赛上更是出人意料的夺得了技术挑战赛以及中型组正赛的双料冠军，这是我校第一次获得技术挑战赛冠军，值得一提的是这次中型组正赛决赛击败的正是这个项目的世界冠军。他还参加了全国机器人大赛暨Robocup公开赛对撞项目并获得二等奖，这一成绩至今仍然是工大最好成绩。在华北五省的中型组比赛中获得一等奖，获全国大学生电子设计竞赛放大器组二等奖，北京市电子设计竞赛二等奖，北京市物理实验竞赛北京市三等奖。校级机器人规定动作二等奖，裕兴杯电脑鼠组二等奖，ARM组一等奖，校级电子设计竞赛二等奖。他还多次获得科技创新奖，学习优秀奖，杰出学子称号。在这众多的竞赛中造就了他坚毅的人格，比赛中困难和难度可想而知，他选择直面这些，并且接受它。竞赛中高手云集，他不断在竞赛中汲取宝贵的经验，场地因素，对手状况，规则把握，结合知识努力将成绩做到最好。

他还参与众多项目，2016年国家大学生创新训练计划——中型组3D视觉系统也就是中型组守门员3D视觉改进，引入kinect2.0解决了球坐标在三维坐标系下的不准确的问题。参加"星火基金"项目，基于kinect的机械臂控制系统，基于Raspberry Pi的实时监控及危险报警设备，基于单片机的智能充电设备。还有一些系统，比如java微客系统，乒乓球游戏机硬件系统，温度控制系统等。在这些项目中，他开阔了眼界，并且将学习到的东西真正的运用到了实践中去，并且在实践中产生的问题又能在最短的时间内完成解答，迅速提升能力，并且记忆深刻。

他还参加企业实习，学习前沿知识和企业文化，其中最引以为豪的就是去北京荣之联（北京荣之联科技股份有限公司（简称"荣之联"）担任java软件工程师，承担公司的网页前端制作。他在这里学习到了很多有别于学校的知识，更多的是企业氛围，让他实现真正的走出去面向群众，面向需求，为社会提供有效财富。

工作中的他

他担任班中的副班长、心理委员，一向认真负责，积极传达上级指示，号召同学们团结一心，带领大家一起努力。他也尊重同学们的选择，并且能给出力所能及的帮助。他能在班中起到表率作用，并获得五四十佳团员和学习标兵荣誉。他现在还是机器人协会会员，辅导学弟学妹参加科研活动。并掌管单片机高性能实验室，是电子协会副会长，定期对新生进行培训，普及电子知识，为竞赛做准备。辅导新生单片机，C 语言，JAVA 语言知识，MATLAB 语言，VHDL 语言等专业知识。他尊重学生们选择自己的方向，并且尽其所能进行辅导。

生活中的他

他视生活为生命，为了一份精致的生活不断地努力。积极参加各类活动，"我要当老师"、新老生联谊会、新年晚会、知识竞赛、志愿者等都有他的身影。运动、健身、唱歌、旅行、看书都为其所热爱。他将自己的生活创造得非富多彩，充盈着满满的趣味和感动。他还参加篮球赛和足球赛，在赛场上为班争光。挥汗如雨展现他阳刚之气，认真生活回馈他多彩绚丽的大学生活。

康德说过：有两种东西，我们愈是时常反复思索，它们就愈是给人的心灵灌注了时时翻新、有增无减的赞叹和敬畏，这就是我头上的星空和一颗感恩的心。他感恩教育他的老师同学，尊敬他的对手让他更聪明，感谢他自己让自己过得精彩纷呈。如今，他仍在不断地探寻、自我拓展、发现不足，并且不断修正，也从未停下实践和汲取知识的脚步。他拥有良好的心态，为自己而活，迎接挑战并且忠于事实。于是成就了他的人生信条：尊重他人，更做自己。

经验分享

对我来说学习是自我提升的一种方式，我从各个领域获取知识和经验，不断地进行实践，整合出自己的价值观和知识体系。面对各种困难与抉择，我选择用积极的态度去承受它，因为我不想就此失去解决它的权利。我会无时无刻进行自我延展和自我完善，不断地脱离开舒适感去体味生活并且忠于事实，提高执行力，让自己思行合一，敢于接受外界的质疑和挑战，不断修正自己的人生地图，甚至超越自然本性，发展自己的天性，即尊重别人，更做自己。

04

第四篇

北京工业大学十佳毕业生获得者

与其诉说梦想，不如追逐梦想

计算机学院 柯伟辰

获奖者简介

柯伟辰，男，汉族，中共党员，2012 年被北京工业大学计算机学院计算机科学与技术实验班录取。在校期间，获得 2013 年度国家奖学金、2014 年度 IBM 优秀学生奖学金，并且 2013～2014 连续两年获得北川科技创新团体特等奖学金；2013～2015 年获得 ACM－ICPC 多块区域赛银牌，并获得 2014 年 IEEExtreme 全球极限编程大赛世界 18 名，中国第二名；于 2015～2016 年在微软亚洲研究院实习，并被授予"明日之星"荣誉称号。

事迹介绍

学而不亦乐乎

自从柯伟辰同学步入大学以来，他始终将学习新的知识、技能视为第一要务与最大乐趣。他以 654 分的高考成绩落榜清华大学而进入北京工业大学，但是他却没有因为高考的失利而放弃对知识的渴望。作为北京工业大学 2012 级全校录取成绩的第一名，他在大学三年中非常刻苦努力地学习每一门课程，专业课成绩全部取得优秀，并有多门满分课程，成绩一直位于专业最前列。同时，他总是不仅仅满足于课内作业的要求，而喜欢挑战更高的难度，借此机会学习新的知识，给各位任课老师留下了深刻的印象。例如大一时候的《高级语言程序设计》课程，需要做一个简单的小游戏，他并没有满足于做到项目要求的游戏原型，而是通过自己学习、研究，为这个游戏加入了人工智能、复杂地形等多种要素，展示时深受同学和老师好评。大二的《计算机组成原理》课程中，他选择了北航高小鹏老师的课，并且最后在"网络游戏程序设计"课程中，他和队友选择了项目列表当中难度最大的游戏，通过精心设计工程的架构和及时有效的讨论，他们最终完成了这个游戏。期间，他们遇到了一个非常困难的同步问题，为此他花费三周查找相关文献，尝试各种手段，最后圆满解决了这个问题。当他们把成果展示给老师看的时候，老师感到非常惊讶，因为他们是第一个选择了这个游戏，并且还做到如此高完成度的队伍。柯伟辰同学始终认为在满足课内要求的基础上，再去主动探索更深层次的知识，应当是一名优秀的计算机专业学生所必需的意识，这一点也时时刻刻体现在他的实际行动中。

志在科研，乐不思蜀

在课堂学习之外，他也一直致力于参加各种科技竞赛。在入学之初，他就和负责 ACM－ICPC 竞赛的老师取得联系，并与另两名同学组队，参加了这项全世界水平最高，最受认可的大学生程序设计竞赛。不像其他学校有完善的训练基地，他和他的队友们没有教师指导，也没有学长带路，完全靠自己的努力学习各种算法和数据结构准备了这场竞赛。在 2013 年，他们的队伍成功突破长春网络预选赛，赢得了现场赛的名额。这是学校近几年以来首次有队伍晋级现场赛。后来，他们陆续参加了多地的邀请赛和现场赛并获得了多枚奖牌。最终在中国区总决赛的赛场上，在清华大学、北京大学、上海交通大学等众多强校派出的最强阵容的夹击下，他们成功拿到了一枚银牌，为他们的竞赛历程画上了圆满的句号。柯伟辰同学在自己创造成绩的同时，还积极地推动这项赛事在同学们中的普及。他和他的队友们举办了多次面向竞赛的数据结构和算法研讨课，吸引了数十名新生参与，受到同学们的好评；他们也协力组织了两次全校级别的程序设计竞赛，去年的比赛有将近 300 人参与。在他们的带领下，整个学院的学术氛围得到了带动，同学们的学习热情比以前大幅上升，基础知识得到了更有效的锻炼，实践经验也得到了进一步的提高。近两年，学校在算法竞赛方面的整体水平大幅上涨，在比赛中收获了多枚奖牌。

同时，柯伟辰同学也参加了一些其他的竞赛活动并取得了优异的成绩，例如 IEEExtreme 极限编程大赛，他们的队伍两次创造了学校参赛以来的最佳纪录。2012 年他们第一次参赛就拿到全球 29 名，中国第一名，2013 年第二次参赛时他们位列全球 18 名，中国第二名，受到 IEEE 中国总部的提名赞扬。他不仅仅参加了专业方面的竞赛，2013 年他参加了全国大学生英语竞赛，并取得了全国特等奖，与其他 4 名北京市的全国特等奖选手一起代表北京市参加了全国大学生英语竞赛总决赛夏令营，并在其中的全国大学生英语辩论赛上代表北京取得了全国二等奖的成绩。在 2014 年寒假举办的 MCM 美国数学建模大赛中，他和两位同学合作的论文得到了 Meritorious 级别的奖励，该奖励的获奖率仅有 10%。

闻道有先后，虚心请教

在课内学习和参加竞赛以外，柯伟辰同学也积极学习各项新技术，参加了各种各样的项目，锻炼自己的动手能力。2014 年，他与清华大学工业工程系的同学合作，帮助他们开发了一款基于 Android 的应用程序，能够借助他们的理论研究，通过网络查询校园内的交通情况，并针对路线安排、食堂就餐，甚至于搜寻某个人所在的位置等问题都给出了解决方案。他负责了整个网络系统的搭建以及服务器、手机客户端的编写。而在这之前，他完全没有接触过 Android 编程，也没有接触过网络程序设计，这些都是靠自己看书以及搜索博客学习的。另一项值得说明的工程是他们和北航的同学合作研究的智能清洁机器人，他们希望借助图像识别算法和各种软硬件技术，独立制作出一款智能清洁机器人来。他在这个项目中主要负责用户指令和核心算法部分的交互，用户界面设计以及基于网络的平板电脑的遥控功能。在最初接到这个项目时，他也没有学过计算机图形学的相关知识，也是自己摸索，最后使用相关的知识才成功完成的这个项目。这两个项目之后拿到了多项专利，并受到了学校和学院老师的重视。

在学习新知识的过程中，与人交流是非常重要的，为此柯伟辰同学经常会去逛知乎、CSDN、CNBLOG、StackOverflow 等高水平论坛网站，遇到问题时在上面与别人交流，同时对于能够解决的问题他也会给出自己的见解；他也在 CS-DN 上开通了自己的技术博客，分享一些自己遇到的问题和解决方法，现在访问量达到了 12000 多次。他始终认为只有不断与别人交流，才能学到东西，解决问题，更重要的是能够让自己看到更广阔的天地，明白当今技术发展的潮流，找到自己的差距从而明确努力的方向。

在大三的暑假，柯伟辰同学通过面试成功获得了微软亚洲研究院全职实习一年的机会。刚刚入职的时候，他发现自己所要接手的项目涉及的背景知识自己完全没有接触过，但是这并没有成为阻挡他前进的障碍。他很快通过自学缩小了和周围来自各所名校的实习生的差距，在扎实的专业基础的帮助下，他迅速熟悉了项目逻辑，并且很快就开始反过来帮助新来的实习生熟悉项目了。在一年的实习期间，他接触到了业界最前沿的科研成果以及尚未解决的问题，与经验丰富的导师一起开发项目，研究问题，并且有了一定的进展。同时，他的专业素养和项目管理能力也得到了研究员导师的肯定。在实习结束离开研究院时，导师授予了他"明日之星"的称号，这是微软亚洲研究院实习生能得到的最高荣誉。

自进入大学以来，柯伟辰同学没有一天丢弃过对更高技术和更多知识的渴望，一直都积极地投身于各项学习和项目实践中，他的努力也得到了大家的肯定。在 2013 年，他以专业第一名的身份十分荣幸地被授予了国家奖学金，这是他目前得到的最高荣誉。同时，他接连两年荣获北京工业大学北川奖学金科技创新团体特等奖，以及在 2014 年被推荐获得 IBM 优秀学生奖学金。这些都是对他将来取得更大成绩的一种激励。柯伟辰同学现在已经被保送到北京大学信息科学技术学院攻读博士生，相信在今后的日子里，在更加广大的舞台上，他能创造出更加辉煌的成绩，将来为国家信息产业科技进一步发展贡献自己的力量。

经验分享

在本科期间，我一直严格要求自己，在学术上一丝不苟。我认为我在学业上以及竞赛上的各项成绩都是与扎实的专业基础分不开的。计算机专业是一门发展日新月异的学科，但是正因为发展迅速，其基础部分才显得尤为重要，只有打好了基础，才能做到以不变应万变，能够永远地跟上时代的潮流。并且，一个真正希望在计算机专业做出成绩的大学生，不应只满足于书本上所教授的知识，一定要多动手，多尝试，因为很多问题只有亲自尝试了才能发现，很多经验也只有亲自尝试了才能获得。所谓"纸上得来终觉浅，绝知此事要躬行"，这两句诗非常好地描述了计算机专业的特点。

同时，在学习的过程中难免会遇到问题，遇到问题的时候要多与人交流，因为别人很有可能曾经解决过类似的问题，这样就可以省下很多冥思苦想的时间，也会极大地减少挫折感。反过来，当自己解决了一个问题的时候，也要及时地告诉面临这个问题的人，这样一方面帮助了别人，为别人节省了时间，另一方面也巩固了自己对问题的认识，自己也可以从中受益。

七载时光，奋斗年华

信息学部　李秋然

获奖者简介

李秋然，男，汉族，中共党员，北京工业大学电子信息与控制工程学院信息与通信工程专业，曾任北京工业大学校研究生会外联部部长、主席。获北京工业大学学习优秀二等奖、社会工作奖、研究生国家奖学金，北京工业大学十佳毕业生，北京市优秀毕业生。

事迹介绍

每一个莘莘学子的学海生涯，精彩都超过任何一部青春励志剧，学途中那些放不下的熟悉片段，都与奋斗的汗水交织，也与温暖的泪水相映。

学术科研和社会工作，二者相映成趣，交织了属于李秋然同学的工大岁月。

学而不思则罔

学术科研需要"钻牛角尖"，也需要"独辟蹊径"。犹记得第一次参与科研项目时，要结合实验室的最新成果在前沿的通信网络架构上开展研究。成果新，架构新，李秋然同学一时间摸不着头脑，思路总是若即若离、若隐若现，就像在黑暗中摸灯绳，好像就在附近飘，却是怎么也摸不到。于是他就一头钻进了"牛角尖"，走路在想，吃饭在想，甚至做梦也在想。受尽压榨的脑细胞终于在激烈的碰撞中摩擦出了火花，点亮了胜利彼岸的灯塔。思路只是方法论，实践才是检验真理的唯一标准。在灯塔的指引下，抵过疾风骤雨、惊涛骇浪的侵袭将船驶抵目的地，才是真正的胜利。新成果与新架构的融合，有章可循却无以为鉴，生搬硬套必事倍功半。"独辟蹊径"，勇敢开启新的航道，也许你就是哥伦布。李秋然同学自搭架构,自寻算法,经过一次次的尝试和失败、调整和修正,以及导师悉心的指导,他终于找到了新大陆。

学术科研永远无终点可寻,每一次的成功都仅仅是翻越过了一座山丘,而总有更大的山丘在前行的路上等待着同学们去挑战。每个人完成阶段性目标后的感觉不同,对他而言,这种感觉奇妙得酣畅淋漓。爱上这种感觉,爱上这种为解决难题而不竭奋斗的过程,也许就标志着学术科研生活进入了正轨。

研究生期间是建立健全知识体系,完整完善知识结构的黄金阶段。每一名学子都是幸福的,有学校齐管理,有导师引方向,有良师传授业,有益友伴左右,有书籍馆中藏,有资料网上享。身处绿洲,定要饱饮足食,大快朵颐。

好好学习,天天向上,是每一位学子最重要的任务,而该学习的,不仅仅是专业知识。因为年轻,难免轻狂,因为青春,难免不羁。年轻的同学拥有着青春的特权,但青春不是尚方宝剑,青春也不是丹书铁券。青春的事没有小事,遇到的点滴都是回事,过往间点滴小事的青春积累便是未来的模样。在竞争愈发激烈的今天和明天,全面的综合素质才是同学们的核心竞争力。校园里丰富的社会工作,给大家提供了提高综合素质的机会。

致力于服务人民群众

悠悠七载工大情,服务同学从未停,李秋然同学始终在学生工作中丰富着属于他的学生时代。

一迈入研究生生涯,他就迫不及待地加入了研究生会,成为研究生会的一分子。这是一个有温度,有高度,有力度的学生组织,他一直认为能够在这样的学生组织中工作是他的幸运。从部员成为部长,从部长成为主席团的一名成员,他的成长是同研究生会的成长融为一体的。还记得为了一笔赞助,打遍学校周边方圆 10 公里所有商铺的电话;还记得为了一场晚会,开上几十个大小会议,熬上十几个夜晚;还记得为了一次主持,对着镜子排练几十次。成功没有捷径,展现在聚光灯下的美好,总藏着不为人知的故事。在努力为研究生会的发展谋划,努力为研究生会的明天打拼,努力为研究生会的未来奋斗的过程中,他也像一块海绵,在不断地吸收着养分。同时,他也在肆意释放着激扬的青春,尽情挥洒着年轻的汗水,充分享受着团队的温情,细细品味着家庭的温暖。种种的工作与经历,种种的感悟与体会,都在厚重着青春。

在研会工作生活的时间,如川流的河水夹杂着许许多多酸甜苦辣的美好回忆奔涌而过,工作生活中的一幕一幕恍如昨日。相信多年以后,当他回忆起这段同研会一起绽放青春的时候,依然会从工作和生活的闲暇里抬起双眼,在丝丝温情的回忆里眼角泛出满足的笑意。

在最美的年华，李秋然同学与最美的工大相遇，他也一直用心积累那些美丽的、纠缠的青春回忆，一起用力去体味那些温暖的，幸福的学途华美。心有猛虎，细嗅蔷薇，他用慎始慎独慎微扣好青春的扣子，在严谨的学术生活之中，在丰富的社会工作当中，去积累内心的厚重，去汲取充足的养分，去播撒收获的种子。

在工大学习生活的时间是美好的青春岁月。真心地祝愿工大人们都能够在这段属于工大的青春岁月中获得最为渴望的感动。青春是无价的财富，一定要用力地、竭尽全力地去用心体会，尽可能地去让自己感受更多的精彩。不要让青春留有遗憾，用力把握，大胆尝试，心怀梦想，脚踏实地。祝愿每一名工大人，都能够拥有一段属于自己的青春华美；祝愿每一名工大人，都能够拥有一份属于自己内心的工大辉煌。

经验分享

青春的困难都不叫事，成长中困难挫折的疤痕印记都是未来的厚重。青春的点滴都是回事，过往间点滴小事的悄然累积便是未来的模样。

要用心积累那些美丽的、纠缠的青春回忆，要用力去体味那些温暖的、幸福的学途华美。在学术生活中广涉猎，勤思考，沉淀知识，升华智慧。在社会活动中敢挑战，多体会，磨砺心性，锻炼素质。

心有猛虎，细嗅蔷薇，用慎始、慎独、慎微扣好青春的扣子，在严谨的学术生活中，在丰富的社会活动中，去积累内心的阳光，去播种收获的种子。

自强不息，感恩之心

交通学院 李佳贤

获奖者简介

李佳贤，男，汉族，中共党员，北京工业大学城市交通学院交通工程专业 2012 级本科生。荣获 2016 年北京市优秀毕业生、北京工业大学本科生优秀毕业论文、免试攻读硕士研究生，获得 2015 年第十届全国大学生交通科技大赛一等奖，2014～2015 学年国家励志奖学金、北京工业大学校长奖学金、"科技之星"提名，1 项计算机软件著作权，1 篇中文核心期刊论文。

事迹介绍

北京工业大学城市交通学院交通工程专业的 2016 届十佳毕业学生李佳贤，是一名思想积极向上、学习认真刻苦、学习成绩优秀、工作踏实肯干、专业知识扎实、科技创新能力强、乐于助人、甘于奉献的一名优秀共产党员。他自强不息，怀有一颗感恩之心。

思想于他

他思想积极向上，从大一开始积极向党组织靠拢，2012 年 9 月 13 日，他向北京工业大学后勤党委学生社区学生党支部递交了入党申请，成为了一名光荣的入党积极分子。2014 年 11 月 24 日，他光荣地加入了党组织，成为一名党员。

在大学四年时间里，他积极参加了党支部组织的理论学习和北京工业大学的党校学习，学习党的理论知识与先进思想；深入学习马克思列宁主义、毛泽东思想、邓小平理论、"三个代表"重要思想、科学发展观和习近平系列重要讲话精神，认真学习贯彻党的精神，并参加了对接学生宿舍楼的社会实践活动，在日常的学习生活中时刻以一名党员的标准来严格要求自己，认真履行党员义务，努力学习，踏实工作。

学习于他

他学习刻苦认真、自主学习能力强，通过自我的不断努力，学习成绩逐年提高，大学四年学分通过率为100%。在认真学习的同时，他还积极带动宿舍同学和班级同学一起努力学习，积极帮助学习有困难的同学和他们一起学习一起进步。曾获得2013～2014学年北京工业大学城市交通学院学习优秀奖、2014～2015学年北京工业大学学习优秀奖。

工作于他

他工作认真、踏实肯干、吃苦耐劳，作为一名学生干部，积极协助老师和其他学生干部开展学生工作，能够及时、快速地完成老师安排的工作任务，工作能力强、工作效率高、工作质量好。

2012～2016学年，他担任120461团支部组织委员，参与了120461团支部的文化与学风建设，组织了班级春游、班级聚餐和班级期末集体自学等活动，丰富了同学们的课余生活，增进了同学间的友谊，使团支部的同学们更加团结友爱。

2012～2014学年，他担任北京工业大学学生社区学生助理联席会文化部副部长和办公室部员，组织参与了北京工业大学学生社区居室美化月、消防演习、学生社区文化节、学生社区文化墙和学生社区晚会等大型全校性安全文化活动，这些活动丰富了学生社区的同学们的课余生活。

2012～2013学年，他担任北京工业大学阳光志愿服务总团联络部干事，参与组织了北京工业大学校运会、"国际早产儿日"宣传活动和"3·5学雷锋日"等系列志愿活动，让更多的同学们了解和参与志愿活动。

2012～2013学年，他担任北京工业大学建筑工程学院学生科技协会组织部干事，参与组织了建筑工程学院结构设计大赛、北京工业大学交通科技大赛等活动，参加了2012～2013学年建筑工程学院ACE初级和中级团干训并顺利结业。

课外活动于他

他专业知识扎实、科技创新能力强，是同学们们眼中的科研积极分子。大学四年，完成2项星火基金项目结题，参与2项老师科研课题，参加6次大学生交通科技大赛，发表1项计算机软件著作权和1篇中文核心期刊论文。大学四年，他不断巩固自身的专业知识，锻炼自己的科技创新能力、组织能力、沟通能力与语言表达能力。

大学生交通科技大赛

他积极参加课外科技竞赛，作为作品负责人参加了6次大学生交通科技大赛，获得了国家级一等奖1项、省部级三等奖2项和校级三等奖3项的科技比赛成绩；同时《城市CBD地区交通组织设计优化——北京CBD公共自行车交通组织优化设计研究》作品获得了2015年第十届全国大学生交通科技大赛一等奖（国家级），《基于位置感知的实时景区电子导游软件设计》和《停车场智能短时寻址系统研究》作品获得了2014年第四届北京市大学生交通科技大赛三等奖（省部级）和2015年第五届北京市大学生交通科技大赛三等奖（省部级）。

星火基金项目申报

他作为项目负责人积极申报了2项星火基金项目，顺利结题了公共自行车与轨道交通接驳换乘出行行为研究——以北京市为例的第15届"星火基金"项目和智能短时寻址停车管理系统的第16届"星火基金"项目，并且获批了基于iPad的公共自行车换乘地铁出行调查软件（2015SR039847）的计算机软件著作权。

参与老师科研课题

他积极参与创新学分导师韩艳副教授的《旅游信息发布对景区内游客时空分流的影响研究》的国家自然科学基金青年基金项目和《自学型课程建设及授课模式研究》的院级教育教学研究课题的研究，并在《高等建筑教育》核心期刊发表《以学生需求为导向的自学型课程建设研究》论文。

志愿服务于他

他乐于助人、甘于奉献、积极投身社会志愿服务活动中。他怀有一颗感恩的心，在学习工作之余，他经常利用课余时间积极参与社会志愿服务活动，通过志愿服务活动帮助他人、回报社会，为社会的建设贡献自己的一份力量。

在大学四年时间里，他参加了2013年毛主席纪念堂志愿服务项目第十批次北京工业大学志愿者团队、每周助聋2小时和新青年学堂志愿者—成人高考培训教师等志愿服务项目，志愿服务时长累计82小时。通过社会志愿服务活动，让他感受到了社会志愿服务的意义，帮助需要帮助的人让他感到很快乐。

经验分享

时光飞逝，光阴如梭，大学本科四年里有喜有忧、有苦亦有乐，但更多的是成长与收获。自强不息、怀有一颗感恩的心，是我大学四年来最大的人生感悟；多看书、学会做笔记、多与优秀的人交流，这是我学习生活过程最好的经验。

（1）看书是我们学习新知识和新技能的有效手段，专业的书籍能够培养你的专业素养，课外书籍能够开阔你的视野与见识。

（2）好记性不如烂笔头，学会做笔记是大学乃至人生中最重要的一种技能，合适的笔记能够让你及时回忆一些重要和关键的东西。

（3）与优秀的人交流，能够了解到最新的动态信息、最好的科技前沿，开阔你的视野与思维，能够学习到他人的优点与长处。

任性，为了梦想

建工学院　焦泽栋

获奖者简介

　　焦泽栋，男，汉族，中共党员，北京工业大学，2012 级建筑工程学院建筑环境与能源应用工程专业。2014 年以法人身份注册成立北京创衣创意设计有限责任公司，成为北京工业大学第一支入驻校内的大学生创业公司。本科期间创业方面曾荣获 2016 年"创青春"首都大学生创业大赛金奖、首届鼎新杯创业大赛创业项目金奖、北京市高校优秀创业团队评比一等奖，参与完成国家级大学生创新创业训练计划项目 4 项、"星火基金" 1 项，首届"互联网＋"创业大赛三等奖等；专业方面曾荣获 2015 年全国大学生节能减排社会实践与科技竞赛二等奖、中国制冷空调科技竞赛二等奖、北京工业大学节能减排竞赛一等奖、三等奖各一项等；工作方面曾荣获北京市先锋杯优秀团干部、优秀院学生会（任主席）、百强团支部（任团支书）等；其他方面曾荣获各类奖学金、文艺竞赛奖若干。

事迹介绍

　　机会总留给有准备的人，敢想敢做，不断积累，等机会来了才能以最好的姿态去迎接它。

不一样的创业生活

　　焦泽栋是个学习能力和交流能力都比较强的人，一直追求全面发展，不喜欢被限制思维和行动，敢想敢做。他一直喜欢艺术设计和组织举办大小活动，曾在各种学生组织任过职，从部员做到学生会主席，组织了很多大大小小的学生活动，也在外做过很多兼职和实习工作，以积累经验并寻找最适合他的那个职业定位。通过前几年的积累人脉和经验，在大二暑假，他正式注册了一家公司——北京创衣创意设计有限责任公司，这时候才真正开始了他不太一样的大学生活。

　　创业的道路很艰难，但这里有他的梦想。曾作为一名美术特长生的他想成为一名专业设计师，却因为种种原因选择了文化课高考，没能完成最初的梦想，不过靠着自己理科底子还不错，幸运地考上了北京工业大学建工学院，转而成为一名工科生。到了大学，他的目标就是继续追求全面发展，同时他也并没有放下最初追寻艺术的梦想。

梦想起航

　　大一，他积极参加校内外各种活动去体验和适应这个环境：成了班级的团支书，同时进入了校学生会、校团委、校阳光团、建工学生会及20余个兴趣社团，进入传媒公司做市场调查员，利用自己的软件和设计特长兼职淘宝美工，体育方面也没有落下，通过选拔顺利地成了建工篮球队的一员，参与的各类比赛中，获得校学生会篮球赛第一名、校团委篮球赛第一名、校阳光团篮球赛第一名、建工运动会200米第三名、4×100米接力第一名。艺术设计方面自己做一些创意的小周边，到从I Do2开始出漫展摊位去体验市场。当然身为学生不能落了学习，他担任了两门课程的课代表，成绩保持班级前十，工程图学成绩专业第一。

蓄势待发

　　大二，他更加明确了自己的发展方向，留任了建工学生会宣传部部长，校学生会宣传部副部长，同时创立校学生会视频工作室担任室长，担任美食社副社长等。学习方面，他开始辅修工业设计，为之后做设计公司做铺垫，同一年内选修了公司法、市场调查学、创业教育、文化品牌创意与策划等课程，开始学习创业的专业知识。参与各类比赛积累经验，本来特别不擅长表达的他，通过比赛的不断磨炼逐渐变得外向，喜欢与人交流，逐渐成长。

事业初有成

　　大三，留任建工学生会主席，完成了大大小小二十余项活动，组建第一届建工田径队，任期内带领学生会在全校16个参评学院的评选中被评为"优秀院学生会"（全校三个），在各种文体竞赛中也为建工争得了荣誉。同年，为了进一步追寻自己的梦想，他不想再默默无闻下去了，于是大胆地做出了尝试——

成立 CY 创意设计工作室，正式注册北京创衣创意设计有限责任公司。为了拉到有实力的合作伙伴，焦泽栋独自完成了第一个校内纪念明信片的设计制作销售的项目，搭建起基本的网络平台，与周边几个店铺谈成合作。有了一定的基础后，他所做的事也越来越得到身边人的认可，进而正式组建起了七人的核心团队，开始了他们的第一个项目——校园系列文化产品。他带领的创业团队也活跃在大大小小各种校内外活动当中，学校也最大程度上为他们提供了支持，给了他们校内的工作室，他们成了第一支入驻北京工业大学的学生创业公司，这样让他们可以随时方便地做设计，项目参与"国创"比赛立项为最高级别"创业实践"项目、立项星火基金调研类项目、团队作为优秀创业团队参与北京高校创业巡展、俞敏洪做客工大时他作为创业大学生代表与俞敏洪做交流、在阳光媒体集团"正青春"活动中作为工大创业代表做项目展示、带领创业公司承办新东方与决胜网联合举办的创业大赛部分活动，业务方面也逐渐完善思路，完成包括"2015 北京工业大学毕业纪念册"在内的多项官方定制业务。

团队作品入选科技节创业模块；个人作为北工大创业学生代表参与北京城市广播《教育面对面》栏目直播；他的公司协助北工大校庆完成多项相关用品设计制作，并将业务开展到其他高校，成立四个分工作室。

专业方面他也参与了各种竞赛，取得全国节能减排科技竞赛二等奖、制冷空调大赛华北赛区综合组三等奖、北京市制冷空调科技竞赛三等奖、校级节能减排科技竞赛一等奖、校级节能减排科技竞赛三等奖等。

学生会主席任期结束时被评为北京市先锋杯优秀团干部。

追逐梦想

大四，综合成绩排名专业第 8 名，通过校内保研资格认定选拔，取得保研资格，为了更好地学设计，为了追寻自己的梦想，这一次他选择了挑战自己，申请了跨专业保研，经过一段时间的努力准备和刻苦练习，终于通过了工业设计系的专业复试考核，取得了工业设计的保研资格。当然作为工作狂的他也不会就此停下，在取得保研资格这样一个极大的认可后，他更积极地参与到各类活动当中，在首届鼎新杯创业大赛中荣获金奖，优秀大学生创业团队评选获得一等奖，北京市创青春大学生创业大赛荣获金奖并取得晋级全国赛、代表北工大出战的资格。期间作为公司总负责人还注册了四个商标、一个域名、申请一项专利、开设一家实体零售店等，与多个高校及公司开展了官方长期合作，公司从白手起家到现在净利润已突破 30 万。工作室共立项四项"国创"项目，一项星火基金。作为学校创业团队代表获得校长奖学金提名。

一切顺风顺水的背后是牺牲了全部休息、娱乐的时间，甚至吃饭都在五分钟内搞定。他一直坚信付出是一定有回报的。

现在回头看来，他自认为他的大学生活非常充实，可以说付出几乎都得到了回报，前两年的过程中一直不知道自己做这么多是不是值得，身边的人都叫他工作狂，连室友也只有每天熄灯后才能见到他回宿舍，坚持过了几个坎这条路就走得越来越有自信，越来越清晰了，熬了无数个夜的作品成功拿到了奖，创业项目被学校认可，受到了学校的大力支持等等，一路上都离不开身边人的不断帮助，在他困难的时候给了他力量，愿意和他一起当工作狂，他也抱定决心会继续努力下去，无论是学习、工作、创业各方面，继续努力去做一个全面发展的人。趁年轻，多做、多学、多经历，不断地去磨砺和锻炼自己，青春不留遗憾。

经验分享

感谢学校在各方面的全力支持，才让我短短四年能收获这么多。大学是一个充满无限可能的地方，趁年轻尽可能多地去尝试，不怕失败。从入学开始就要有一个整体的规划，最快摆脱迷茫的方式就是多参加学生组织活动，一方面可以更多了解校园生活认识更多伙伴，另一方面可以和学长学姐们去交流经验，活动中也有很多机会能"逼迫"自己锻炼各方面能力，对日后发展有很大提高，有一个合理的目标，才能一切早做准备，更加从容地应对现实中要面对的选择。有机会的话要多和优秀的人去交流，去学习他们付出努力的过程。找到积极的目标，趁想做，趁能做，不犹豫！

在探索中前进，在科研中成长

环能学院　范红玮

获奖者简介

范红玮，男，汉族，中共党员。2012 年 9 月在北京工业大学环境与能源工程学院应用化学专业攻读博士学位。曾荣获 2013 年博士研究生国家奖学金、2015 年青年博士生杰出人才奖学金、2015 年 5 月第十三届全国博士生学术年会优秀入选论文、2015 年 5 月北京膜学会杰出青年成果奖、2015 年 7 月奥加诺（水质与水环境）奖学金、2015～2016 学年"十佳毕业生"、2016 年 7 月北京工业大学优秀博士学位论文等荣誉。

事迹介绍

他是环境与能源工程学院应用化学专业的一名博士研究生，曾经在这里学习和拼搏了七个年头，见证了自己从"科研白痴"到"科技之星"，从默默无闻到"优秀共产党员标兵"的成长和历程。

严谨踏实，伴随科研成长

2009 年，通过全国硕士研究生入学统一考试，范红玮如愿进入他梦想中的高校——北京工业大学，并成为一名环境科学与工程专业的硕士研究生。跟大多数刚毕业的学生一样，他期待和憧憬着丰富多彩的研究生生活，但入学之后才发现与想象中的美好差之千里，尤其是在科研上，难以适应没有老师过多的约束和指导，甚至还产生了些许迷惘。范红玮主要从事膜分离方面的研究工作，偏化学与化工专业，初进实验室时，对于分离膜是什么完全没有概念，而且其本科学习的专业是环境工程，对于与化工相关的基础知识的掌握相对较弱，开展实验感觉非常吃力，不知道如何下手，对于实验的总结写的就像实验报告。而且，表达能力、PPT 的制作以及一些专业软件的使用都差到了极点，有时候他甚至感觉对科研完全丧失了兴趣，每天起床一想到去实验室，心里真是非常痛苦。为了摆脱学习和科研上糟糕的表现，尤其是心理上对科研的排斥性，他开始多听工程大师包括诺贝尔奖获得者的讲座或报告，从这些大牛身上学习科学精神，领悟科研真谛。在生活中多看跟科技有关的新闻报告，慢慢地调整心态，激发和培养自己对科研的兴趣。在平时他会自学各种绘图软件，比如 CAD、Photoshop、ChemDraw、3Dmax 等，并熟练掌握实验室各种分析和测试仪器的使用技巧。在导师、实验室师兄师姐的指导和帮助下，他的实验思路慢慢地清晰起来，文献阅读能力、论文写作以及口头表述能力有了显著进步，而且独立科研能力得到了锻炼，遇到科研问题都可以静下心来，通过查阅相关知识得到解决。有努力就会有收获，硕士毕业时，范红玮以学生第一作者的身份共发表了 4 篇 SCI 学术论文，并获 1 项授权的国家发明专利。

本着对科研的浓厚兴趣，2012 年硕士毕业后，范红玮选择继续留在工大攻读博士学位，虽然是同一个课题组，但是具体研究课题跟硕士完全不一样，一切又都要从头再来。特别是自 2012 年 11 月以后，范红玮的博士生导师调入国家自然科学基金委员会工作，这意味着除了导师的指导以外，还需要依靠自己的自觉性，也考验着自己独立科研工作的能力。幸好在硕士期间打下了良好的基础，他对博士的研究课题开展的很快，而且初期进展较为顺利。同时，他对科研有了更高的要求，一定要做出具有实质性和创新性的工作，发表 SCI 论文从之前的二区、三区变成了要冲击一区甚至领域的顶级期刊。为此，他对论文的阅读量提高了，对实验方案的设计要求更具原始性和创新性，而对于做实验几乎到了疯狂的地步，曾经连续一个月吃住实验室，并同时开展多项实验，堆积了大量的实验数据。此外，写作水平对于顶级期刊论文的发表非常重要，可写作能力一直是其短板，他记得自己写的前两篇 SCI 论文给导师看后被改的满篇通红，心里非常惭愧。因此，为了提高写作能力，他开始背诵英文文献，对发表于 Science 和 Nature 期刊上跟自己专业相近的论文，都要背诵上一段或几段话，逐渐地，他的论文写作和口语表达能力得到了显著提高。付出就有回报，在四年的博士研究生期间，范红玮在膜分离领域取得了多项突破性进展，相关成果以第一作者身份于发表在国际化学领域顶级期刊 *Angewandte Chemie International Edition*（SCI 一区，IF = 11.261）上，这是北京工业大学首次以第一单位在该期刊上发表论文，文章发表后受到国内外一些重要学术机构的广泛关注和积极评价，被评价为 "make closer to industrial application"。而且还在 TOP 期刊

Journal of Materials Chemistry A（SCI 一区，IF = 8.262）、*Journal of Membrane Science*（SCI 一区，IF = 5.557）等上发表系列成果，并申报国家发明专利 6 项（已获授权 2 项）及国际 PCT 专利 1 项。并多次受邀在国内外学术会议上做口头报告，其中就包括化工领域最具影响力的《2015 AIChE Annual Meeting》（美国化学工程师年会）、膜领域最高规格的国际会议《ICOM2014》、《EWM2015》、第十三届全国博士生学术年会（工大仅两人受邀参加），等等。先后荣获了包括博士研究生国家奖学金、北京工业大学科技之星、北京膜学会杰出青年成果奖、青年博士生杰出人才奖学金、第九届奥加诺（水质与水环境）奖学金等在内的多项荣誉。

积极主动，真诚为班级服务

除了在科研方面取得了显著进步，在思想上，范红玮始终以一名优秀党员的标准严格要求自己，勤奋刻苦，积极上进，坚持对党的理论知识的学习，并积极参加学校及学院的党支书培训课，进一步提升了自己的思想觉悟。在工作中，勤恳踏实，真诚为班级服务。在过去四年中，范红玮一直担任博士化学班的党支书，认真传达上级党组织的各项决议，落实"服务先锋"培育计划，带领支部党员全心全意为班级服务，出色地完成了学校及学院交给的各项任务。在位期间，博士化学班有 5 人曾荣获得"国家奖学金"，2 人曾获"科技之星"荣誉称号，5 人曾获"博士生创新奖学金"，4 人曾获"北工大优秀博士学位论文"，此外，他所带领的博士化学班在国际化学领域顶级期刊 JACS 和 *Angewandte Chemie International Edition* 上已发表了 5 篇学术论文。在生活中，他注意从一点一滴的小事做起，主动与班级的每位同学保持沟通，及时了解和掌握学生思想状况，维护学生正当权益，有良好的群众基础。因此，在 2015 年 7 月被评为"北京工业大学优秀共产党员标兵"，且连续三年获得校"社会工作奖"及"优秀研究生奖"。此外，范红玮还积极参与校内外的各类活动，踊跃参加各项科技活动。2013 年 5 月参加了第五届北京工业大学节能减排竞赛并荣获了一等奖；在 2014~2015 年博硕士风采论坛上，多次为院校学生做主题为"学会与科研做朋友""以科研为兴趣，踏实做研究"等系列报告，被聘为校研究生会"良师益友"顾问组顾问；2015 年 5 月他参加了"为爱点赞，为青春担当"北京工业大学第 22 届心理健康宣传月之"摄影故事"征集大赛，并荣获一等奖；2015 年 1 月他受邀参加了北京工业大学科技工作大会（校礼堂），与议会的学生和老师代表共商学校的方针政策；2015 年 5 月应邀参加第十三届全国博士生学术年会并在"新材料专题"做口头报告；2015 年 7 月受邀参加第九届奥加诺（水质与水环境）奖学金最终评审会并荣获二等奖；2015 年 8 月参加同济高廷耀环保基金"青年博士生杰出人才奖学金"颁奖仪式并代表获奖博士生发言，拓宽了学术视野，并结交了众多朋友。

不忘初心、继续前进

范红玮曾经说在工大的这段时间是他人生的一个重要阶段，从学业、科研工作，到个人素质，都得到了培养和锻炼，是充实且有意义的四年，也是这段时间使他认识了什么是科研，并对研究产生了浓厚兴趣，他将怀揣感恩之心，继续保持并发扬严谨治学的作风，兢兢业业，争取在专业领域中取得更大的成果！2016 年 7 月，范红玮的博士论文荣获了北京工业大学优秀博士学位论文，自己也荣获了"校十佳毕业生"的荣誉，为博士生涯画上了圆满的句号。

经验分享

作为一名研究生，要搞好科研一定要先培养自己的科研兴趣，锻炼独立思考和解决问题的能力，并详细制定科研规划。首先要通过阅读大量文献、听取讲座或者参会交流等多渠道，了解并追踪本领域的研究前沿，提出创新性、前瞻性的研究方案；其次，科研没有捷径，只有在实验上花费大量的精力和时间，堆积足够多的数据才能找出科学问题的内在关联性和规律性，当然效率比蛮干更重要；第三，相互学习和交流才能不断进步，尤其是多学科间的交叉和交流，多与不同专业和领域的同学进行学习和交流，可以突破专业方向上的思维定式，激发更多的科研灵感；第四，学到本领和能力比结果更重要，发表学术论文时要更注重期刊的质量和影响力，看重已发表论文的关注度（引用次数）和使用价值，而不仅仅是论文的数量；最后，科研生活既充满了快乐也包含了艰辛，但要相信科研没有失败者，只有利用好、使用好实验上暂时的失败的宝贵经验和秘诀，才能收获累累硕果！

守正笃实，久久为功

数理学院　胡云升

获奖者简介

胡云升，男，汉族，中共预备党员，北京工业大学应用数理学院2012级信息与计算科学专业。大学期间曾获：2014～2015学年度国家奖学金；2012～2013和2013～2014学年度国家励志奖学金；2012～2013、2013～2014和2014～2015学年度北京工业大学学习优秀奖、科技创新奖、三好学生等多项奖励；荣获2015年美国大学生数学建模竞赛（ICM）国际二等奖；2014年全国大学生英语竞赛（NECCS）国家一等奖；2014年全国大学生数学建模竞赛（CUMCM）国家二等奖，并入选校杰出学子培育计划。

事迹介绍

端正动机，坚定信仰

早在入学时，他就积极向党组织靠拢，成为一名入党积极分子。此后，他积极参加党校培训和党支部组织的各项活动，时刻牢记保持自身先进性。在学习思想理论过程中，他将所学内容与实践结合，发扬"理论联系实际，密切联系群众"的优良作风。目前，他已经被发展为一名中共预备党员。为了更好地为大家服务，他担任了班里的学习委员。此后，他积极配合老师完成教学工作，充当老师和同学间的交流纽带。在发展自身的同时，他还积极帮助同学解决学习、生活等方面的问题，增强责任意识。

博学深思，问道求索

自入学起，他就严格要求自己，制定了大学期间的发展规划和目标，态度端正，积极进取。大学四年他的加权平均成绩为95.16，综合排名位列专业第一。在专注学习的同时，他积极参加各项科技竞赛，曾获多项奖励，并入选校杰出学子培育计划。在认真学好本专业课程的同时，他还不断加强英语和计算机等技能的学习，并通过了全国大学生英语四级、六级考试和全国计算机二级考试。作为项目负责人，他主持了两项星火基金项目和一项国家级大学生创新训练计划项目，取得了明显的研究成果。通过参与这些科研活动，他得到了很多锻炼，收获了许多宝贵的经验。在他看来，能取得这些成绩，与导师的精心指导和帮助是分不开的。此外，团队中的每一个成员都要有很高的责任意识、团结协作精神，只有大家共同努力，互相包容，才能圆满完成每一项科研项目。

躬行实践，知行统一

"纸上得来终觉浅，绝知此事要躬行。"大学里学习到的知识毕竟是有限的，面对社会这所没有围墙的大学，更要学会不断充实自己。为了亲历社会，他积极投身到社会实践中去。2013年暑假，他运用问卷调查等方法对一次性餐具使用情况展开调研，对消费者使用一次性餐具及一次性餐具屡禁不止的原因作了具体分析，并指出了使用一次性餐具存在的问题，特别强调劣质产品、不当使用对人体的危害。2014年寒假，他参与了大气污染与治理的社会实践活动。通过数据分析，他们得出导致大气污染的几点原因，如能源结构不合理，执法力度不够等。在此基础上，分别从政府角度，市政建设角度，法律角度等，根据我国的实际状况，提出了几条合理化的治理措施。

2015年7月在自动化所实习期间，他参与了"基于Kinect传感器的手势识别算法研究"项目，了解到手势识别技术在未来有着广泛的应用前景和重要的应用价值。通过这一个月的实习，他对科研项目有了更深一步的认识，积累了一些科研经验。此次实习经历加深了他对自身专业的认识，拓展了他的视野、增长了他的见识。在短暂的实习过程中，他深深感受到所学知识的匮乏。学校与职场，学生与职员之间存在着巨大的差异。这次实习经历是他未来研究和工作生活中的一笔财富，为他实现角色转变提供了宝贵的经验。

砥砺奋进，自强不息

家庭的贫困让他更加珍惜这来之不易的大学生活，然而，艰苦的经历并不是博取同情的资本，奋斗才是最重要的。因此，他勤俭节约，在课余时间寻找兼职以减轻家庭经济负担。"宝剑锋从磨砺出，梅花香自苦寒来。"虽然家庭生活拮据，但他自立自强，一直坚持着自己的梦想，努力奋斗。他在入学时为自己设立了目标，有着自己的规划，每天虽然忙碌，但感到充实。他相信，天空虽有乌云，但乌云的上面，永远会有太阳在照耀。现在的困难只是暂时的，通过努力一定能够改善，这更是对他的考验。人生路上荆棘密布，只有走出荆棘，才能看到铺满鲜花的康庄大道，只有采得百花成蜜后，才能感受到虽是辛苦亦是甜。

心怀感恩，与爱同行

时光荏苒，回顾过去四年的成长历程，从入学时的懵懵懂懂到现在的进步，他受到了国家的帮助得以减轻家庭经济负担；受到了老师们和学长们的帮助得以在学习方面有了较大提高；受到了学院老师和周围同学的帮助得以解决生活上的问题。国家、社会以及他人给予的关怀和帮助，让他体会到爱的温暖。今后，他会怀着一颗感恩之心继续努力前行。

生命不息，奋斗不止

时光飞逝，白驹过隙。回首过去，他在思想上得到了提升，对党的认识更加深刻，在学习成绩和综合素质方面有了较大提高。更重要的是，他结识了一群志同道合的朋友。非淡泊无以明志，非宁静无以致远。今后他会进一步学习理论，加强实践，争取以更优异的成绩回报国家、社会和家庭。他坚信：乘风破浪会有时，直挂云帆济沧海！

经验分享

结合我对这四年大学生活的体会，有以下几点与大家分享：

1. 早做规划很重要。各位同学无论是出国、保研还是工作，早些理顺自己以后的职业规划就能多些时间去准备。或许低年级的同学们尚不清楚自己喜欢做什么，这时打好课程基础就很重要，寒暑假可以找些实习接触下社会。到了高年级，就知道自己当时的努力是非常有价值的了。

2. 要把英语学好。在这个国际化的背景下，英语仍然是国际上主要的交流语言。英语并非仅仅对出国的同学重要，而是一项重要技能，学好会给以后的学习、工作和生活带来很大便利。

3. 要多参加科技竞赛和科研项目。参加科技竞赛能够帮助我们将所学知识应用到实践中，加深我们对知识的理解。在此过程中，能够结识到不同院系优秀的小伙伴，以团队形式参加比赛还能增强团队合作能力。

海边姑娘西藏行

外国语学院　罗晓诗

获奖者简介

罗晓诗，女，汉族，中共党员，北京工业大学，外国语学院，商务英语专业，2012 年 9 月入学。获得北京市优秀毕业生、北京工业大学十佳毕业生、暑期社会实践奖。

事迹介绍

她是一位来自海边小城的姑娘，叫罗晓诗，可能是在海边长大的缘故的，性子里有一股野劲儿，有一股对自由的向往，所以在听到支援西藏的通知时，就毫不犹豫地报名了。最终得偿所愿，顺利地成为援藏大学生中的一员。起初父母在听到她要报名支援西藏时，是不同意的，毕竟是家里的独女，怎么舍得让她去人生地不熟又那么远的西藏"独自"生活，一年到头都见不到面。但是她犟啊，明知父母不同意，依然偷偷填表报名、面试体检，最后成功签约。签约后，她告诉父母，她已经和国家签约啦，改不了啦。父母无奈，只能在她出发之前，想尽办法给她做各种她喜欢吃的海鲜，因为她父母知道，她这次是真的要离开家门了。看着父母斑驳的白发，她也难受，她也想陪在父母的身边，但是好男儿志在四方，好女儿也是啊！她想在年轻的时候四处闯闯，四处看看，何况，去西藏是建设祖国呢。

大学生活的她

她在高中是理科生，学腻了物理化学，所以下定决心，大学打死不学理科了。所以选择了英语，机缘巧合来到北京工业大学外国语学院，但是她万万没想到，工大的语言专业学生也是要学高数的。一开始她是拒绝的，但是慢慢地就发现其中的乐趣，最后毕业的时候，她超级感激能够学到高数。人呀，就是这样，拥有的时候不珍惜，失去了才后悔莫及。她说，她好想再回到大一，再次坐在高数的课堂上，好好学一遍高数。其实不光是高数，所有课她都想再上一遍，想再听到可爱的外教还有睿智的邢老师的教诲。她也想她的同学们，只有二十个人的班级，十九朵花儿一片叶，每个人的笑脸她都忘不掉。她在大学时，成绩不算优秀，也有过迷茫时期，但好在她能意识到自己要的是什么，能及时改正。所以呀，人有失误、有懈怠不可怕，可怕的是就这么一直懈怠下去，最怕一生碌碌无为，却总说平凡可贵。

西藏生活的她

真正上岗之前是需要经过培训的，培训时，有人说过，在青藏高原，缺的是氧气，不缺的是精神，要耐得住寂寞，守得住繁华。她那时不太理解，但是她记住了。转眼间，她已经在西藏快五个月了，对这句话也有了一些理解。第一次下乡的时候，车颠簸地她想吐，下了车就是海拔四千以上的乡村，她高原反应难受得什么也不想干。但是，看到腼腆淳朴的藏族同胞，看到他们恭敬地端上酥油茶，听到他们用生涩的汉语说着请喝的时候，她觉得她又没那么难受了。西藏的现在是冬季，氧气比较稀薄，有时晚上缺氧惊醒的时候，她还是会有点反应不过来现在身在哪里，模糊间会想家，想到在内地的生活，有时有点想哭。但瞬间她又会安慰自己，她这是在建设祖国呢，是直接的在为祖国效力呐。也可能是她这种大大咧咧的性格吧，感觉她还蛮快的就融入进了在西藏的生活。生活不可能像想象得那么好，但也不会像想象得那么糟。她觉得人的脆弱和坚强都是可以超乎自己想象的。有时，她会脆弱的因为一句话而泪流满面，有时，她也会发现其实自己咬着牙走了蛮长的路。有时觉得一些生活根本不可能发生在她身上，大学时根本不能忍受自己一个人吃饭的她也学会了自己品尝生活的味道。去年今天的她，在不一样的城市，背着不一样的书包，留着不一样的发型，走着不一样的路，想着不一样的事情，有着不一样的心情。谁说改变需要很长时间呢，其实一年就够了。没有人能免得了孤独，与其逃避它不如面对它。孤独并不是一件多么糟糕的事，与嘈杂相比，一个人在陌生的地方独自开始生活倒也显得自在，倒也可以变成一种享受。她说，我们都生活在一个不那么如意的世界，或许会有乌云密布，但阳光总有一天会到来，等阳光照到你的时候，记得开出自己的花就行了。追寻那个你与生俱来的梦想，有的时候梦想很远，有的时候梦想又很近，但它总会实现。

经验分享

其实谈不上什么经验分享，是我自己的一些生活感悟。毕业半年多，在西藏生活半年多，我最大的收获就是要勇往直前。社会不比学校，在学校里，什么事情都有老师指导、有同学帮忙，生活相对轻松。但是工作后，万事就要靠自己了。不过不要怕，还是要有勇往直前的勇气的，前路是否艰险，只有勇敢走过才知道。不挑战自己，永远不知道自己的极限在哪里。也不要害怕失败，人生总有失败，失败后，站起来，才能活出更好的自己。最怕人生碌碌无为，却总说平凡可贵。

感谢经历，重新出发

艺术设计学院　张媛恬子

获奖者简介

张媛恬子，女，汉族，中共党员，2012 年就读于北京工业大学艺术设计学院设计学（视觉传达与媒体设计方向）专业。2012 年 11 月，参加第六届"未来之星"全国大学生视觉设计大赛，作品《北京礼物系列》获包装类优秀作品奖；2013 年 12 月，参加首都大学生"创设未来之书"图书创设竞赛，作品《时光》获书籍装帧设计类三等奖；2014 年 12 月，荣获北京工业大学研究生科技创新奖、科技竞赛类优秀奖、研究生社会工作奖；2015 年 12 月，荣获北京工业大学研究生科技创新奖、科技竞赛类优秀奖；2016 年 6 月，荣获北京市优秀毕业生、北京工业大学优秀毕业生、北京工业大学十佳毕业生。

事迹介绍

融入工作

2012 年，张媛恬子作为优秀学生干部被推荐免试攻读本校研究生，成为一名工保学生，在学院担任团委书记一职。四年悄然而过，站在毕业的门前回首这四年风雨的沉淀，她百感交集，回想那些刻骨铭心的时刻一切历历在目，有失落也有收获，无论如何，对她来说收获的总比失去的多。值得庆幸的是，在她成长的路上除了父母和亲朋的关爱，还有老师和领导们的帮助与教诲，才使得人生日渐开阔、明朗，自身得以更加稳重与成熟。

工作的第一年是她成长得最快的一年，从学生会的干部变成管理学生会的老师，这个身份转变的过程似乎并不是那么得心应手，这让她花了一个学期的时间调整心态，学着适应一切。对她而言，这也是另一种学习方式，当一切上手之后，工作也会变得容易许多。2013年是收获的一年，她在工作上坚持以党的十八大精神为指导，围绕"立德、立业、立人""中国梦"主旋律以及学院专业人才培养目标，组织开展了具有学院特色的主题教育活动，积极组织学生参加"校园文化节"和"科技节"活动，培育健康向上、专业氛围浓郁的校园文化，培养学生的创新进取、团结协作精神、素质和能力，其间开展了"青春岁月，与你同行"——社团文化节系列活动，组织学院学生参加了北京工业大学第三届科技文化节活动，让艺术专业的学生在保持学院自身学科特色的优势的前提下，能够融入到学校以科技创新为主的实践中去。她还利用暑期带领学生团队参加首都大学生暑期社会实践活动，被评为了先进工作者；同年年底，以"立德、立业、立人"为主题开展了"我的团长，我的团"朋辈辅导精英访谈系列教育活动，用朋辈榜样的树立来传递正能量。功夫不负有心人，通过努力，这一年最终收获了北京市2013年度共青团"达标创优"竞赛活动五四红旗团委的表彰，并获北京工业大学校级五四红旗团委称号。2014年的上半年，是她在校工作的最后一个学期，她总是告诉自己，要戒骄戒躁，站好最后一班岗。这一年学校的文化节文艺汇演赶上了舞蹈大赛，对于没有舞团的学院和没有舞蹈表演经验的她来说，这是个极大的挑战和考验，通过招新、选角，勉强建立了一个临时舞团，值得庆幸的是，学院拥有许多热爱舞蹈并且有舞蹈基础的学生，更重要的是，他们有着积极向上的态度和令人敬佩的责任心，也许就是抱着必争的决心，在经过3个月的苦练之后，终于在比赛中获得了一等奖。这是学院舞团零的突破，也象征着新的开始！

对她而言，两年的工作生涯其实很短暂，在行至最后一刻时才觉时光匆匆，而这两年的经历定会让她毕生难忘。她最庆幸的是遇到了好的领导帮助她在工作上迅速成长，庆幸能和亦师亦友的辅导员老师们共事，庆幸学生会的同学们始终愿意和她站在一起，荣辱与共，一起并肩前行。她深知，所有的奖励和荣耀，都与他们有关。

回归学业

2014年9月，她正式脱产成为一名普通的研究生，她明白，首先要做的就是学会摆正自己研究生的位置，严格要求自己，规范自己的言行举止，不断用高标准来衡量自己。即使不担任学生干部的职务，也要以身作则，公平公正办事，任劳任怨工作。作为一名普通学生，她积极响应各项号召，努力配合学院工作，努力实现个人成长和集体需要的结合。在校期间，学校教会了她很多，除了刻苦学习，还要学会拥有乐观的心情、要有明确的目标、要培养良好的兴趣……她说，刻苦学习是一个人成长成才和长远发展的必经之路，而研究生的学习更为灵活和专业，老师们或风度翩翩或风趣幽默，以自己灵活独到的视角和方式引领我们主动开展研讨和学术。学习是学生的天职，对自身而言，她一直在努力，即便在工作的那两年也丝毫没有懈怠学业，不仅修完了所有学分，还参加了一些比赛，均有获奖，例如2012年11月参加了第六届"未来之星"全国大学生视觉设计大赛，作品《北京礼物系列》获包装类优秀作品奖；2013年12月参加了首都大学生"创设未来之书"图书创设竞赛，作品《时光》获书籍装帧设计类三等奖。也正是因为这两次获奖，连续两年获得了北京工业大学研究生科技创新奖。这是很难忘的经历，让她颇具收获。在她心里，设计学这个专业，除了设计以外，更强调理论性和实践性，需要阅读大量相关领域的前沿文献资料，从而让自己有足够的理论基础作为日后的论文和课题研究。2012年10月，她有幸跟随导师进行《书籍分类设计研究》的课题研究，从而更加坚定了毕业论文以书籍设计作为研究方向。研究生的时间虽然充裕，若是虚度就是在浪费青春，所以，她一直利用许多空闲的时间来读书，并强调要多读好书，她坚信态度决定一切，端正的态度能带领人走上正确的道路。所以在学习中她也树立明确的目标和态度，严谨认真，刻苦钻研，脚踏实地。她一直相信天道酬勤，只要不断地努力和付出，本着"一步一个脚印"的态度对待学习，成绩与荣誉不仅是一种安慰也会是一种肯定。2013年07月，她为北京工业大学设计了教育基金捐赠证书；2014年11月，有幸参与了北京2022年冬季奥林匹克运动会申办主题海报设计方案征集，并为此次海报征集活动设计了证书。

充实自我

在过去的工作、学习和生活中，她一直与同学们和谐相处，倾听他们的声音，主动帮助需要帮助的同学；虚心接受来自同学们的意见和建议，积极改正工作中的缺点，秉承从群众中来，到群众中去的心态，与每位同学都建立了良好的关系，得到了老师和同学们的认可，这让她越发感受到了团队合作的重要性。四年的硕士生涯，给了她许多成长锻炼的机会，也从实践中不断吸取成功的经验和失败的教训，在她眼中，与四年前相比，今天的自己可以更加沉着、冷静地面对问题，分析问题，解决问题。除了努力学习之外，她还尽量从各方面去提高、完善自己，积极参加社会工作，例如去到别的城市参加高考填报志愿咨询服务活动；作为陪同人员随北京国际声乐大师班前往欧洲参加声乐舞蹈艺术节；作为媒体工作人员参加第五届国际戏剧"学院奖"（表演奖）。除社会工作以外，也去到网易（北京）网络传媒有限公司门户市场部进行专业实习，负责线下媒体素材的设计制作。这些经历让她的阅历逐渐丰富、成熟起来，指引她在日后的学习、工作、生活中更加坚定不移地走下去，创造更美好的明天。

感恩经历

"回忆是一件痛并快乐的事，驻足回眸，四年的硕士之路，似乎比普通研究生走得更漫长、更感慨，可如今看来，更多的是感恩和庆幸——感谢拥有的、庆幸经历的。"这是她对自己研究生学涯的感慨。回首往昔，似乎这些年走过的路就是从起点走到终点，又从终点回到起点，不是用简单的"结束"二字可以概括的。四年时光，学习也好，工作也罢，无论如何，她都认为自己收获的比失去的多，年轻人嘛，就该多折腾！

因此，她要感谢所有经历，才能让她在即将离开待了 8 年的母校之际获得北京市优秀毕业生、北京工业大学优秀毕业生、北京工业大学十佳毕业生三项荣誉！

经验分享

有句话形容得好：年轻就要多折腾！

有时间、有机会就多去经历，当志愿者也好，义工也罢，哪怕是看个展览，逛个书店，无论喜欢与否，都会是受益的。研究生应该更有自己的主见和想法，学会反思自己的行为和思想，然后坦然面对今后的生活。

工保的经历让我感触最深的是两件事：一是沟通，二是团队合作。沟通不是你有多大的能力去说服别人认同你，而是稳重、有序地表达自己的想法，找到双方都能接受的点以规避矛盾和误会的产生；团队合作的基础首先是要尊重个人的兴趣和成就，以实现合作最大化。

研究生学涯看似易走实则难行，总之，不违背心意，不随便妥协！

不积跬步，无以至千里；不积小流，无以成江海

都柏林国际学院　王程展

获奖者简介

王程展，男，中共党员，北京——都柏林国际学院物联网专业2016届毕业生。2013～2015连续两年获得北京工业大学学习优秀奖；2013～2015连续两年获得北川奖学金，2014～2015学年获得北京工业大学"三好学生"，2014～2015学年获得国家奖学金。

事迹介绍

学习中的他

他是一位"学霸"，也被同学们称为"大腿"。他GPA常年保持在3.8以上，并在四年学业结束时以平均3.9的GPA拿到UCD颁发的一等学位。也许很多人会认为他所获得的成就归功于他过人的智慧或超常的天赋，但其实这是源于他的求真务实、脚踏实地和坚持不懈。

回首王程展同学的四年大学生活，可以说路途平坦，一路向前。实验总是高质高效完成，考试总是能轻松考高分，成绩一直排在年级前列。大部分人都看到了他的光辉成就，但只有少数人看到了他背后辛勤的汗水。如果用一种动物来形容他的话那一定是一头勤恳耕作的黄牛。自入学伊始，他对学习一直没有松懈，认真钻研专业知识，刻苦学习。他不仅在课上认真地理解与记录老师

所讲的重点，并在课后抽出大量的时间去复习老师所讲的知识点，预习新的知识或者搜索资料去解决没有理解的问题。除此之外，王程展同学还经常利用课余时间去图书馆来丰富自己的知识储备。

曾经有很多同学向他请教如何才能考高分。他都会用一句话回答："不积跬步，无以至千里；不积小流，无以成江海。"学习没有捷径，只有脚踏实地，一步一个脚印，不畏艰难，不怕曲折，坚忍不拔地学下去，才能达到最终的目标。

生活中的他

也许会有人认为作为"学霸"的王程展在生活中一定是一个高傲冷漠的人，但实际上答案却是完全相反的。他在生活中热情友善，平易近人，完全没有一副以学霸自居的高傲态度。不仅如此，如果有同学遇到了学术中的难题或者实验中的难点，只要他有能力解决就一定会不留余力地帮助同学解决问题。在期末考试前的"高压"阶段，他会特意加快自己的复习进度以留出更多的时间帮助同学们解答问题。

说到这里也许有人会想问了那王程展的生活中是不是为了学习从不参加课外活动或很少参加呢？答案是否定的。对于各种丰富多彩的活动他也总是积极地参与其中。他参与了爱尔兰大使馆开放日的活动；参与了所在支部组织的"带老外刨根问底游北京"的活动；参与了学院组织的"万圣节"活动等等。王程展同学不仅积极参加校内的各项活动，而且还积极参加校外的各种公益活动。在大二的暑假，他参与了慰问自闭症、脑瘫儿童的长期社会服务活动。他与他的朋友们自发的前往位于通州的一个自闭症儿童、脑瘫儿童的康复中心，不仅给孩子们带一些生活必需品，而且还陪孩子们做一些小游戏，给他们讲一些小故事。除此之外，他还慰问空巢老人、孤寡老人，积极投身到敬老、爱老的社会服务中去。

工作中的他

自入学伊始，王程展同学就向党组织递交了入党申请书，并有幸于2013年11月光荣地加入了中国共产党，成为一名预备党员。一年后转正期满，光荣地成为一名中国共产党党员。在此期间，他高质高效地完成党组织交付的每一项任务，并严于律己，时刻以一名党员的严格标准要求自己。

除此之外，他还担任过院团委副书记一职。在他任职期间积极带领团委各部门做好与各支书的交流沟通工作，并在支部的常规建设中取得了不错的成绩。不仅如此他还尽自己最大努力协助学校做好团委的建设与发展工作。在他任职期间，他经常提到他的座右铭"不积跬步，无以至千里；不积小流，无以成江海"。他担任团委副书记时，学院团委刚刚成立。他深刻地明白在一个学生组织建立初期，打好根基是多么的重要。所以他经常会和学生干部说不要好高骛远，要求真务实，不要上来就想筹办多么多么庞大的晚会，组织多么多么大型的活动，要先从小活动做起，一点一滴的积累，一步一个脚印地向着目标前进。

在大二期间他还担任实验助教工作，每次实验前他都会认真研究实验内容，并尝试自己完成实验从而保证能尽自己最大的努力帮助到学弟学妹们。

满载荣誉的他

被"学霸"光环笼罩的他，获得了许多院级校级的荣誉。每当有人称赞他获得荣誉或者成就时，他总会憨憨地笑一下，然后摆了摆手说"没有，和真大神比还差得远，差得远"。每当有人向他询问怎样才能得到这么多荣誉的时候，他总会说出自己那句座右铭"不积跬步，无以至千里；不积小流，无以成江海。成功不是一蹴而就的，而是需要脚踏实地，一点一滴的积累，坚持不懈的努力，直到化茧成蝶的一刻"。

母校之情于他

虽然如今他已经毕业，但对于学院学校依然充满着无限的情感。每当有人问起他大学的生活，他总是感慨万千。王程展同学经常提起是自己的母校、是自己的学院把他从一个稚嫩的少年一步步培养成积极、日趋成熟的青年。是学校学院给予他锻炼的机会，才使得他能慢慢积累属于自己的人生财富，不断走向成熟。

经验分享

在如今这个快速发展的社会，有太多的理想与梦想是人们所追寻的。但真正实现自己梦想的人却少之又少。能够抵达胜利彼岸的人往往有一个共性，那就是他们做事总是脚踏实地、坚持不懈。在学习中也好，在生活中也罢，只有脚踏实地、坚持不懈才能克服前路中的艰难险阻，一步一个脚印的走向属于自己的辉煌。

不积跬步，无以至千里；不积小流，无以成江海。这就是我最想分享的东西。

专注于生活以及享受生活

激光学院　郑崇

获奖者简介

郑崇，男，中共党员，博士毕业于北京工业大学激光工程研究院光学工程专业。荣获 2016 年度北京市优秀毕业生、北京工业大学十佳毕业生、北京工业大学优秀博士学位论文、校级科技创新奖特等奖，获 2015 年度王大珩光学奖高校学生奖、教育部博士研究生国家奖学金、北京工业大学学报光学年特刊征文一等奖、年度科技之星等。

事迹介绍

写在前面

在工大度过的六年时光中，他曾跑到顺义的种植园里剪叶子砍树，也曾西装革履地在太平洋彼岸 ICALEO 大会上侃侃而谈；曾在实验室中凝视着激光等离子体闪耀出来的光辉，也曾在艺术楼天台上看晚霞瑰丽绚烂。他就是郑崇，一个热爱着科研、热爱着生活的人。

从低谷中走出

由于本科毕业于光学工程领域全国排名第一的浙江大学光电工程学系，郑崇在入学时被同学们自然而然地归为"学霸"之属，然而只有他清楚，过多的学生工作和社会活动使得他在浙大时的成绩一直处于年级中游水平，考研又再逢滑铁卢，因此被冠以"学霸"实在是良心有愧。然而也是因为这个"称号"，终于也激起了他无穷的斗志。他的心中始终有个信念，就是在新的征途中一定要做到"静心、刻苦、努力"六个字，曾经没有学好不代表以后学不好，研究

205

生之后，他希望能做个真"学霸"。

正所谓世上无难事，只怕有心人。当坚定的信念与不懈的坚持真正地结合时，时间往往会证明一个人曾经的付出。他日复一日认真重复着预习——听讲——复习这个简单又不简单的事情，认真跟随老师一起做实验，积极申报研究生科技创新基金项目，在研究生一年级结束的时候，终于拿到了在工大的第一个奖学金——"学习优秀奖"，也就是一等学业奖学金。然而在得到这个奖励之后，他的内心深处却并不觉得这是一个了不得的荣誉，毕竟每年全校要有那么多一等奖，其实只要认真学习就有机会可以得到，这并不能证明你个人是有价值的。但是另一方面来看，这个成绩对他曾经低谷中浑浑噩噩的心态却是一剂有力的强心剂。事实向他证明了，只要有坚定的信念，有傻瓜式的坚持，就一定能够进步，能够成功。从此，他再次重拾信心，走向了新的征途——硕博连读。

好饭不怕晚

之所以选择了读博，他并不是为了一个博士文凭，也不是为了毕业后找到更好的工作。他的选择是出于一种类似于理想主义式的信念——为了体验不一样的人生。"我认为博士学习是一种特殊的人生经历，不是所有人都想成为一名博士，都能够成为一名真正的博士。攻读博士学位需要勇气、需要智慧，更需要毅力。我希望我能够成为一名博士，是因为我希望能够成为那样的人。"

师从激光微加工领域专家陈涛教授，郑崇开始了他的硕博连读的科研之路。陈涛教授在科研方面独具慧眼，能够准确地把握技术未来发展的大势，因此总是在挑战领域内很多学者不敢触碰的问题。郑崇在他的指导下开始了一个崭新的课题，这个方向全世界在研的顶尖课题组不超过十个，与他的工作直接相关的报道寥寥无几。全新的研究方向对郑崇而言是一种令人兴奋的挑战。

在博一、博二、博三，郑崇是从零学起、从零做起。学激光、学流体力学、毛细力学、材料学、生物学，看起来八竿子打不到边的几大类学科统统要慢慢学起。此外，还要不停追踪最新的科技成果，数百篇 SCI 论文看下来也终于从半天看明白一个复句逐渐成为几眼看明白一篇论文。当然，看到其他同学陆续发表论文、获得奖学金、走上人生巅峰，他也曾心中羡慕过。然而他告诫自己，好饭不怕晚，科研的每一步走的都要坚实。如果自己基础打不深，即使写了什么论文也都是空架子，是在向审稿人赌运气。唯有靠实打实的进展和突破写出来的论文发出去才有底气，有分量。所以，尽管他的科研进展总是很缓慢，但是每天知识上一点点的进步却是可以感受到的。因此，他沉下心来，还是那样日复一日的泡实验室做实验、读文献。因为他相信，积累总会有回报的一天。

博三的一天，导师陈涛教授问他有一个出国交流的机会愿不愿意出去，他经过了反复的思考，一个是实验正处于突破阶段外加毕业在即，一个是出国机会千金难得。经过反复的权衡和考量，他最终选择了出国。因此他第一次穿越太平洋，来到美国田纳西大学。

令人惊喜的是，在田纳西大学，他拥有了一个人的实验室，终于可以梦寐以求地一个人霸着激光器天天做实验。他多年的知识和经验的积累也在这一刻爆发，在连续工作两周后，很快他就取得了实验上的重大突破。从此他开展了大量的研究、分析，但是在美交流的时间毕竟有限，他恨不得能够将时间掰开来用。在美国短短的五个月交流期内，他通宵工作十余次，多数的时间都要工作到凌晨三点，在临回国的前一天还进行了最后一次通宵的收尾实验工作。有一次他在实验室待到凌晨3点时返回公寓的路上，突然天空下起了细雨。虽然身体很疲惫，但是他的神经在深秋的冷雨中却兴奋起来。于是他在雨中一路狂奔，尽管回去还要吃晚上没来得及吃的晚饭，还要把第二天的午饭和晚饭再做出来，但是这些一切的辛苦都不算什么；因为他此刻感到，没有一种快乐可以与辛苦付出的努力终见成效的喜悦相比拟。他有预感，这次的工作将必然会获得成功！

果然他的努力没有白费，他的研究工作先后发表于 SCI 一区期刊 SMALL，并作为当期的插页刊物重点宣传；发表于光学著名 SCI 期刊 Optical Express，并在发表后再次被推荐选录入特刊进行二次宣传。投稿的 Review 文章在投稿后的24 小时内得到被接收的回复。王大珩光学奖高校学生奖、博士生国家奖学金、北工大科技之星，各种荣誉纷至沓来；但是最令他惊喜到不知所措的却是他的工作在学术会议上和论文审稿中受到了领域内知名的"偶像级"学者的肯定！"小同行"专家的认可对他而言是最好的认证证书和奖励！

专注于生活以及享受生活

他的生活当然不全是学习和科研。从小在父母的教育下，他就信奉着"玩的时候开心地玩，学的时候认真地学"的原则。因此在学的时候他固然是专注的，在休闲娱乐的时候也非常用心。用心地感受自然风光的壮美、人文艺术的瑰丽、历史风物的厚重、休闲时光的情趣。他爱运动、爱知识、爱阅读、爱音乐，爱各种值得热爱的事物。他认为：唯有热爱，才能专注，才能进而得到无与伦比的享受。很庆幸，他热爱着生活，感恩着生活，也正因为这样他才获得了生活如此多的赠予。

捧着"激光内雕刻字"的北京工业大学十佳毕业生的奖杯，他在这个夏天离开了学校。有些圆满，有些遗憾。但是像每个工大毕业的学子一样，他曾经年轻的梦想终于在六年的风雨锤炼中慢慢地在这个美丽的校园里孵化。明天，它将在外面更加广袤的天空中自由地翱翔！

经验分享

我想分享的是一个人对待生活的态度。如果遇到事情时，总是抱怨生活的不公、他人的不对，首先你的内心是不快乐的，故而你的态度会是消极的，因此你的行为反馈也会是敷衍的，那么在别人眼里看来你可能就是一个散发着负能量喊着"离我远点儿"的人。但是，倘若你总能抓住事物中存在着的美好、善良的一部分，你就会活得更加主动、更加积极，也更加幸福。你会发现别人总有那么多值得你学习的东西，你和他们相比总是有那么大的差距。因此你会变得更谦逊、更认真、更积极、更专注；你会发现每一天，无论阴晴圆缺甚至雾霾红色预警，总有它的瑰丽，它的美好，所以你会爱着生存在这个世界的每分每秒，会因为虚度光阴而悔恨，也会因为曾经认真地活着而对一切决定和行为都不后悔，哪怕结果证明是错的、失败的，回首起来仍是美好的回忆。所以，希望大家能够专注于生活、热爱生活并快乐地生活。

第五篇

05

北京工业大学获奖团支部、班集体

学高为任，身正为德

机电学院 14 级研究生　力学四班

一、班级简介

2014 年 9 月，在北京工业大学这片教育的热土上诞生了一个新的集体——机电学院 14 级研究生力学四班，这是一个团结奋进、朝气蓬勃、温暖和谐的集体。45 位来自五湖四海的学子，45 张意气风发的笑脸，45 颗热血澎湃的心汇集在这里为了梦想共同奋斗，在这美丽的工大校园里演绎着一个个富有激情的青春故事。一年来，我们携手并进，有过迷茫，有过探索，有过挫折，但我们始终坚持不懈，经历风雨看阳光。在学校领导、老师的关心和指导、班委的大力倡导和全体同学的积极配合下，我们班建立了一系列的班级规章制度，使班级管理规范化；开展了一系列活动，促进了同学们之间的友谊，增强了班级的凝聚力；互帮互助，全班同学以"团结、和谐、文明、进取"为班级文化，团结一心、锐意进取，逐步形成"超越自我，挑战极限、求真务实、勇于创新"的优良班风和"博学睿思　勤勉致知"的浓厚学风，在各方面都交出了令人满意的答卷。

二、班风建设

班风就是一个班集体的全体成员在共同的学习、工作、生活、人际关系处理、道德修养中所形成的或所流行的风气，是全体成员精神风貌的具体体现。良好班风能营造一种朝气蓬勃、催人向上的氛围，对学生是一种无形的动力。具有良好班风的班级，有着勤奋学习的风气，有着政治上积极要求进步的风气，有着讲礼貌守纪律的风气，有着互相关心、团结友爱、关心集体的风气。学生置身于这样的环境之中，良好的班风犹如"随风潜入夜，润物细无声"的春雨，滋润着学生的心田，对其思想、道德、情感都会产生潜移默化的影响。良好的班风对于集体的成长是非常重要的。如果说一个班级是一个鲜活的生命，那么，班风就是这个生命的灵魂；如果说一个班级是一个完整的圆，那么班风就是这个圆的圆心；如果一个班级是一支整装待发的队伍，那么班风就是这支队伍勇往直前的一面旗帜。对于一个班集体来说，班风是班级的灵魂，是班级建设的核心，是引领我们前进的旗帜。

一个班集体要想有凝聚力，首先，必须加强团结。围绕着这一班风建设的核心，在班委会成立之初就提出了"和谐班级"建设的理念，在工作中坚持以人为本，一个班集体就是一个家，温暖与否要靠集体里每位同学的悉心经营。我们同甘共苦，同心同德，取得了骄人的成绩，增强了同学们的班级自豪感，集体荣誉感，形成了团结协作，拼搏进取的团队精神，这种精神激励着我们不断前进，形成了一股强大的班级凝聚力。

其次，找准同学们的共性，如：相同的兴趣，相近的气质，相似的生活经历等，在班委会的精心策划下，根据同学们的需要积极开展了一系列有益的活动，同学们在活动中学到了知识，增进了交流，在发挥自己特长的基础上积极地参与到集体活动中来，使同学们的个性得到良好融合，促进同学们共同发展，使大家融入班集体这个大家庭中，形成了共同奋进、共同成长、共同进步的良好氛围。

再次，无规矩不能成方圆，一个班集体如果没有一套完善的班级制度来管理，就不可能有强大的凝聚力。为此，班委多次聚在一起，共同讨论班级建设计划，发扬民主精神，调动广大同学的积极性，让大家一起参与到班级的建设当中。制定一系列制度，为班级顺利前进打下了坚实的基础。围绕着"和谐班级"建设，我们力学四班全体成员以班级建设理念为指导，以班级各项制度和文件为依据和监督，班级各项工作稳步开展。

1. 明确班集体的目标

一个没有目标的班集体就像一艘没有航向的航船，只可能漫无目的地航行，因此，明确班集体的目标就成了班委会抓班风建设工作的重点。只有班集体的目标确定下来，班集体的发展方向才能确定，整个班集体才会沿着这个目标不断前进。我们班级班委会为班级制定一个合理的短期目标和中、长远目标。同时，结合本班情况和班级同学个人的发展特点，制定出集体目标和个人目标。班委会还从项目上为班级建立思想道德目标、学习成绩目标、纪律目标、健康目标、卫生目标、学科知识和活动竞赛目标等等，从而保证班级的各项活动有条不紊地开展，使之形成一个积极向上，健康和谐的整体。

2. 制定相应的班规和奖罚条例

为了进一步规范班集体成员的行为，使班集体全体成员都向着制定好的班集体目标奋斗，班委会在征求全班同学意见的基础上结合道德规范、校规校纪、学院有关规定、《大学生守则》和班级的具体情况，制定相应的班规和与班规配套的奖罚条例。

3. 班级学生干部以身作则，发挥表率作用

班委是从事班级管理的组织者，对大学生健康人格的形成起着至关重要的作用，班委是个什么样子，班委所带的班就是个什么样子。孔子曰："其身正，不令而行；其身不正，虽令而不从。"这句话充分体现了班委在班级管理过程中，对班级同学的世界观、人生观、价值观有着潜移默化的影响和教育作用。班委只有做得正，行得直的作风，才能在班级同学中树立威信，才能使同学理解你、支持你、尊重你，主动地聚集在你的周围，"拧成一股绳、劲往一处使"。

4. 充分发挥班集体党员模范带头作用

我们班现有中共党员 21 人，入党积极分子 24 人，学生党员是学生中的优秀分子，一方面要积极发挥大学生党员的先进性、积极性，用党员的实际行动影响班上其他的学生，协助班委加强对其他学生的教育引导，帮助他们树立起正确的世界观、人生观和价值观。另一方面班委学生党员共同探讨，确定出在班风建设的整个过程中必须随时组织学生加强法律法规及相关规定、时事政治、先进人物的学习，积极宣传学校的规定要求，了解班级目标、措施，积极开展班级活动、树立活动中涌现的正反面典型。通过组织学生加强学习的方式，可以进一步提高学生们的学习热情和辨别是非的能力。

班委在工作中坚持以人为本，通过多种方式，构建交流平台。班委成员通过召开各种主题班会、走访本班级同学宿舍、建立网上班级公共邮箱、QQ 群、微信群等方式构建交流平台，同学们就近阶段学习、生活、时政热点及周围其他事情展开讨论，发表意见和建议，帮助大家解决思想、学习上的问题，以促进大家更健康地成长，更加努力学习，面对面的热情交流使大家共同参与到班级的建设中去，保证班级工作的针对性和有效性，增强班级的凝聚力和同学的主人翁精神，提高了每个同学的集体荣誉感和责任感。通过总结同学们最近的思想动态，及时了解同学情况，发现问题，充分调动广大同学的积极性，使大家全身心地投入到学习和工作中去。让班里的每一个同学都感受到自己处在一个团结、向上、充满活力的优秀大家庭里。同时班委成员通过举办各种班级活动，积极地宣传各种方针，发扬积极的新时代精神，也使班里同学的班集体荣誉感、责任感达到了一个新的高度。我们班委这种"以人为本"的工作方式，有形、无形中都增强了班级的凝聚力。同学们都能以主人翁的姿态参加班级的活动，并对班级工作提出意见，使我们的班级不断进步。

三、班级管理

班级管理首先要培养学生的主人翁意识，每个学生都是班集体中的一员，

都是班集体的主人，他们的一举一动都代表着集体的形象。为了培养学生的主人翁意识让每一位同学都参加到班级规划中来，充分体现同学的主体性，使他们更加自尊、自律、自强，同时也增强同学们的责任感、集体荣誉感，增强集体的凝聚力。班级建设具有多重的作用，它不能局限于单一的层面上，也不能局限于某一部分，它必须有层次、有深度、有广度。为此我们提出了力学四班总体方针：听从学校领导，坚决服从；学习是重点，决不松懈；积极参加各级学生组织、社团和各种类型的课外活动是对学习的促进，必须在学有余力的情况下充分调动全班每一个同学的积极性；在工作中充分体现人性化，让班级真正有家的感觉，提高班级凝聚力。

记得著名的教育家魏书生老师是这样说的："班级像一座长长的桥，通过它，同学们跨向理想的彼岸；班级像一条弯弯的小船，乘着它，同学们越过江河湖海；班级又像一个大家庭，同学们如兄弟姐妹般互相关心、互相帮助，一起长大，一起成熟。班级更像一个社会，同学们从每一个家庭走向这个小社会，在这个小社会里学习、生活、锻炼，才具有了一定的适应大社会的能力。"① 既然是社会，就得有一个科学的合理化的管理，以使班级的成员得以健康地成长。而班委则是一个班级的领导核心，是班级发展的决策者。班级能否发展，很大程度上取决于班委。班级的发展方向，很大程度上取决于班委的表率作用。我们班有一支战斗力很强的班委队伍，他们全部是党员或者入党积极分子，他们热爱党、热爱共产主义事业，他们有坚定的立场、较高的政治理论水平，他们有很强的责任心和奉献精神，他们踏实能干，他们是班级各方面的表率和领头羊。

班委很重视自身的成长，只有班委自身能力、业务水平得到了提高，才能更好地为班级同学服务，才能带好班。班委们保持经常与普通同学交流，保证班级工作的针对性和有效性；班委定期召开班委会进行交流、探讨和学习，时刻保持班委思想的一致，对班级事务做出慎重、正确的决策并通过学习努力提高自己的工作能力和业务水平；同时，班委们还充分利用学校和学院等提供的各种机会进行学习，学习兄弟班级好的方面，不断提升业务水平，以更好地为班级服务。在工作中我班班委会慢慢形成了自己的工作理念。

积极学习，形成浓郁的学风。学生的本职工作是学习，一个优秀的班级绝对是一个学风很正的班集体，切不可厚"活动"而轻学习，因小失大。鼓励竞争，让优秀成为普遍。鲇鱼效应告诉我们，活力源于竞争。没有永远的岗位，

---

① 魏书生. 班主任工作漫谈［M］. 漓江出版社，2008 年.

只有永远的能力，只有鼓励班内竞争，才能使学生的竞争意识、危机意识、责任意识不断增强，在进取中不断迸发活力。支持个性，使班级成为优秀"杂牌军"混合体。班级内，同学的爱好不尽相同，在保证学生爱好健康的前提下，必须支持每个学生发展他的爱好，使其尽量做到优秀。一个"百花齐放"的班级才能使班级的各项发展不落后于其他班级。

肯定"分歧"，让每个学生都敢言。几十个学生形成的班集体不可能只有一种声音，如果一个班集体只有一种声音，那这个班级绝对是一个有问题的班集体。一个优秀的班集体，是"百家争鸣"的班集体，是一个团结与分歧共生的矛盾体，且分歧是包容在团结下，团结不是绝对的团结，而是有分歧的团结。只有肯定内部的分歧，才能让每个学生都敢言，才能使班级更团结。

关注贫困生，给予支持与温暖。缘分让班级44%的同学带着贫困绿卡进入班级，照顾贫困生也因此成为班级的一项特殊的任务，我们始终坚持心系贫困生，服务贫困生的工作理念，利用学习之余，多与贫困生交流，多多了解贫困生们的生活，尽一切努力给予帮助和照顾，做好班级贫困生工作。

力争荣誉，使每一个学生有自豪感。荣誉是班级发展的目标和动力。每一个荣誉的取得不仅是对班级工作的肯定，也会使班级每一个成员充满对班级的自豪感和信心。所以，在各项工作中，班级都力争取得荣誉，以此来激励班级发展，凝聚力量，促进班级的和谐健康发展。

在班级发展中要有意识地引导良好班风的形成，并适时的总结、反馈优秀的、健康的、向上的班级文化。当每一个成员接受自己的班训、班级口号时，班训与班级口号将成为他们的自豪。当班级的一个习惯进入班规时，这个习惯就成了班级的特色。

团结齐心　一条绳儿　一股劲儿

机电学院　140101 团支部

机电学院本科生机械工程专业 2014 级 1 班团支部，女生 4 人，男生 28 人，预备党员 3 人，团员 32 人，11 人通过校党课，20 人参加院党课，并全部顺利通过，入党积极分子 20 人，发展对象 2 人。班团支部是一个拥有良好学习氛围和先进文化思想的支部，是一个激情飞扬、活力四射的集体，是一个团结友爱、自强自信的集体！在学院分团委的领导下，我们挥洒汗水，一步一个脚印，共同努力，共同成长，共同进步，无论是思想政治修养，班风学风建设，还是社会活动方面，都取得了较好的成绩。支部以为同学服务为宗旨，以树立良好学风，丰富同学业余文化生活为目标，始终保持积极向上、自强不息的优秀品质。

一、思想引领：多种方式引导团支部成员树立正确价值观

本支部重视学风建设和形成团结互助精神，注重理论学习与实践活动相结合，在分团委的带领下，开展一系列的主题团会、主题团日和社会实践活动。在活动中提高了支部的凝聚力和战斗力，保持了团组织的先进性和模范性，实现了团员理论水平提高和专业素质与能力的提高。

在团干和班委的带领下，在团支部思想建设中，本支部通过多种形式的宣传和服务，通过系统地学习党的路线，方针，政策和决议，参加学院举办的多个具有专业特色的科技竞赛活动，增强了团员意识和知识水平。在支部内，对于作为被培养的入党积极分子，要求其填写每季度思想汇报，由团支书统一保管，对于党团组织下发的文件，定期组织学习讨论。在支部组织建设中，我们广泛开展民主评议，团员自评工作，并通过组织卓有成效的团日活动增强支部的凝聚力和战斗力。

二、学风建设："追比赶帮超"中大家一起努力，共同进步

大二开学伊始，在团支部建设的不断实践中，本支部便确立了团结进取、关爱互助、创新发展的团支部理念。在第一次团员大会中，我们正式提出了自己的团支部目标：营造机电一班大家庭，让每位同学付出真心、感受关爱、畅享成长。我们的团支部目标得到了大家的一致认可，并为之努力奋斗取得丰硕的成果。

本支部学习情况进步明显，2014～2015学年度班级加权平均分73，排名学院倒数第一，而2015～2016学年度班级加权平均分78，排名学院第一名。班级共有5名同学成绩优秀、25名同学成绩良好、3名同学加权合格，无一人不合格。多名同学获得校级、院级奖学金及助学奖励。

2015～2016学年本团支部成员齐心协力，共同进步，不仅在学习上取得了辉煌的成绩，而且造就了我们力争上游、追求卓越的精神。"帮扶计划"一直作为团内长期任务坚持下来，促进了全班同学整体学习水平的提高，形成比较良好的学习氛围和竞争环境。在历次的考试中，我班的成绩稳中有进，在专业中位居榜首，学院中名列前茅，大家不仅努力学好专业课程，还充分培养各方面的能力，争做全面发展的有用之材。

三、团日活动：找准方向，做出特色，展现出自己的风貌

在过去的这一个学年里，本支部积极组织多次团员大会，秉着"高效"、"优质"的原则，使会议在团员中产生广泛影响。为了让大家的大学生活更加有条理，更加规范，为了让大家更加充分认识到自己是时代的主人，让大家知道学习的重要性，我们召开了"班团建设一体化""永葆红色基因　怀念先烈"以及"诚信考试从我做起"等多次主题班会，使同学们明确目标、树立自信、找准方向。多次召开支部委员会议，规划出本支部发展方向与特色，并督促各支部委员充分发挥自身作用，做好支部的领头羊。在2015年到2016年一学年中，支部先后参加开展了"闪光支部　青春风采"活动、清明节烈士陵园扫墓活动、院篮球比赛、校羽毛球赛、校排球赛和校运动会、奥林匹克森林公园秋季游园活动。在学习方面，2015年第一学期支部组织了支部大学物理、材料力学知识串讲。2016年第二学期支部组织了电工、机械原理知识串讲，其他支部同学也有参加。支部还对可能出现考试不及格的同学进行重点帮扶。

团支部还响应学校及学院的号召，举办了诸多有益于同学身体素质与心理素质提升，专业知识增强的特色团日活动，提高了团支部成员的凝聚力与上进心。

本支部会继续开展党的理论、思想、方针政策的学习活动。我们将在保持活动的严肃性上作一些形式上的创新并结合本班的实际；对于团支部生活方面，考虑形式上与班会结合，内容上更注重了解同学的思想和心声；开展更多串讲、传帮带和读书演讲活动增强班级的学术氛围；计划发动团干部班干部更多地深入同学当中了解他们的学习生活方面的情况，并及时反映问题，与相对较沉默

的同学更多地谈心，尽最大努力使其能融入班集体，增强自身的社会交际能力。

四、成绩与荣誉：多管齐下，我们的付出得到了回报

团支部的文化建设是体现一个班各种活动成果的一个重要方面，我们也给予了充分的重视。我们把团支部文化分为体育文化、文艺语言文化、生活文化三大方面。我们制定了"服务同学、娱乐同学、发展同学"的团支部文化建设目标。多管齐下，改革创新，树立了热烈、积极、文明的团支部文化建设目标。通过大家的共同努力，同学们在各种文化建设活动中获得了多个奖项。例如，校优良学风班、校优秀班集体、校百强团支部、校优秀团支部、"闪光支部　青春风采"活动荣获跳绳单项奖、院篮球比赛获得第四名、校羽毛球赛第八名、校排球赛和校运动会本支部均有同学参加并斩获名次。

五、回首往事，展望未来，明天的挑战，我们不惧

回首往事，我们为共同取得的成绩而感到骄傲；展望未来，我们满怀希望，信心十足。我们成长着，自然有全体青年团员的努力，而更重要的是我们有一个团结的团支部、班委会坚强的领导核心和关心、爱护我们的辅导员老师，同时也是院团委指导引领的结果，是学院辛勤培育的结果。我们会向兄弟团支部学习，以本次评优为契机，永不停歇前进的脚步。成功的背后凝结着全班同学的汗水，我们将更加团结一致、锐意进取、齐心协力，秉承艰苦奋斗的优良传统，发扬刻苦耐劳的精神，用我们青春的热情，迎接明天新的挑战！

朋辈促科研，友情暖同窗

信息学部 14 级研究生控制　1 班

我们 14 级研究生控制 1 班建立两年以来，在学院领导带领和指导下，全体成员团结一致，形成了一个活力四射、充满温馨的集体，一个团结友爱、自信自强的集体，一个奋发向上、开拓创新的集体。积极参与学校学院组织的各项活动，班级形成了良好的风气。过去的两年里，我们在思想建设、学风建设、班级凝聚力建设、实践活动和志愿服务、班级文化建设等方面都取得了一定的成绩。

一、思想建设

我们班全员为党团员，共有党员 50 人（含预备党员）、共青团员 13 人。班级积极开展爱国主义教育，组织了观看电影《天河》和去天安门观看升旗等活动，提升大家的爱国情怀。通过这两次爱国主义活动，同学们更加坚定了向党组织靠拢决心，更加坚定了共产主义信念。

1. 观看电影《天河》

2014 年 11 月，我们控制 1 班组织去观看了《天河》。初看到"天河"这个名字，本以为是对南水北调工程的一个真实纪录片，看完电影之后最大的感触是亲情与奉献，中间处处夹杂着感动，让我们在座的每一位不禁潜然泪下。

影片探讨与展现了个人价值与"中国梦"之间密不可分、相待而成的关系，为南水北调这一艰辛而伟大的水利工程高唱颂歌。中国梦归根结底是广大人民的梦想，只有敢于去造福人民，不怕奉献，不怕牺牲，才能去体现自己的人生价值。我们作为学生，一定要将这种思想根植于自己的大脑，当国家需要自己的时候一定要勇敢地站出来，为国家贡献自己的力量。虽然每个人的生命都只有　次，但是影片中的工人们在危险来临时不是退缩，而是勇敢地冲上去，用自己的智慧，用自己的双手去解决困难，从不把自己的安危放在心上，这种精神真的是让我们受益匪浅。

2. 国庆期间参加升旗仪式

2014 年 10 月 1 日是伟大的祖国 65 周岁的生日，清晨，我们控制 1 班的学生怀着无比激动的心情来到天安门前看升旗仪式。

伴随着铿锵整齐的脚步声，36 名国旗护卫队战士从天安门中心拱形城门走来。原本喧闹的人群瞬时安静下来，大家屏气凝神，目光一路追随着那铿锵有力的步伐，走过金水桥，来到升旗台。"起来，不愿做奴隶的人们"——伴着庄严的国歌，旗手迎风展开五星红旗。万千炽热的注目礼中，五星红旗冉冉升起。万羽和平鸽，带着对祖国热忱的祝福，带着对生活最美好的憧憬，飞向长空，飞向明天。这一刻，绯红的黎明喷薄出无限光明的期冀；这一刻，来自江南塞北、五湖四海的中华儿女，共同祝愿祖国生日快乐。

二、学风建设

学习是大学生活中最最重要的内容，对于研究生的我们更为重要。良好的班风、学风是取得优异成绩的前提，同学们共同努力是取得优异成绩的保证。在班委和团支部的带动下，我班形成了一种"比、学、赶、帮、超"的学习氛围。在这样一种氛围下，同学们经常在一起探讨学习上的问题，互帮互助，共同进步。多多交流、常常思考、时时反思，共同建设支部学习氛围。

研一期间，为了使同学们更好地了解专业，班级内部积极开展实验室学术交流活动，使同学们更全面地了解自己的专业。为了拓宽视野，班级内部定期组织读书分享会。为了提升班级同学的科研能力，我们也邀请师兄师姐组织了学习分享会，希望通过分享会改善同学们的学习方法。研一期间班级有 2 人获得学校科技创新奖，研二期间班级共有 10 人获得科技创新奖。同时，班级内有 3 位同学继续在学校直博深造。

1. 实验室学术交流

虽然班级内部大家专业相同，但是各个实验室的研究方向却大都不同，班级中很多同学对其他实验室的研究方向不甚了解，却又充满了好奇。在班委的带领下在班级内部组织了实验室交流会。目的是让同学们了解其他实验室的研究方向，对"控制科学与工程"这个专业有全面的了解。

通过这次实验室交流活动，同学们除本实验室的方向外，还了解了其他实验室的研究方向。不仅扩展了同学们对专业理解的深度，也拓宽了对专业理解的广泛性。

2. 读书分享会

在分享会上，参加的同学一起交流了读书的经验和收获，并且有几个同学发表了自己读书的经验和感悟。他们关于读书的经验分享使大家受益匪浅。

通过这次读书分享会，我们认识到了读书的重要性。我们在学校中不仅要认真学习课内知识、在各种活动中锻炼自己，更要多读书、读好书，以读书充实自己。这让我们发现，在校园中读书充实自己是非常重要的，读一本好书有时甚至胜过在自习室做题很久。只是自己闷头读书也是不行的，借助读书分享会，我们体会到了在读书中、读书后和同学交流，分享经验的重要性。

3. 学习分享会

我们邀请一些优秀的师兄师姐参与经验分享会，这些师兄师姐都是研一时不仅成绩优异而且发表了几篇论文，他们利用平时的课余时间在实验室积极研究老师布置的课题。师兄师姐热情地讲述了他们当年的学习经验与方法，如何处理课堂的学习与课题研究的关系，如何分配时间在学习与研究上。同学们也向师兄师姐提出了学习上的问题，生活问题等。师兄师姐回答了同学们的问题，也针对不同的问题，给出了相应的建议。

此次学习感悟分享会不仅让同学们知道了如何合理分配时间在日常学习和课题的研究中，也解决了现阶段生活中的问题，对同学们的帮助很大。

三、班级凝聚力建设

凝聚力建设是各项工作顺利开展的基础与保障，对此班级在强化内部组织性的同时明确了分工，对组织和宣传等各项工作进行了详细的分配，健全了班级会议、班费管理和组织生活制度，平时工作制定计划书并认真记录活动情况，进行工作总结。拥有良好的凝聚力才能带动班级良性发展，建立一个和谐向上的班级。

我班党员和学生干部充分发挥模范带头作用，积极参与班级、研究生学生会和党支部建设工作。班级内有4位支部书记，两位研究生会骨干。积极参与学校学院组织的娱乐活动，增进同学间关系。

1. 闪青活动

在本届比赛中，拔河比赛和跳长绳比赛历时一个月的时间，以班级为单位展开了初赛、复赛和决赛的激烈角逐。

参赛的同学斗志昂扬，纵情地投入，现场气氛热烈而高涨，助威声此起彼伏，跃动的倩影形成了一道美丽的风景线，衬出靓丽的青春。展现了同学们为班级增光添彩的决心与信心。凛冽的寒风不曾摧垮他们的意志，只会为他们呐喊助威。强大的对手不会削弱他们的信心，只会为他们加油打气。漫长的比赛不会消磨他们的勇气，只会为他们高奏凯歌。同学们发扬敢为人先、团结协作、拼搏进取的团队精神，获得了一阵阵喝彩。

在激烈的比赛过后，班级获得了"拔河单项"奖，此次比赛，不仅体现出同学们良好的团队凝聚力及优良的精神风貌，同时为同学们树立了乐观的生活态度。既丰富了同学们的课余生活，又促进了各班级以及班级内部同学间的交流。

2. 班级羽毛球比赛

我们不仅重视科研能力的提升，也注重身体素质的提升。羽毛球作为我校校球，班级积极开展内部羽毛球比赛。定期羽毛球比赛，既增强了同学们的身体素质，也增进了同学们的友谊。

四、志愿活动

我们的任务不仅是努力学习，提高科研能力，我们也渴望为社会贡献自己的一份力量。班级内部以班级和党支部为引领，鼓励和组织大家参加各种类型的志愿活动，班级有多位同学参加了 APEC 会议志愿服务，田联世锦赛志愿服务，北京西站志愿服务，飞思卡尔智能车竞赛志愿服务，北京马拉松志愿服务，鸟巢志愿服务等多种志愿服务。在这些志愿服务中，体现出了我们的社会价值。志愿服务是帮助他人、服务社会、传播文明，在服务的过程中，可以体现出我们个人对他人的价值、对社会的价值，体现出个人对社会的良好的促进作用。感受到了助人的快乐和生命的充实。助人是快乐的事情，参与志愿服务，真诚地帮助他人、服务社会，看到困难中的人们因为自己的帮助而有所改善，看到社会某方面因为自己的努力而有所改善，就容易产生成就感和满足感，参与志愿服务的我们觉得自己的付出值得，自己的生命充实、有意义！

回首往事，我们为班级所取得的成绩而感到骄傲；展望未来，我们满怀希望，信心十足。成功的背后凝结着全班同学的汗水，我们将更加团结一致、锐意进取、齐心协力，秉承"不息为体，日新为道"的校训，用我们青春的热情，迎接明天新的挑战！

卓尔不凡，越无止境

信息学部　130200 班

一、思想建设

班集体注意加强学生的思想道德建设，学风建设，并指导同学们开展了一系列活动，进行多层次的学习，引导全班同学树立正确的世界观、人生观、价值观。开展社会主义核心价值观、三严三实等主题教育，进一步加强党员、团员纪律和思想道德的建设。

为进一步推动"两学一做"学习教育深入开展，引导学生党员时时处处铭记党员身份，履行党员义务，进一步增强党员意识，充分发挥学生党员的先锋模范作用。

例如，在 2016 年下半学期，我班本科生党支部开展了"亮身份，做表率"为主题的学生党员"亮身份"实践活动。

活动启动仪式中强调了此次开展学生党员"亮身份"活动的目的意义、内容形式和具体要求。要统一思想，充分认识"两学一做"学习教育的重大意义，认真开展学习教育；每位学生党员要按照党章要求，端正入党动机，认真履行党员义务，时刻保持党的先进性和纯洁性。日常生活中要严格按照党员标准要求自己，做一名合格党员；从自身做起，亮明身份，当好先锋，维护好党的形象。活动载体包括党员佩戴"共产党员"徽章、在学习生活中互帮互助。班内的思想互助小组表现也很突出，他们保证每周至少一次共同交流学习，互相帮助解决学习中的问题。在这个学期他们在党性修养，学习生活等方面都有明显提高。学生党员纷纷表示，一定牢记党员身份，在生活、学习和工作中自觉发挥党员模范带头作用，提高自身思想觉悟，用实际行动为其他同学们树立起良好的党员形象。

在过去的三年工作中，我班班级成员积极向党组织靠拢，推优入党成效甚佳。班级团员人数 24 人，占班级总人数 80%，中共正式党员 2 人，中共预备党员 4 人，13 人通过党校学习，整体保持了较高的思想先进性。

二、学风建设

作为一个全校出名的学霸班，我们有着自己独特的学风建设方式。为了在当前的基础上更上一层楼，我们以优生传道授业解惑的形式，设立"抱大腿"学习小组。这个小组的意义在于，让每个课程中学得最好的同学，将自己的学习心得和对学习内容的理解讲出来，这样可以让那些理解得稍差的同学找到更佳的突破点，以节省自己的学习时间。同时，班级内知识分享意味着整体班级学习能力的飞越，意味着我们可以找更难的道路去走，成长得也更快。秉承着"宁走难路，不走闲路"的原则，我班成绩极其优异：100%同学通过四级；全班加权平均分高达85.7，连续三年全院第一；在大四上学期时，有46%的同学成功保送研究生到中科院、北航等高等学府。

不只在学业上，我班在科研上也是一把好手。在大二学年中，班长闻文恰好在科技协会任部长一职，负责全院的科技活动宣传和组织工作，因此我班总能在第一时间得到科技活动的相关消息。同时，班级中学有余力的同学，都非常热衷于参加各类科研竞赛，因此我班的科研成果相当出色：在本科的前三年，共获得校级奖项20项，省部级奖项9项，国家级及以上奖项16项，软件著作权1项，专利1篇。

三、班级凝聚力建设

在大学生活中，班级成员凝聚力的最显著表现就是成员之间足够信任。而这种信任一旦成功建立起来，即使被强大的外力所影响，也很难被打破。为了在开学伊始在同学们之间迅速建立这种强大的纽带，我班在大一入学初开展了信任背摔活动。这是一项心理素质拓展的活动，目的是通过这个活动建立起彼此间的信任关系。

假设大家都是一艘即将沉没的海船上的船员，船上仅有的救生艇都已经坐满了人，可是还有一位同伴在甲板上没有搭上救生艇。如果三分钟内这个同伴没有安全地搭上救生艇，那么我们就将失去这位可爱的同伴。与此同时，救生艇已经达到饱和，如果那位站在甲板上的同伴就这样跳上救生艇，很可能会冲击到救生艇从而大家都沉入大海。所以，我们必须寻找一个最安全最稳妥的办法，让这位同伴顺利上艇。活动内容是每位队员轮流站在1.5米左右高的背摔台上，背对着大家。其他成员在其身后用双手作保护，接住倒下的学员。全班每个人轮流上到背摔台上背向队友，双脚后跟1/3出台面，身体重心上移尽量垂直水平倒下去，下面的队员安全把他接住即为完成。完成这个活动不仅仅可以让同学们相互增加了解、增强信任，同时，这个活动还可以锻炼个人的心理素质。

四、实践活动和志愿服务

志愿服务作为一种新的组织化与社会化动员相结合的机制和方式，已经成为各级团组织吸引凝聚和服务影响青年的重要手段和开展团的活动的重要内容。

推动志愿服务形成社会功能。

志愿者活动，是群众性精神文明建设的有效载体，也是一项十分高尚的社会事业，每个人都有自己的梦想，然而梦想总是离现实相隔万里，无论身在何职，只要对社会奉献了自己的价值，就都有一个共同的名字，叫作"人类绿色灵魂的工程师"，而大学生志愿者们，就是人类绿色灵魂的践行者，作为当代的大学生，我们有幸赶上了这趟时代的列车，成为一名光荣的大学生志愿者，虽然我们大部分时间都生活在校园，但我们关心社会，热爱社会，与千千万万志愿者一样活跃。

在当今社会里，志愿精神的感召、服务他人的快乐以及志愿服务的阶段性、自主选择、平等参与、不计报酬、力所能及等特征，使志愿服务成为一种独特的、低成本的并可以广泛使用的社会动员手段，成为动员不同年龄、不同职业的社会成员，共同帮助他人、服务社会的有效途径，同时，也是人们融入社会、扩展社会资源和实现自身价值的重要渠道。

作为大学生的我们，更是应该将自身投入于社会实践和志愿服务中去，理解劳动人民的辛苦、感受弱势群体的难处、力所能及地帮助身边的每一个人。为此，我班将志愿服务分为三个部分：班级个人志愿活动（如红十字会急救学习志愿活动）、班级整体志愿活动（如北京西客站志愿活动）、市级注册志愿活动（如海淀区抢险宣传志愿活动）和国际志愿活动（如巴厘岛海龟保护活动）。在多种多样的志愿活动中，不仅锻炼了班级成员的能力，增强了同学们的爱心，还为将来的生活和工作习惯打下了良好的精神基础。

五、班级文化建设

抛开那些传统的班训和规章制度，我班的班级文化建设目标可以用"卓尔不凡，越无止境"来简单概括，其目的就是让每一个班级成员都能成为非常优秀的人才，让每一个人都能为班级中其他成员出力、同时也受惠于班集体中的其他成员，如此形成一个良性循环。党团员、学生干部示范引领作用，班长闻文和团支书于博积极定期组织召开线下班会，同其他班委和同学交流，提出并解决班级存在的问题，提出有益提高班级班风学风的建设方案；同时每周都会有多次的线上班会（通常是利用微信这样的新媒体），以此来及时的反映班级成员中所面临的重大问题，互帮互助，调配班级内的资源来进行最优化的处理，提高办事效率，大大节省班级成员的时间。

班级文化是优秀班集体中不可或缺的一部分，而牢固的班级文化要靠大家一起来构筑。

我们，一个也不能少

信息学部微电子学院 150273 班

一、班级建设思路

我们主要从文化建设、凝聚力建设、学风建设、社会实践和志愿服务、思想建设等方面全面开展班级建设。文化建设构建班级框架，形成集体，通过开展凝聚力建设活动提升班级团结氛围，保持学风建设，维持学习成绩稳定，积极追求高层次发展方向，通过社会实践、志愿服务、思想建设提升班级层次，努力实现第一阶段的班级建设目标——团结凝聚。

二、班级建设主要举措

（一）文化建设

1. 班训、班徽、班级视频

为构建良好的班级文化氛围，我们集思广益，分工合作，最终诞生了我们的班训、班徽和班级视频。我们的班训：想则壮志凌云，做则脚踏实地。结合专业的特点，我们的班徽是一个嵌入在电路板中的芯片，芯片上有只属于我们的型号：150273。班级视频主要由班级参加各类比赛的精彩瞬间和日常的学习点滴构成，条理清晰地展现出我们的班级风貌，并记录下我们青春中的每一幅美好画面，无论成功失败，无论艰辛喜悦，我们彼此都不离不弃，共患难同欢乐。

2. 班级主题班会

（1）"相遇工大，携手同行"主题破冰班会

刚刚步入大学时，我班级组织了以"相遇工大，携手同行"为主题的破冰班会。目的是让每位同学互相认识，从认识到熟悉，奠定初步的班级文化基调。班会首先说明了几项注意事项，并建立"班委群"，形成了第一座班干部互相交流的桥梁。紧接着，就是几项充满欢声笑语的游戏环节，同学们的互相配合、语言交流，使得同学们彼此熟悉。第一次班会圆满结束，收到同学们的一致好评。与此同时，也构建了我班轻松愉快、团结友爱的文化氛围。

（2）"分享寒假见闻暨点燃开学季"主题班会

大一下学期开学初，为了给同学们创造更多的交流机会、帮助大家尽快进

入学习状态，并分享各自家乡的春节习俗，从而丰富大家的文化见闻，我们组织召开了"分享寒假见闻暨点燃开学季"的主题班会。班会中，同学们按学号顺序依次与大家分享自己的寒假生活。分享形式多种多样，有同学将寒假生活的照片做成PPT，也有的同学准备了自制视频与大家分享。不同省市的同学讲述了自己家乡过春节的习俗，大家一同回味、分享春节的乐趣。除此之外，每位同学都制定了自己的新学期目标，并下定决心努力奋斗。通过此次班会，我班形成了特有的"班级年文化"，让每位同学都能更加了解中国各地的过年习俗，并将这些古老有趣的"中国年文化"传承下去。

（二）凝聚力建设

为增强班级凝聚力，将每一个个体都有力地团结在一起，形成一个坚不可摧的班集体，我们积极参与学院、学校组织的各类集体活动。在篮球赛、羽毛球赛、运动会等体育比赛中，都能看到我们矫健的身影。体育素质较好的同学积极报名参加各类赛事，其余同学会自觉组成拉拉队、后援团。比赛中，运动健儿们拼尽全力、挥汗如雨，啦啦队员们激情呐喊、加油助威，每一个人都投入其中，紧紧凝聚在一起。先锋干训、合唱比赛、春季嘉年华、微电影大赛中，我们才华横溢，分工合理，配合默契，获得好评无数。在闪青活动中，我们也积极参与，在各类比赛中展现出我们的班级风采。通过同学们的团结协作，我们还收获了诸多集体奖项，如支部总结大会"优秀班集体"、"同一首歌"合唱比赛二等奖、微电影大赛"最佳剪辑奖"、"先锋干训"三等奖。这丰硕的成果有力的彰显出我们强大的凝聚力，至此，150273再无个人主义，我们一心为班，团结友爱。

代表性案例："童一首歌"合唱比赛

活动前期准备：

（1）召开班会讨论并定下合唱曲目（童歌串烧）

（2）召开班委会分，配剪歌任务

（3）利用每天的课余时间组织同学们练习合唱。为增添更多欢乐，我们还编排了几个小的情景剧与合唱相配合。

活动中，我班全体同学合唱一首首经典儿童歌曲，有《外婆的澎湖湾》《蓝精灵》《数鸭子》《葫芦娃》《黑猫警长》，还有《同桌的你》来回忆我们的青春旧事。情景剧中，可爱的蓝精灵、活泼的小鸭子、勇敢的葫芦娃为大家带来了阵阵欢笑。同学们激情高歌、卖力表演、默契配合、创意无限。通过大家的共同努力，不但得到了全场师生的一致好评，也让我们的班级又一次紧紧相依，团结的巨大力量寄予了我们每个人强大的能量，让1+1不再等于2，而是趋向于无穷大。

（三）学风建设

1. 诚信班会

为切实践行社会主义核心价值观，做诚实守信的好青年，我班每学期期末前都会召开诚信班会，在辅导员和班主任的监督下，每位同学签署诚信考试保证书，并在期末考试中以实际行动兑现自己的诺言。

2. 集体自习、答疑、期末串讲

为使班级同学共同进步，搞好班级学风建设，我们组织了集体自习、互相答疑、期末串讲等学风建设活动。同学们集体自习，学习氛围浓厚，遇到不懂的知识点相互解答，互帮互助，资源共享，达到了合作共赢的目的。在期末考试前，我们组织在各科中学习成绩突出的同学为大家进行串讲，总结各科的重点知识，并对难点进行深度讲解，使同学们为期末考试做好充足的准备并且信心十足。

（四）社会实践和志愿服务

为切实践行社会主义核心价值观，273支部部分同学参观国家博物馆，了解中国的历史与发展，感受了中华民族五千年文化的积淀。同学们在认真学习毛泽东思想的过程中，集体参观了军事博物馆，还共同努力完成中国特色社会主义建设实践作业，在提升自我思想水平的同时，还为实现"中国梦"贡献了自己的力量。

同学们还参加了各类志愿活动。班长康翼麟同学、团支书张舒婷同学和张亮同学对空巢老人进行慰问；张雪榕、苏丹和张舒婷同学去皮村小学支教，并圆满完成任务，获得支教证明；苏丹和张亮参加了爱心包裹活动；贾旭博、刘宇升担任了献血站志愿者；崔浩轩、张仕炜、于书伟参加了献血；刘慕涵、王征在大型校园双选会中做志愿服务，并被评为优秀志愿者；等等。同学们志愿热情高涨，通过这些活动，我们为社会送去了一份关爱，也为自己带来了一份温暖，一步步实现着中国梦、我的梦。

（五）思想建设

1. 基层党建工作

150273班同学认真学习马克思主义等相关课程，了解党史国情，积极向党组织靠拢。大一上学期第一批有6名同学递交入党申请书，下学期有4名同学递交入党申请书。通过组织班级推选入党积极分子的会议，共推举出8名积极分子，他们参加了入党积极分子培训班，并顺利结业，其中5名同学还获得优秀学员的光荣称号。在第6期学生发展对象培训班中，参加培训的5名同学认真听讲、态度端正，并顺利结业。

2. 铭记历史，不忘初心

在长征胜利八十周年之际，我们开展了"铭记历史 不忘初心"的爱国教育活动。本次活动的主要内容为组织全班同学集体参观军事博物馆—长征主题展览，参观后进行思想汇报，将自己的参观感想和思想变化撰写成文，由老师挑选出优质文章后，进行全班的学习讨论、思想交流。该活动旨在使大家铭记历史，不忘初心，学习长征的精神，提高思想境界，加深爱国主义情怀，走好新的"长征"路。

三、班级建设成效

通过一系列的班级建设，同学们都能深切感受到浓厚的文化氛围，在轻松愉快的环境中学习、生活，大家互相帮助、团结友爱，每个人都有着明确的奋斗目标，也都心系集体，为我们共同的大家庭贡献着自己的力量。在学习方面，我们取得了优异的成绩。大一学年，我班平均加权 81.33，工程图学基础与 AU-TOCAD、线性代数、电路分析基础等 5 门难度较大的重点课程一次通过率为100%，大学物理仅有 1 人不及格，补考后通过率 100%。高等数学Ⅰ、C 语言程序设计基础、高等数学Ⅱ各仅有 1 人不及格，通过率 96%。计算机软件基础仅 2 人不及格，通过率 92%。90 分以上：工程图学基础与 AutoCAD，9 人；高等数学Ⅱ，9 人，均超过班级总人数的 1/3。

良好的班级建设，首先体现在每位同学的进步。我班同学积极参加各类竞赛，并斩获多类奖项。苏丹同学在"2016 京津冀大学生创新创业活动机器人竞赛"中获得一等奖，在"2016 中国机器人大赛"中获得"FIRA 小型组技术挑战赛"项目季军；张舒婷同学代表北京工业大学参加了"2016 首都高校心理健康知识竞赛（非专业赛）"并获得优胜奖；张雪榕、张舒婷、苏丹获得"FIRA（5∶5）"校级比赛二等奖；刘宇升、王征获得"FIRA（5∶5）"校级比赛三等奖。

集体所取得的荣誉是班级建设优良的有力证明。在大一学年中，我们获得了北京工业大学"十佳班集体""百强团支部""优秀团支部""标兵团支部"等校级奖项，以及 2016 年支部总结大会"优秀班级奖"、童一首歌合唱比赛二等奖、先锋干训三等奖、微电影大赛"最佳剪辑奖"等院级奖项。

班级是我们每一个人的家，是与我们朝夕相伴的挚友，是教我们成长的良师。所以我们每个人有义务有责任搞好班级建设，不断完善班级制度，使班级同我们一起健康成长、全面发展。

我们的班级，我们的家。我们，在路上，一个也不能少。

土筑万物，木建辉煌

建筑工程学院　140401 班

一、建设思路

我 140401 班共有 64 人，其中包括 4 位外国留学生。在班级创立之初，我们就树立了"土筑万物、木建辉煌"的核心建设思想。希望以我们的专业土木工程、建筑工程为载体，使班级里的每一个人都能融入班级并切身参与到班级建设中。

班级制度建设思路：俗话说"没有规矩不成方圆"，有了制度就有了规范所有同学学习、生活的依据，能够保障各项教育工作的实施，可以防止班级建设的随意性、盲目性和"冷热病"。除了要学生遵守《大学生行为准则》以及学校有关学习、生活准则外，还应该在学生集体中制定一些共同遵守的公约，将学生的日常行为用制度加以规范。这样既可以保证一个集体运作的一致性，又可以为班级中每一个成员更好的学习和发展提供必要的保障，同时也使学生在制度的规范和指导下，更加明确努力方向，更加重视集体力量，在集体中更加准确定位自我，在相互约束中尊重他人。

班级成立以来，我们在学院老师的领导下，不断提高自我管理意识，精诚团结，以土木人的坚毅踏实、勇敢创新的品质，在思想道德、学习成绩、科技创新、文体竞赛等各个方面都不断创造着自己的成绩！

二、思想建设

我 140401 班共发展党员 15 人，拟发展对象 5 人，15 名同学党课结业，9 名同学正在接受党课培训，支部提交入党申请书的人数近半。我班另有多名党组织骨干积极参加青马班培训，"两学一做"学习班等。党建与团建相结合，我班团支部定期召开团支部会议，支部党员积极参与"温暖衣冬"捐衣活动，国庆升旗仪式，参观"复兴之路"主题展览等。此外，我班按照学院党委的要求，坚持入党自愿与个别吸收的原则，在入党积极分子培养、党员发展和教育等各方面做出了大量工作。

为深入学习贯彻习近平总书记系列重要讲话精神，推动全面从严治党向基层延伸，巩固、拓展党的群众路线教育实践活动和"三严三实"专题教育成果，进一步解决党员队伍在思想、组织、作风、纪律等方面存在的问题，保持发展党的先进性和纯洁性，我们班积极开展"学党章党规、学系列讲话，做合格党员"学习教育活动。"两学一做"，基础在学，关键在做。"学党章党规、学系列讲话"在我们班以丰富多彩的形式开展得如火如荼。比如，我们举办了抄写党章党规，共同学习习近平总书记的"七一"重要讲话和纪念建党95周年党史知识竞赛等活动。

三、学风建设

班级同学经过刻苦学习，在学业上秉持精益求精的精神，第一年班级平均加权成绩85.21，第二年班级平均加权成绩80.85，连续两年取得专业第一。加权分数85分以上17人，占本专业85分以上学生人数的70%。

大学之道，在明明德，在亲民，在止于至善。良好的学风有助于培养我们的性格品质，是我们成才的基础和前提，只有建立起良好的学风，才能创造出一个优秀的班集体。大学的时光是丰富精彩的，也是弥足珍贵的，所以应该倍加珍惜，而不是在安逸中迷失自我，相信在优秀的同学的影响下，我们的班级体会更加富有凝聚力，千淘万漉虽辛苦，吹尽狂沙始到金！

大二学年，学习委员经常组织晚自习，取得良好效果。临近期末积极参加学院、学校举行的串讲或者邀请学长做学习经验交流会。同学们往往还在自习结束后继续讨论学业难题，不知疲倦。同时，课代表是老师与同学之间的沟通纽带，老师可以及时得到同学们的反馈信息，同学们也能获得老师的课业要求和任务。真正做到了"不计得失，全心为公"。同时我们支部也鼓励成绩优秀的同学为落后的同学进行辅导，使整个支部的学习成绩齐头并进。

四、班级凝聚力建设

班级关注每一位同学的个人发展，在生活、学习、情感、人际等方面关爱帮扶每一位需要帮助的同学。班级建立"63＋1携手前行"的帮扶机制，每个需要帮助的同学都可以变成这个"1"，每个同学都是"63＋1"大家庭的一员。比如为留学生学业辅导，同学们有人提供笔记，有人负责提醒听课，有人负责组织自习，有人负责考前答疑。每个人都可能是"1"，也可能是"63"，大家都是"63＋1"的一员，携手前行，通过这种互助帮扶机制，班级凝聚力进一步增强。

班级凝聚力建设除了有一个完美的理论作为核心思想之外，还需要丰富多彩的活动来将这些理念付诸实践。为了让班级的同学们进一步熟悉，增进感情并且便于日后活动的开展，班级特意组织了黑天鹅别墅出游活动，活动前大家一起到超市采购食材，在别墅中大家一起处理食材、准备晚餐。我们将大家分为几支队伍，在别墅内组织了"撕名牌"游戏，支部的每一位同学都参与到其中，乐在其中，气氛温暖和谐，大家都很开心，彼此也都熟悉了很多。我们一直努力着让我们支部里的每一位同学都感受到家一样的温暖。这次活动也让我们64位同学更加团结，因为我们有着"63＋1"的信念，只有将每个人的光和热发挥出来，奋发向上，班级才能更加团结壮大。

五、实践活动和志愿服务

140401班是一个极具爱心的集体，每一个人都拥有一颗火热的心，以关注社会奉献爱心为己任，发扬乐于助人的美德。无论在何种爱心场合，都可以看到我班同学的身影。

积极参加献血是许多同学一直坚持的一件事，每当老师通知最近有招募献血志愿者事宜时，我班同学都会积极地参与，不仅仅是为了那一纸证书的荣耀，更是为了给更多生命带去生的希望。我校周边的敬老院的爷爷奶奶们也时常期待我们的到来，正是风华正茂的我们总能给爷爷奶奶们带去朝气，带领他们一起做一些能够适应的小游戏，为他们过生日，和他们一起聊天，送去精心准备的小礼物。虽然做的都是一些很简单的小事情，但是我们的热情和关爱总能让爷爷奶奶们暖心。除此之外我们还关注打工子弟学校的孩子们，因为外来务工人员身份的特殊性，这些孩子常常因父母工作忙碌而无人陪伴。我支部共有三十六名同学先后利用周末时间义务为他们讲课，做他们的专属小老师，针对他们的长项和短板有针对性地辅导。我们也同时关注他们的心理健康，在课余时间就变成他们的朋友，和他们一起打球跳绳，聊家长里短，对于心灵上的关爱给予补充。

除了投身志愿服务，我班同学还关注社会热点和民生百态，广泛开展各种调查研究活动。为了解各岗位的工作人员对自己职业的认同度，我班小组同学对我校多个职业的工作人员进行调研。对他们的工作内容、工作态度、热爱程度等多方面进行了解调查，结合社会当前状况进行深入研究和反思，并提出相应的意见改善现状。在调研过程中加深对社会的了解，同时提高自己的社会实践能力和综合素养。

我班同学还积极进行各种学习考察。在认知实习和工程地质实地考察中，全程积极参与，认真听导师的讲解并做好记录，除了加深对课堂知识的理解，也更多地参与到社会实践过程中。在大自然中学习知识，磨炼艰苦奋斗的意志，培养主动学习的态度。

六、班级文化建设

1. 科研文体竞赛文化建设

班级建设过程中注重对同学科研文体方面兴趣的培养，尽可能地为大家提供合适的氛围。班级同学在两年中不断加强基础专业文化的学习的同时，有意识地参加各类竞赛并取得了不错的成绩。

其中刘祎霖、马栋梁、黄志强、李然在第九届"高教杯"工程制作大赛中获奖，任旭、张朕在北京市大学生结构设计大赛中获得二等奖，孙佳琦获得国家奖学金。创新创业方面，李健参加的全国创青春大赛团队，代表北工大首次进入全国总决赛。文体方面，陈正乐获得北京市高校羽毛球锦标赛第一名。

此外班级同学还积极参加国创、星火项目，并取得了不错的成绩。

2. 学生干部工作情况

在学生工作方面，主要班委7人，都是工作经验丰富，有着奉献精神的同学，他们分工明确，在课余时间积极完成班级各方面事务的处理，默默地推动着班集体建设，为同学提供了良好的班级环境和顺畅的交流平台，没有了后顾之忧，同学们才会更努力踏实的学习。另外我班有多名同学投入到学校组织建设中去，取于学校，服务于学校，回馈于学校，他们努力为学校和学院的学生工作贡献自己的力量。

3. 班级参加校院其他活动情况

班级成立以来，积极响应学校学院号召，参加各类活动。包括在学院羽毛球比赛中斩获第一名、在学院篮球比赛中进入八强、班级所属团支部参加并成为"扬帆起航百强团支部"、支部被评为北京工业大学优秀团支部、标兵团支部、班级在北京工业大学十佳班集体评选中也脱颖而出。

七、结束语

土筑万物，木建辉煌，我们希望以土木人的勤奋拼搏，细心果断，以我们的专业——土木建筑工程为载体，在今后的日子里更加勤奋，更加团结，更加优秀，书写属于我们的万物辉煌！

一土一木构建家文化

建筑工程学院　150416 班

一、班级建设思路

有一种轮回叫作选择，有一种相遇不偏不倚，有一种亲情唤为同学。彼此风华正茂的我们，在 2015 年的秋天相聚工大，有了个共同的名字——建工学院 150416 班。一土一木，齐心协力，共筑一个家。

我们秉持着土木精神，我们以土为地基，以木为原料，扎根基层。我们沉稳内敛，立志成为创新型人才，双肩担起复兴中国梦的大梁。我们班共 28 人，男女比例为 5∶2。在班主任和辅导员老师的共同带领下，我们形成六班独有的家文化。在内涵外延上都是"LOVE 爱的文化"，外延上爱国家、爱集体、爱班级成员；内涵上，Learning（学习）、Orchid（友谊）、Value（价值观）、Ego（自我塑造）。

在家文化的驱动下，我们朝着共同的目标努力奋斗，成了一个团结奋发的集体，每个人都最大限度地释放着自己的能量，每个人都为班集体的荣誉不断地增添光彩。

二、思想建设

思想引领始终作为班级工作的核心，我团支部 13 人提交入党申请书，积极分子 11 人，发展对象 1 人。积极分子多次参加党支部的各项活动，始终以党员身份要求自己，认真学习党章、学习习总书记系列讲话精神，积极发挥先锋模范作用，争取早日成为一名合格党员。

习近平总书记强调"中国梦是我们的，更是你们青年一代的。中华民族伟大复兴终将在广大青年的接力奋斗中变为现实"。① 为了让团支部成员充分认识到自身的历史责任与担当，牢固树立责任意识、全局意识、学习意识和敢为人

---

① 习近平总书记在"实现中国梦　青春勇担当"五四主题团日活动座谈会上发表的重要讲话，2013 年 5 月 4 日。

先的意识，我们开展了党章学习会、阅读红色经典、新老生交流会、党史知识竞赛等活动，探索自身的未来规划、探索国家的政策新风、探索我们新时代的年轻人所肩负的责任与使命，从他人到自身、从小我到国家、从眼前到未来，这让平日里埋头苦读教科书的同学们擦亮了双眼，认清了形势。

所在团支部被评为北京工业大学标兵团支部、建工学院优秀团支部。支部所在水务党支部"红色1＋1"获得校级三等奖。1人获得积极分子党课优秀个人。5人参加团干训，获得优秀毕业生称号。团支部积极践行社会主义核心价值观，同学们在实践过程中慢慢沉淀，内化于心，外显于行。

三、学风建设

《礼记·中庸》第十九章有云："博学之，审问之，慎思之，明辨之，笃行之。""博学"意谓为学首先要广泛的猎取，培养充沛而旺盛的好奇心。"审问"为第二阶段，有所不明就要追问到底，要对所学加以怀疑。问过以后还要通过自己的思想活动来仔细考察、分析，否则所学不能为自己所用，是为"慎思"。学是越辨越明的，不辨就会真伪难辨，良莠不分，此为"明辨"之意。"笃行"是为学的最后阶段，就是既然学有所得，就要努力践履所学，使所学最终有所落实，做到"知行合一"。

秉持着知行合一的精神，大一全年班级在学习方面表现非常突出。班级不及格人次为零，在建工学院近15年中绝无仅有。第一学期平均加权达80.74，第二学期平均加权达79.89，学科通过率100%。第一学期有6人获得院基础奖学金，优秀宿舍3个。英语四级通过17人、六级通过1人。多名同学积极参加全国大学生数学竞赛、全国大学生工程制图大赛、英语词汇竞赛、辩论赛。现有校级杰出学子计划4人。

在大一学年，班委经常组织晚自习，效果显著。学校、学院举行的公共课串讲和学习经验交流会教会了同学们学习方法。成立学习互助小组，共同进步。同学们一向秉持着土木学子不息为体、锐意进取的学习态度，互帮互助，构成我班独有的学习氛围。我们相信脚踏实地地走在前行的道路上终将遇见更美的风景。

四、凝聚力建设

兰花的花语是友谊长存，亦有金兰之好之意，班级同学互助互爱，亲如一家，在开学之初的破冰班会，我们通过小游戏的形式记住了每一个人的名字，但很快我们便相互称呼着一个个逗趣的外号。我们彼此分享，彼此包容。都说月是故乡明，但很可惜中秋节很多同学不能回家和家人团聚，所以班委组织了班级聚餐，六班大家庭其乐融融，那天晚上的月亮出奇的亮。在6班，我们还有一个不成文的小规定，就是同学生日当天，我们会送上祝福的小红包，一般发6.66元，应和6班取666之意，从老师到班主任助理到28名同学，我们无一落下。

在浓厚的"家"文化氛围下，我们在各种文体活动中展现了我们班的"洪荒之力"。新生运动会、篮球赛获得双料冠军，班徽班服设计赛第二名。在新生文艺晚会上，全体同学身着班服，合唱出同学间的友爱之情，后来很多同学总不知不觉地哼起那首歌，我想可能是因为横跨青春的歌最动听，附着回忆的东西最动人吧。

利用周末，班级开展永定河两天一夜体验活动。班干部积极筹划，精心准备，其间徒步行走40公里，路上互帮互助，搭帐篷、拾柴火，晚上集思广益举办篝火晚会，取暖闲聊。在这个家中，我们一起成长，一起成熟。无时无刻不体现出同学之间的团结协作精神和友爱之情，极大增强了班级凝聚力。

我们之所以有如此强大的凝聚力，是因为每一个人都有强烈的集体荣誉感，大家将班级视作一个大家庭，真正将自己视做这个家庭中的一员，逐渐形成了"班兴我荣，班衰我耻"的观念，因而在任何时候，只要我们面对有关集体的事，大家都会暂时放下私事，同心协力地完成它。

五、文化建设

在六班的大家庭中，我们秉承全面发展、和而不同的理念，不趋同，做自己。

首先，打造一个优秀的班集体，需要一支有着丰富创造力和强大执行力的班委团队。班委各司其职，与课代表、宿舍长协调沟通，积极开展班级工作，认真负责，关心同学。班委不定时召开班委会，商讨班级建设计划，制定班级管理制度，加强制度建设。在这一年中，班委成员在班级中真正起到了带头作用，成为班集体的核心，主动带领大家响应学校、学院的号召，积极参加各项活动，并为院校、班级争得荣誉，并自主举办多次主题班会、班级活动，形成了积极进取的良好风气。班级成员全面发展，参加校级学生组织8人，院级学生会9人，科协5人，团直1人，其中7人留部任部长。6名同学是学院"两团七队"的中坚力量，成绩突出。宁献辉同学代表校田径队获得北京市秋运会团队第三名。此外，我们积极参加科技创新型竞赛，院级结构大赛一等奖6人、二等奖14人、参与奖7人，更有同学参加星火、国创等项目来锻炼自我，以创新型人才为目标。

六、班级实践活动与志愿活动

在社会实践活动与志愿活动中，我们秉持"用奉献奏响青春，用爱心点亮希望"的信念,班里的同学都愿意献出自己的一片爱心,发扬乐于助人的美德。

多名同学参与北工大建工学院阳光志愿团组织的同心实验学校支教活动,为小学生辅导功课,做他们的专属小老师,陪他们打羽毛球、折纸桥,丰富他们的课余生活,闲聊家长里短、学习趣事,很快成了他们的知心哥哥姐姐,让他们感受到了温暖并给他们树立良好的榜样。更有同学积极响应招募献血志愿者的号召,无偿献血。这种爱的传递,血液相融,为更多的生命带去一份希望。在温暖捐衣活动中,同学们积极把军训服装和自己穿不了的衣服捐献出来,希望传递更多的热量,让这个冬天更多的人身体上暖起来,心里暖起来。

六班同学还利用课余时间调查社会热点问题,例如,"大学生对社会欺诈行为的看法和认知调查""大学生网购调查"等,我们通过电子问卷、走访学校相关方面老师等形式进行调查,结合社会中暴露的问题进行总结反思,反复斟酌提出改善措施。提高自我综合实践能力,一步一步,从接触社会到了解社会,争取早日做到服务社会。

再多的成绩也属于过去,我们应着眼未来,未来的路在我们脚下,更在心中,我们将继续秉持着土木精神,心怀梦想,充满激情,向更高更远的目标迈进!

七、集体奖

2015～2016学年度十佳班集体

2015～2016学年度五四优秀团支部、五四标兵团支部

2015～2016学年度优良学风班

2015～2016学年度先进班集体

志存高远　赢在细节

环能学院　140511 班团支部

　　我们是一个民主的自主管理的班集体，我们拥有良好的班风——支持宽容，团结而凝聚，博观约取，厚积而薄发。我们共同营造出了一个不断进取、完善、超越的和谐班集体。我们的集体是一个由不同个性的个体组成的，我们的展现方式各不相同，但我们有一个共同的特点——志存高远，我们是勇攀高峰的实践者，怀揣着征服科学高峰的梦想。

　　一、坚定科学信仰，提高思想道德素质

　　我支部一直将提高团员的思想道德素质、加强政治修养作为我支部的工作重点。讲理论、重实践是我们一直贯彻的方针。两年来，本支部一直将传播党的思想教育，发展中共党员作为首要任务。本支部共有 32 人，其中党员 1 人，预备党员 4 人，入党积极分子 16 人，团员 10 人。今后，本支部还将号召更多的同学向党组织靠拢。

　　我支部一直跟随党的指引，按时开展积极分子民主推优大会。为更好地"践行社会主义核心价值观，实现蓝天中国梦"，支部带领同学们积极参与学院组织的宣讲会。开展主题班会，会议上同学们踊跃交流，阐释着每个人心中的梦想。"纸上得来终觉浅，绝知此事要躬行"，我支部同样重视实践。参观国家博物馆复兴之路主题展览让我们回顾了中华民族百年来的强国之梦和不懈探索的伟大历程，震撼的同时也让我们感受到作为青年一代应肩负起的责任；参加抗日战争胜利 70 周年活动更是要让我们勿忘国耻，以史为鉴，现在开始便为民族复兴继续努力奋斗。

　　二、立身百行，以学为先

　　140511 班重视学风建设。我们坚持"思想引领、榜样带头、行为指导"的大方针，贯彻"共同进步"的理论。我们相信水涨船高，只要 140511 班这个大集体足够优秀，那么 140511 班的每一位成员也会深受其益！

　　本班两年来一直重视每位同学的学习，保证每位同学都不掉队。我们积极向学长学姐听取经验，和兄弟班级探讨方法，同时结合自己班级的特点，不断调整，最终形成了一套适合本班的完备的学习体系。开学伊始的班会上班主任鼓励大家认真学习；集体自习时同学们互相探讨问题；定期请"学霸"来传授经验；考试前分享复习资料以及针对个别学习有困难的同学宿舍进行互帮互助等多种形式让成员们都能感受到集体的力量，这也是大家学习的动力！

通过这些举措的实施，本班在学习方面取得的成效颇为明显。两年来本班的加权分数一直是学院最高，大二期间更是获得了"北京工业大学优良学风班"的荣誉称号！

三、突出集体概念，增强班级凝聚力

著名的教育改革家魏书生先生曾经说过："班级就像一个大家庭，同学们如兄弟姐妹般相互间关心着、帮助着、一起长大了，成熟了，便离开这个家庭，走向了社会。"① 的确，一个班集体，就像一个大家庭，对每一个成员的成长，都有着至关重要的影响。而一个班集体如何健康良好地运作，班级凝聚力就成了关键。

一个班集体的凝聚力来源于每一位成员那份坚定一致的信念。为了同一个理想，我们相聚在一起，每一个人都满怀抱负。在大一的时候，为了班集体今后能更好地发展，在班主任的引导下，我们围绕着"团结"这一核心，提出了"班级一家"的理念，这也是我们班发展的最核心的理念！

良好的班级建设也是班级工作顺利展开和健康发展的前提。一个班集体要想有凝聚力，就是要靠集体里每位同学的悉心经营、同甘共苦、同心同德，增加同学们的集体荣誉感、班级自豪感，形成团结协作、拼搏进取的团队精神，这种精神激励着我们不断向前进，形成了一股强大的班级凝聚力。

当然，没有规矩不成方圆，一个优秀的班集体必须有一套完善的班级制度。为此，我们经常召开班委会议，并不定期召开班会，共同探讨班级建设计划和发展问题，发扬民主精神，调动广大同学的积极性，让大家一起参与到班级的建设当中。

健全的班级管理制度是一个班级信息上通下达、出色完成各项工作、促进全面发展的基本保证。因此，班委建立伊始，就结合班级实际情况建立了比较健全的班级管理制度，并严格实施，取得了良好的效果。具体制度如下：

1.《班委分工制度》使各个班委有着明确的分工，各尽其责，从而使班级工作开展得有条不紊；

----

① 魏书生. 班主任工作漫谈［M］. 漓江出版社，2008 年.

2.《班会、团日活动考勤制度》保证了班会和团日活动的高效开展；

3.《宿舍卫生制度》对同学们的宿舍卫生做出了详细要求，旨在促使同学们宿舍环境干净整洁，促进了宿舍文化活动的开展，形成了良好的生活环境；

4.《班级内部奖励制度》调动了同学的学习和活动的积极性，使同学的课余生活丰富多彩。

健全的班级管理制度确保了各项工作的顺利进行，为同学们的全面发展做出了有效保证。之后本班为了加强班级凝聚力也采取了很多的措施，其中让我印象最深的是共同庆祝中秋节。刚刚上大一时，考虑到班里的很多同学家在外地，不能回家过中秋节，中秋节时难免会想家，我们的班委共同筹划了以"千里婵娟"为主题的中秋晚会。晚会上同学们其乐融融，更是有同学从家中带来了月饼和大家一起分享。我们在一片欢声笑语中忘却了思乡的痛苦，更是拉近了同学们之间的关系，班级凝聚力也在不知不觉间加强了！

140511班是一个团结友爱，积极向上的大家庭，在这里，我们既能共同分享成功的喜悦，也懂得一起承担着苦涩的泪水。每一次成功的背后，是32个人共同的努力。在这里，我们共同成长！

四、投身实践，奉献力量

实现中国梦的思想已经深深扎根在每个环科人的心中。我们积极参加志愿者活动，投身于社会实践活动之中。爱心包裹收集每一个人的爱心，虽然冬天在路边等待路人很辛苦，但等来人们献出的爱心顿时又让每个人内心充满温暖。西部送温暖为山区的孩子们送上衣物，来年同学们收到山区小朋友寄回来的明信片心中有种说不出的感动。

不亲身体会，感受不到山区小朋友生活的艰辛，更看不到他们的纯真与朴实。大二暑假班里一些同学随校阳光团前往洛阳山区小学支教，半个月来陪小朋友们一起游戏、一起学习。奉献出自己的时间，得到的是他人的认可。作为环境学科专业，我们积极联合周边小学，为他们普及环境知识，倡导保护环境、珍惜水源。

支教、环教，"GMIC"全国移动互联网大会，郊区植树，抗战胜利70周年志愿者，在各项公益服务中，总能看到我们的身影。奉献、友爱、互助、进步的精神在环科人的身上充分体现。

五、展现自我，丰富校园生活

一个良好的班级文化建设对班级建设和学生的个性发展都有重要的影响。为此，我们班十分重视班级文化的建设。丰富多彩的班级文化更能体现我们班积极向上的精神风貌。

一个班级文化的核心就是思想，我们组建读书沙龙，成员之间互相交换好书，分享读书心得，在分享中提升我们的思想。

在竞技比赛中，140511班也不输于人，运动会上我们挥洒汗水，为班级荣誉而拼搏；足球赛上我们踊跃参加，代表学院摘得前三！我们在拼搏中收获喜悦。挥洒汗水的同时，也结交了新的朋友。

丰富多彩的文化活动渗透在我们生活的每一方面。身在工大，就要利用好身边的资源，我们有着专业的室内羽毛球馆，因此班委们策划并安排在课余时间进行羽毛球比赛，学习之余不忘放松，男女混合双打更是拉近了班里男女生的距离，在四教开展的"撕名牌"游戏大家玩得更是不亦乐乎，集体活动让大家感觉更像是一家人。班里的同学更是能歌善舞，五四合唱节上踊跃参加；颁奖晚会上出演精彩的节目。作为511班，每年5月11作为班级生日，我们都会在这期间组织班级出游。别墅派对、游山玩水、烧烤狂欢，展示着我们爱玩的一面。丰富的活动给我们展示自己创造了一个舞台。

回首过去的两年，有成功、有失败、有欢笑、有泪水，但更多的是收获，我们相信每一粒种子都有适合它生长的土地，我们就是那种子，而工大就是我们要找的那片土地，用辛勤的汗水成就今天小小的成绩，用不懈的努力去追寻我们的梦想。我们知道成绩属于过去，我们属于未来，而未来的路就在我们脚下。我们将继续心怀梦想，充满激情，向更高更远的目标共同迈进。天行健，君子以自强不息。

Chemistry = Chem is try

环能学院　140521 班

Chemistry = Chem is try 这一概念来自于中国科学院院士麻生明。他将化学的英文巧妙地分解为 Chem – is – try，指出化学是一门试探性学科，勉励广大学子积极探索。环能学院 140521 班一直坚持 "Chem is try" 的理念，一则象征着我们是化学专业，勇于探索、不断创新是我们的追求，二则寓意着我班在建设过程中一路探求，不断尝试，从不止步。

一、思想建设——最核心的稳定元素

思想建设是班级建设的核心。在思想教育及党团建设方面，我们积极响应学校号召：大一时有 18 名同学递交了入党申请书，通过校院级党课，全部成为入党积极分子。

经过两年的发展，27 名共青团员中已有 10 名同学参加了校党校的学习并顺利结业；有 6 名共青团员光荣入党，其中正式党员 2 名、预备党员 4 名，党员比例占团员总数的 22%，位列全院第一。

结合班级特点，我班开展一系列丰富多彩的思想教育活动。观看国家博物馆 "复兴之路" 展厅，重温中华民族的强国之梦和不懈探索的伟大历程；抗日战争胜利 70 周年纪念日，参观抗日战争胜利纪念馆，缅怀革命英雄，共同感受当今生活的来之不易；参观南水北调团城湖管理处，让我们看到我们国家正在飞速发展。"勤学明辨求真知、修德笃实建功业" 支部交流会，同学上台分享对这两句话的理解，分享成长收获。在日常生活中，我班同学积极关心国家大事，认真学习新的理论知识，积极提高自身思想水平。

2016 年我班获得首都 "先锋杯" 优秀团支部、校标兵团支部、优秀团支部称号，并以优异的学习成绩获得优良学风班、先进班集体、十佳班集体称号。这些成果离不开每一个同学的努力，同学们犹如一滴滴水，浇灌着 140521 班这棵参天大树，让其能够茁壮成长，在未来的路上我们会继续勇往直前，继续保持我班优良传统，发扬应化人应有的风格，为我们的大学生活增添绚丽的一笔。

二、学风建设——最基本的生命元素

作为大学生，最基本的任务就是学习。作为应用化学专业的学生，我们在课堂内外把专业特色发挥到极致。实验教学环节，理论知识在实践中得到应用；课上师生互动讨论、课下探讨疑难问题，学风浓郁；期末考试前，班级组织集体复习与答疑；宿舍内形成集体辅导，对学业有困难的同学给予积极的帮助。此外，同学们还积极参加工程大师论坛、学术报告等研讨活动，阅读科技文献获取科研最新动态，拓宽自己的知识面，做到全面发展。独具专业特色的燕京啤酒厂认识实习也丰富了我们的学习生活。

支部27名团员中，加权成绩优良率74%。2014—2016两个年度，4人次获得国家励志奖学金，13人次获得校级学习优秀奖，4人次获得校级优秀学生干部奖，3人次获得校级三好学生；1人获得桑德奖学金，1人获得"鼎新杯"创意大赛一等奖。

三、科研创新——最珍贵的催化元素

科研创新作为大学生的必需能力，为大学生活的顺利反应，提供了良好的催化剂。

科研创新是促进时代发展的中坚力量。自入校以来，我班有4位同学参加"杰出学子新生计划"并已顺利结题，星火基金和"鼎新杯"等各种科技竞赛活动的参与度超过80%，同学们积极进入专业实验室，与导师、学长学姐进行交流学习，为日后的深造、发展奠定基础。

四、志愿服务——最热情的活泼元素

碱金属的化学性质很活泼，且在自然界中从不以单质形式存在，正如乐于参与志愿服务的我们，活泼开朗，热情似火，用自身的行动温暖他人。

我班同学在课余时间积极参加志愿服务活动，用爱心回报社会。抗日战争胜利70周年阅兵活动，同学以北京志愿者的身份被分配到各个位置进行志愿服务；"善行100、爱心包裹"，一件件温暖的冬衣让充满爱的冬天不再寒冷；毕业生双选会、新生报到、国际田联钻石锦标赛等活动都留下了140521班同学的身影，同学们在各个岗位上发光发热，贡献自己的力量。

班级同学还积极参加各种社会实践活动，到各大公司、企业和部门实习，丰富自己的阅历，为日后进入社会奠定了坚实的基础。同时，我班同学还在学校各部门任职，例如校团委、院团委、后勤中心等，积极锻炼自己的处事能力，为日后走向社会做好准备。

五、支部凝聚力建设——手拉手元素

在140521班中有这样一类元素，它们左手牵着活泼元素，右手拉着稳定元素，将整个班级凝聚在一起。

我们是 140521 班，每年的 5 月 21 日都是我们班级的生日，"5 月生日会"也随之诞生。每到生日月，我们都会有独特的纪念方式。第一个生日在小木屋别墅中度过，以户外拓展、桌上足球、集体烧烤、卡拉 OK 等形式拉近彼此的距离；第二个生日在十渡风景区，竹筏、漂流、登山、篝火晚会，同学们在互帮互助、团队合作中携手成长。同学们带着饱满的热情参加班级活动，在这些活动中，同学们都能够释放自我，同时也锻炼了同学们的团队协作能力，这些班级活动都成了我班同学大学期间美好的回忆。

为了促进班级文化建设，我们参加了班级徽章设计大赛，同学们各展所长，创作出独一无二的 140521 徽章。整个徽标是正六边形的苯环，表现出我班的专业特色，而且苯环极具稳定性，寓意着我们 140521 班是一个家，我们紧密相连，积极进取，脚踏实地；徽标主体由巧妙变化后的化学两个字的首字母 HX 构成，下方的 2014 代表我们 521 班级的成立时间；以充满活力、青春向上的黄色为底色，字母颜色选用的绿色和蓝色紧扣环能学院环境保护的主题，象征着我们是永远热爱环境的环能人。此外，我们还创立了以"锇砹铌"为名的微信公众平台以及以"140521 团支部"为名的微博，将大学生活记录下来。

"闪光支部·青春风采"活动中，班级同学参与度 100%。印象最深的是"搭纸塔"比赛，教室的高度已不再满足我们的要求，大家转战团委楼外，同学们带着不抛弃、不放弃的精神，坚持到比赛的最后一秒，搭出了 3.45 米高的塔，获得了支部挑战赛的优胜奖。学院传统活动"奔跑吧环宝儿"中，场上同学积极配合，场下同学呐喊助威，最终我班荣获一等奖。在"影帝杯"话剧比赛中，我班同学积极参加，台上同学专注表演，台下同学为台上同学加油鼓劲，最终用精彩的表现赢得了比赛的第一名。

同学之间互相关心、帮助，将班级当作自己的家，在其中找到归属感与信任感，无论遇到多大的困难，同学们都知道 140521 班这个大家庭会帮助自己走出困难，同学们也愿意为班级贡献出自己的一份力量。

六、结束语

经改写的新一代元素周期表已闪亮登场，可 140521 班却并未停止前进，我们一直在前进的路上。140521 班是一个自由思想的殿堂，每一颗星星都有属于自己的灿烂光芒，我们希望每一颗心都有属于自己的灵动。我们是一首充满朝气的歌，它奋发向上，斗志昂扬；我们是一轮充满温暖的朝阳，它热情似火，蒸蒸日上；我们是一棵大树，奋力向上。我们 27 个人见证着彼此的成长，走出原来的小世界，开始一路探求新的规则，新的成长方式。我们相信，在班干部的带领下，在全体同学的不懈努力下经过四年的建设，我班一定会成为高水平、有特色的班集体，在各个角落散发着自己的光芒。Chem is try，环能学院140521班，一路探求，永不止步。

发扬创新精神　共创美好未来

数理学院　150621 团支部

北京工业大学应用数理学院 150621 支部现有团员 27 名。自 2015 年 9 月组建以来，在学院分团委的领导下，组建了由团支部书记、组织委员、学习委员、文娱委员、宣传委员等组成的团支部委员会。我们 150621 团支部，是一个朝气蓬勃，充满生机和活力，拥有优良的作风，积极向上，各方面积极要求进步的团组织。我支部现有入党积极分子 7 名，以及一大批积极向党组织靠拢、已递交入党申请书的优秀青年团员。团支部是团组织联系广大团员青年的桥梁和纽带，是团组织发挥战斗作用的前沿，选配一支优良的团支部干部队伍对团支部发挥战斗堡垒作用有着特别重要的意义，各支部委员分工明确，团结合作，勇于开拓，始终为建设团结友爱、积极进取的集体，营造欢乐和谐的大家庭而努力。在团支委的带领下，我支部积极有效地参与各类校园文化活动，认真完成院团委分配的各项工作任务，大力开展各类支部活动。

一、思想建设，把握方向

作为一个优秀的团支部，思想建设是我们的重中之重。在团支部委员的积极行动下，在支部开展一系列的思想教育和理论学习，支部成员的思想觉悟有了很大的提高。实践活动是理论联系实际的有效途径，我支部不仅积极响应校团委号召，开展了各种全校性主题团日活动，还开展了各种自主团日活动等团建活动。

为培养同学团队意识，帮助同学全面发展，提高支部凝聚力和执行力，我支部举行以下活动：

（一）推优会

定期开展入党推优会，每次推优会出席率为 100%，介绍支部的推优入党情况及本次推优入党的学生名单，公正公开进行投票，最终确定推优同学，鼓励同学们努力向党组织靠拢，早日投入党组织的怀抱。

（二）"四进四信，做一个有信仰的青年"主题团日活动

此次活动主要由三个部分组成，分别是由团支书讲解"四进四信"相关知识、同学们就"当代中国信仰缺失问题"进行讨论和同学分享自己对"如何做一个有信仰的青年"问题的看法。

此次活动的开展深入贯彻落实了习近平总书记的重要精神，传播了"为实现中华民族伟大复兴的中国梦而奋斗"是中国青年的时代主题，使支部成员对"四进四信"有更深刻的认识，以积极向上的健康心态看待社会发展，以唯物辩证的思想方法分析社会现象，从而以高度自觉的责任使命意识，立志投身中国特色社会主义事业。

（三）"廉洁自律，从严治团"主题团日交流会

以小组的形式结合近期社会热点话题或者亲身经历讨论，并由优秀代表发言，最后由团支书进行总结发言，加强思想政治引领和价值引领。既提高同学们独立思考能力，又让同学们对共青团有进一步认识。

二、学风建设，明确目标

学风，是读书之风，更是班级的灵魂。自支部组建以来，我班重视班级学风建设，并有针对性的采取一系列措施：

（一）强化考勤制度

我支部在学期开始就强调考勤制度，通过签到的方式查看班级成员出勤情况；对于个别出勤状况不佳的同学，支部委员进行一对一的交流沟通。通过以上方案，我支部同学出勤率明显提高，也认识到学习的重要性，上课主动性增强。

（二）注重学习质量

大学的课程有着多难杂的特点，据此我们多次召开支部会议，强调上课认真听讲、课后认真复习的重要性；对学业上有困难的同学，采取一对一的方式进行帮助。

（三）及时了解班级成员学习动态

支部委员积极组织学风建设会议，及时了解同学们在学习上的问题，共同解决问题，交流心得。学习委员经常调查同学的学习状况，将情况及时、如实汇报给任课老师，加强师生间的交流。

在团委和支部同学的共同努力下，我支部形成良好的学习氛围，树立严谨的学习风貌，并取得优异的成绩。第一学年加权成绩平均达78.6，四六级通过率99%。支部成员还积极参加各类项目和竞赛：共有5组同学参加星火项目，多组同学参加"太和顾问杯"建模竞赛，最终两组同学获奖，在2016年全国数

学建模大赛中，全银珠、王镭璋所在小组不负众望夺得了北京市一等奖。

三、特色活动，凝聚支部

为培养同学团队意识，帮助同学全面发展，提高支部凝聚力和执行力，我支部还不定期举行各种特色活动：

1. "悦读生活"读书交流会

同学们以 PPT 或者演讲的形式来推荐好书，内容包括书的简介、精彩书摘以及自己的感悟等，激发同学们的阅读兴趣，养成读书的良好习惯。

2. "羽林争霸"羽毛球比赛

进行支部内部比赛，支部成员们积极参与，参赛率达 92.6%，比赛轻松愉快进行的同时，大家也在比赛中感受到体育运动的乐趣及体会到体育竞技的魅力。

3. 圣诞晚会

同学表演节目，展现个人风采，进行有趣小游戏，让同学们在紧张的学习生活中适当放松，也提高了支部凝聚力。

4. 拍摄录制校歌视频 MV

我支部成员利用课余时间，自主策划编写剧本，录制表演，不仅记录下支部成员学习生活的点点滴滴，留下美好回忆，也增进了支部成员间的感情；演唱校歌，在学唱校歌中体会校歌的内涵领悟工大人的精神。我支部制作的校歌MV 在第二届北京工业大学"校歌大家唱"评选集赞活动中，该视频获得全校同学的广泛好评，以 9761 票远超第二名 1650 票的成绩夺得北京工业大学第二届"校歌大家唱"第一名。

四、特色宣传，展现风采

我支部在宣传工作方面积极利用新媒体平台，推出网络团支部体系，以微信公众号、微博、QQ 群、微信群等网络聚集形式，整合资源优势，提高服务水平，更好地为支部成员服务。通过新媒体渠道，团支委能及时了解掌握支部成员思想动态，在学习、就业、情感、娱乐等领域进行全方位帮助。我支部还创新性地使用微信公众平台，记录并宣传支部活动和特色，采取分组合作完成推送的模式，使得支部成员在做推送的同时提高个人能力，也为支部建设做出巨大贡献。在过去的一年内，我们班每位同学平均参与推送制作三次。此公众号的推出也得到了大家的广泛关注，粉丝达 113 人，阅读量累计超过 3246，点赞118 次，最高阅读量 391。

经过一年多的努力，我支部获得了北京市"先锋杯"优秀团支部、北京工业大学"五四标兵支部"等荣誉。天行健，君子自强不息。经过一年多大学生活的磨炼，我们逐渐褪去了青涩，走向成熟。在有理性、梦想、智慧做脊梁的学习工作中，150621 支部的成员将戒骄戒躁，以勤奋为桨，以实力为舵，共同创造更加美好的未来。

获奖团支部所获校级及以上奖励：

2015～2016 年度首都大学、中职院校"先锋杯"优秀团支部

2015～2016 年度北京工业大学"五四标兵团支部"

团支部寄语：

150621 支部是一个团结友爱、积极进取、勇于开拓的集体，望继续努力，百尺竿头，更进一步！

国际视野　中西交融

都柏林学院　153733 班

北京工业大学北京——都柏林国际学院 153733 班秉承学院国际化的办学方针，携着源远流长的中华文化，打造出"国际视野，中西交融"的班级气质，班级具有一流的英语水平。通过举办系列文化讲堂、出国访学、社会实践活动等方式，让班级在实现集体价值、承担社会责任的同时，也营造了浓厚的中西方文化交融氛围，成为中西方文化交流的桥梁。

经过一年多的建设，班级及班级团支部在学校、学院得到了广泛的认可，曾获北京工业大学"十佳班集体"、北京工业大学"优秀团支部"、都柏林学院"优秀团支部"等集体荣誉。

一、班级建设

开学伊始，班级就制订了完善的班委会制度，每半月召开一次班委会。在日常班会中，综合入党介绍、积极分子推优等组织会议形式，以及最近学院对班级工作的要求，结合最近国内外、党内外重大的热点时事，运用视频观赏、名人讲座、班集体讨论等形式向班级同学传播当代大学生的"正能量"。在丰富同学们的课余文化生活的同时，向同学们及时传播党和国家的主流政策与思想。坚决贯彻社会主义核心价值观，让中国梦绽放在每个同学的心里。

班级积极响应国家与学校的号召，通过班级微博公众号等新型媒体形式，向班级同学宣传中国梦、社会主义核心价值观等理想信念。在班级的网络新媒体形象建设中，班级同学积极参与到班级形象标志设计、活动策划和投稿活动中。经过一学期建设，班级微博公众号粉丝已突破 2000 人，与多位不同领域名人"互粉"，多篇文章被北京工业大学或北京—都柏林国际学院官方微博转载。一系列志愿活动、中外交流活动等符合社会主义核心价值观的报道，不仅让班级形象获得外界认可，还展现了当代大学生热爱国家、投身社会、刻苦研修的良好风貌。

二、学风建设

学风是一种氛围，是一种群体行为。对于世界观正在形成过程中的青年学生有着潜移默化的影响力。优良的学风是一种积极的氛围，使处于其中的学生既感到一种压力，产生紧迫感；同时它也是一种动力，使学生能积极进取、努力向上，制约不良风气的滋生和蔓延；它还是一种凝聚力，有利于培养学生集体主义精神。良好的学风不仅仅利于班级的凝聚力，还能促进班内同学的更好发展。

班级同学学习成绩优异。班级中超过30%的同学拿到了院里的雅思奖学金，第一学年雅思通过率高达96%，数量居全院前列。此外，有五名同学代表学院出访了爱尔兰都柏林大学。班级多名同学还作为优秀代表在学院"新生英语要求说明及英语学习经验分享会"中向大一新生分享学习方法与经验。

同时，班级同学积极开展互帮互助活动，学习顶尖的同学进行学习方法传授。同学们自行组成学习小组，互相监督，共同进步，形成了良好的学风。班级学分通过率居全院前列，班级中顶尖学生连续占据年级GPA第一名。

三、班级凝聚力建设

班级凝聚力是指一个集体中不同的个体在理想、目标、利益等一致的基础上所产生的吸引力、聚合力。是让集体内的所有人为一个共同目标而团结在一起的行聚神凝的精神力量。所谓行聚是指大家共同学习，一起成长。所谓神凝是指集体内的所有人为同一目标团结一心，共同奋斗。凝聚力是无形的却产生有形的力量，个体目标与群体目标越一致，凝聚力便越高。一个班集体有了凝聚力学生才会热爱这个集体，树立集体利益高于一切的意识，才会维护班集体的利益和荣誉。

课外活动也是班级凝聚力的一个重要方面。班级策划了各式各样的班级活动以提高班级凝聚力，并取得了较好的成效。

本着磨炼英语能力、提高班级凝聚力的原则，班级主动承担了都柏林学院的"我给外教讲中国"的系列活动的组织与筹划。成功举办了主题为中秋节、中国传统服饰等多次活动。活动充分展示了中国传统文化的博大精深，促进了中外文化的交流与融合，受到了学院教师与学生的一致好评。

值北京工业大学55周年校庆之际，学院举办了校庆主题摄影及征文活动。我班利用这一契机，在参与活动的同时，制作了班级纪念相册。在活动中，同学们热情参与，不仅收获了青春的记忆，还留下了高质量的参赛作品，并在比赛中拔得头筹。

班级还在北京工业大学首开定向越野之先河，邀请全校志同道合的同学都投入到这项有益身心健康的户外集体运动中。不但极大地丰富了同学们的课余生活，也增加了班级同学与学校其他同学交流学习的机会，增强了班级乃至学校的凝聚力。

四、班级社会实践活动

在注重素质教育的今天，大学生社会实践作为促进大学生素质教育，加强和改进青年学生思想政治工作，引导学生健康成长成才的重要举措，作为培养和提高学生实践、创新和创业能力的重要途径，一直以来深受学校的高度重视。社会实践活动一直被视为高校培养德、智、体、美、劳全面发展的跨世纪优秀人才的重要途径。它既是学校教育向课堂外的一种延伸，也是推进素质教育进程的重要手段。它有助于当代大学生接触社会，了解社会。同时，实践也是大学生学习知识、锻炼才干的有效途径，更是大学生服务社会、回报社会的一种良好形式。

班级积极参与到社会志愿者活动中。两会期间，班级同学积极响应党和国家的号召，参与到保障两会安全的志愿活动中。班级还积极与大型社会志愿者组织进行合作，邀请北京协作者发起者进行志愿知识讲座。通过组织的宣传与事例的讲解，班级同学积极参与到丰富多彩的社会志愿活动中。班级同学还积极参加国际志愿者组织开展的各项活动，多名同学参加到 International Volunteer HQ 的 turtle conservation（海龟保护）项目中，这些活动不但拓展了同学们的国际视野，还增强了大家的社会责任感，让大家体会了参与国际化公益活动的意义。

五、班级文化建设

大学班级文化是一种隐性的教育力量，表现一个班级独特的风貌和精神，这种风貌和精神自觉或不自觉地通过一定的形式影响着学生的行为，它与以往的人为管理、制度管理不同，既没有人治的霸道，也没有法治的强硬，更多则体现了一种软约束和人性化的关怀，它是新时代大学生管理及思想政治教育的重要抓手。

首先要引导班级确定共同明确的奋斗目标，因为目标是班集体发展的规划，是班集体教育引导每个成员的旗帜，是激励班级成员奋进的主要动力。

"国际视野，中西交融，立足母校，多彩大学"是北京工业大学北京—都柏林国际学院 153733 班的班级口号，也是这个班级的班级文化与气质。

其次是要引导培养班级的团队精神，在文体活动中加强团结协作、和睦相处的精神。再次是要引导学生的交往，正确处理人际关系，要求学生学会真诚待人、互相帮助、互相支持、团结协作，树立集体主义精神。最后是要注重引导学生个人价值观的培养，从生活中的小事中去发现，把生活作为教育学生的教材，使学生从生活中、从小事中树立起正确的人生观、价值观。

文化是一个抽象的概念，要加强对班级的文化建设，重在塑造班级形象、营造文化氛围，因此，必须要对班级的形象进行包装。首先，班级制作了班徽。将班级的精神和管理理念汇聚成一个标志，时刻提醒班级同学"我是这个班级的成员"。其次，进行诸如"我给外教讲中国"等符合班级目标口号，有利于班级凝聚力与文化健身的活动。

传统的班级文化中没有网络文化的一席之地，但随着互联网的普及，网络文化对人们的影响越来越大。因此，将网络文化纳入班级文化建设中来是富有时代精神的创举。在班级文化建设中，我们可以通过教育与引导，把互联网作为建设班级文化的工具和宣传阵地。班级建立了微博公众号对班级形象进行宣传，利用网络资源开展班级文化建设活动，丰富班级文化生活，展示学生个性特长，构建和谐班级，让全体学生在网络中接受教育、陶冶情操、提高素养，用优秀班级网络文化影响学生的人格。

生命不息，奋斗不止

生命学院　151051 班团支部

阳光耀眼，微风拂面，我们相识在 2015 年 9 月。

夏天的骄阳变得温和，我们褪去了高中的稚气，脱离父母的怀抱，学会自己套被罩、铺床单。但是我们并不孤单，因为在北工大，一个新的大家庭在等待着我们的融入，在北工大的历史上，注定要留下我们的青春印记，这个家庭有着独一无二的称号——151051 团支部。

151051 团支部是一个有 22 名同学的大家庭，其中有 2 名预备党员，4 名入党积极分子，16 名共青团员。不知不觉中我们已经并肩同行了一年，一年中我们共同学习，从刚进入大学的青涩少年，逐渐成熟、独立，成为新一代的有理想的青年。

在这一年的时间中，我支部在思想、学习、工作、支部活动等不同方面进行全面的建设。在这样的活动中，我们不断成长，共同进步。

一、思想引领

一个支部的建设，思想建设是非常重要的一部分，我支部也非常注重思想建设。大一期间，我班郝景智、李浒、猴晓萌、施雨婷、姜婷钰、熊丹宁共 6 名同学进行了入党积极分子的党课培训班，并顺利结业，其中李浒同学获得"优秀积极分子"称号。大二上学期，我支部郝景智、李浒同学参加了发展对象培训班，跟随着党的步伐，积极参加学校、学院组织的各种学习活动。我支部其他成员也积极递交入党申请书，不断地向党组织靠拢。

除了培训课程以外，我支部内部也组织了参观活动来增强对党的认识，提高党性修养，了解党的历史。我支部主要参观了中国人民抗日战争纪念馆和中国国家博物馆的"复兴之路"主题展览，了解了我党在建立新中国时发挥的重要作用，回顾了我国从曾经被动挨打到现在走在世界前列的整个过程，坚定了要跟党走中国特色社会主义道路，实现中华民族的伟大复兴。

二、特色制度

为了使班级管理更加规范化、合理化，我们制定了适合班级发展的一套包含学习、科研、工作、生活、班级活动"五位一体"的制度。

1. 班主任指导并委派班长、团支书、学习委员共同进行监督，各科分设一个课代表。课代表对每一科出勤率、作业情况进行记录，并定期进行汇报，由班主任对积极性不高的同学进行督促。

2. 班级学习资料共享，建立班级公共邮箱，每科课代表负责将老师给的资料上传到班级邮箱，方便大家下载。

3. 定期召开班会，由班主任主持，对前一段时间的学习生活情况进行总结，并且回答大家的疑问。

4. 生活中按宿舍进行管理，宿舍长负责解决宿舍内的问题，并且由团支书、班长协助调节生活中的问题。

5. 丰富课余生活，定期组织班级聚餐、班级活动，在活动中增进了解，增强班级凝聚力。

6. 科研上，由学习较拔尖的同学带头，并且带领其他同学进行星火、国创等项目的申报，使每个同学都能参与到科研项目中。

"生命不息，奋斗不止"是我们的班训，也是我们对待生活、学习、工作、科研的态度。蓬勃朝气、阳光青春是我们这一代大学生应该具有的品质，同样，我们151051团支部的成员都在不同的方面散发着我们不会消散的朝气。学习上，我们不断汲取新的知识来武装自己的大脑；科研上，我们在实验中不停探索生命的奇妙；工作中，我们都在努力奉献自己的力量，来建设更好的工大！

三、阵地建设

我支部的同学不仅为了支部建设贡献自己的力量，并且在院校各个学生组织、社团发挥着自己的光和热。大一期间，我支部多名成员在院团委，校团委文体部、宣传部、组织部，院红丝带，院科协，院学生会任干事，大家都在各个部门发挥着自己的光和热。

大二，我支部团支书郝景智留任院团委组织部部长，施雨婷留任院学生会组织部部长，猴晓萌任红丝带志愿者团团长。

在院校工作期间，大家积极参加活动，担任北京工业大学55周年校庆志愿者、校园文化节开幕式志愿者、"潮跑"组织者等，在各种活动中施展自己的才华。在这些活动中，我们不仅收获了经历，更收获了友谊并且提高了有关技能。

四、活动开展

1. "闪青"活动

2015年10月30日，生物技术151051班全体支部成员参加了学校组织的一年一度的"闪光支部，青春风采"大赛。在赛中，本支部报名参加了团体跳绳比赛。支部内每一位成员都十分积极地参与进来，为这个集体增光添彩。

在赛前，11位上场选手抽出课余时间，在微凉的秋日里，一遍又一遍地练习跳绳。而不上场的成员们则尽职尽责地充当着后勤人员，为他们鼓劲加油。

比赛当天，全体支部成员都来到了比赛现场。或是为选手们送去补给，或是在一旁拍照摄影，抑或是在赛场上加油助威。所有人的注意力都凝聚在这次集体活动上。这是151051这个新支部第一次以集体竞赛的形式在校园里亮相，我们阳光、团结、向上，为这片天地增添了一抹青春的颜色。

比赛最后，本支部以159个的好成绩赢得了"跳绳单项奖""支部挑战赛单项奖"及"闪青大赛银奖"。奖项是次要的，最重要的是我们在这次大赛中收获了友谊，提升了集体凝聚力，让我们四年的大学生活拥有了一个美好的开端。

2. 多米诺骨牌特色活动

2015年12月10日下午，为活跃班级气氛，在班长、团支书的组织下，我支部在一教227举办了多米诺骨牌的活动，同学如约而至。

到场后，我们先搬桌子腾出空地，把场地布置好。之后班长拿出红、蓝、白、黑、黄等颜色的多米诺骨牌，让同学们自由结组，并做出跟支部有关的多米诺图形。比如心形、蜗牛、151051……其中最出色的就是大型蜗牛和151051。蜗牛代表一种态度，一种顽强拼搏、不断上进、稳步求胜的态度，彩色的蜗牛壳代表着我们阳光向上的心态，白色的躯干是我们追求科学、对美好生活的纯洁向往。大型151051的制作大概用了270块多米诺骨牌，采用三角形推矩形的不寻常方式，用时1小时，是大家齐心协力的成果，在推到的那一刻，流畅的扑倒结果让大家欢呼雀跃。

活动结束后，我们坐在一起吃饭，十分和谐、温馨。这次活动不仅锻炼同学们的思维和动手能力，还拉近了班级同学的关系，让每个人都感受到班级的温暖。

3. 冬至吃饺子

冬至那天，天很冷，但我们却在一起度过了一个最温暖的晚上，吃了一顿最幸福的饭。都说冬至要吃饺子，支部组织了冬至吃饺子的活动，既可以和同学相聚培养班级友谊，也能让大家感受到家的温暖。

这次的聚会不只是品尝美食，更多的是班级同学间的交流，这次的聚会使我们成了好朋友更主要是增强了我们集体的凝聚力。

4. 校歌 MV 拍摄

2016 年 5 月，151051 支部响应学校号召，积极参加了校歌《明天》MV 录制活动。时间紧，任务重，班级成立了校歌 MV 策划小组。

5 月 11 日，同学们利用课余时间，用一天的时间完成了 MV 所有素材采集工作，包括录音，分镜头拍摄和集体合唱镜头拍摄，全程井然有序，每位同学都参与感极强，大家精诚团结，遇到困难也没有抱怨的声音。

在紧锣密鼓的拍摄工作结束后，我们准备进行后期制作。作为理科生，班中并没有精通视频剪辑工作的同学，几个同学只能边学习边实践，最终用三天的时间完成了整支 MV 的后期制作任务。值得一提的是，151051 支部用一个星期时间高效完成的作品受到了院领导的高度好评，并且代表学院参加了学校的优秀 MV 评选活动，在海选投票环节获得了第四名的好成绩！

5. ELISA 操作技能交流赛

2015 年 11 月 7 日，在班主任张红胜老师的组织下，151051 班的同学迎着初冬的第一场雪，在生命东楼三楼的实验室集合，进行从大学入学以来的第一次实验操作，一层一层地揭开了实验室的神秘面纱。

班上大多数同学都是第一次使用移液枪，为以后打下坚实的基础，同学们都在认真听实验室老师讲解移液枪的使用步骤及一些操作的规范性细节。

通过这次操作技术交流赛，同学们揭开了实验室的神秘面纱，真正走近了实验室，对实验室以及实验操作不再有陌生感。同时，通过张红胜老师和实验室老师的耐心指导，培养了学生良好的实验习惯、扎实的基本实验技能、严谨求实的科学态度，展现了同学们积极参与实践的精神风貌。希望同学们以后能积极参与实验工作，把学习到的知识真正运用到实践中来。

6. 社会实践活动

由吴西浩、李浒等同学组成的社会实践团，暑假期间在北京市丰台区进行了法律宣传活动。在当地法宣会的帮助下，向路过的市民发放宣传手册。宣传手册种类繁多，有婚姻法，消费者权益法，房产法等与生活息息相关的法律手册。看到许多叔叔阿姨对法律宣传十分热心，我们更加动有力。知法懂法是第一步，我们在宣传的同时，也在心里默默告诉自己，时刻将法律铭记于心，遵守法律规则，并且提升自己法律意识的同时，将法律宣传到更多人的心中。

五、结语

我们来自不同地方，却汇聚于此，共度四年时光，一个个耀眼的光芒，组成了熊熊大火，燃烧了青春，弥合了争执，荡涤了污浊，滋润了心田。那场相遇仿佛就在昨天，我们来到了彼此身边，多少路一起走遍。还有三年，只有且行且珍惜。共同学习、共同为了理想而努力前进，往事如烟，不忘初心，继续前行。

广闻天下之洞见，告释创意之韬略

人文学院　141422 班

北京工业大学人文学院广告学专业 141422 班，29 名来自河北、辽宁、江苏、山东、湖南、云南和北京的兄弟姐妹，在班主任李晨宇老师的带领下，共同组成了充满活力、勇于创新的大家庭。

我们一直以饱满的热情和阳光积极的风貌不断前进，积极主动参与校级、院级各项活动，展现出强大的班级凝聚力，也得到了学院师生的广泛认可。自班级成立以来，班级成员们都乐于奉献自我，共同推进班级建设。学习方面，班级学习成绩良好，专业排名较为理想，并结合专业课参加了星火基金、杰出学子计划、大广赛等活动。文体不分家，我们也同时参加了院级排球、羽毛球比赛及新生运动会等体育活动，并取得了优异成绩。班级勇于开拓创新，将班级特色活动同专业课相结合，在班主任及任课老师的帮助下开展了设计周参观、"手艺"主题讲座、中国美术馆参观等活动。为促进同学们的友谊更进一步，班级也多次进行主题班会活动，印象小纸条、趣味颁奖典礼、感恩父母等主题班会都得到了老师和同学们的一致认可。我们一直保持着高度的热情，用我们青春的热情，创造更好的成绩！

作为一名未来的广告人，我们需要培养洞察之心、团队精神、创新意识和执行能力共四项专业素质。下面，让我们一起走进广告的世界，共同体验141422 班的专业素质养成之旅！

一、洞察之心——班级基础建设

做广告，要有洞察之心，了解客户的需求和消费者的期待；班级建设同样要有洞察之心，充分考量每一名同学在班级中的个性化发展。充分结合广告人的特点，我们形成了"广闻天下之洞见，告释创意之韬略"的班级理念，让每名同学都有施展自己才华的空间。这句话是由班主任李晨宇老师提出的，它不仅作为我们参与各种活动时所用的口号，更作为我们班级的核心理念与精神，一直深深地刻在每一位同学的心里。

班级于成立后两周时间建立班级委员会，现共有班、团干部8名。班委们分工明确，相互沟通协助。班长认真完成入党推优、主持班级班会等活动，定期举行班团干部例会，讨论班级状态、沟通遇到的问题；班委们相互协作，做好班级宣传工作，推动班级阳光积极的形象建设。

班级每个学期都要组织以"诚信""感恩父母""印象小纸条"等为主题的班会，促进交流与共鸣；在纪念建党95周年班会中组织同学观看《建党伟业》，在纪念"南水北调"工程竣工之际，组织同学到影院观看电影《天河》；借由第八届全国大学生广告艺术大赛中的"中国梦"选题，老师带领班团干部给同学们进行了中国梦和社会主义核心价值观等理想信念的教育，每位同学都创作了以"中国梦"为主题的公益广告。通过多种方式对同学进行思想引导及建设，促进同学在思想道德方面的提高。

班级现有中共党员1名，预备党员2名，团员25名，其中7人完成了党校入党积极分子和发展对象培训。班级始终坚持"党建带团建，班级同进步"的班级建设思路，充分发挥每名同学的专长和才能。其中孙旭彤同学作为班级的团支书，以身作则，平时工作兢兢业业、勤勤恳恳，给同学们树立了良好的榜样；李彦辰和隗家兴两名同学作为预备党员，主动请缨担任新生班级的班助，以其自身行动向同学们展示党员风采；班内的8名班团干部平时关心同学，热心帮助学习和生活上有困难的同学，不求回报，给同学们起到了积极的带头作用。

二、团队精神——班级凝聚力建设

做广告，要有团队意识，成员间的头脑风暴和相互合作往往能带来意向不到的创意；班级的凝聚力同样需要团队精神，让每名同学都能够有机会为班级添砖加瓦。

我们的班徽以调色盘为背景，上面铺满色彩斑斓的广告色，中央用画笔勾勒出形如飞翔的小鸟之图案，象征广告2班的创意多元、思想活跃，不断勇往直前、展翅翱翔。备用班徽以向上的三角形为主要创作元素，"广"字的一点突破了三角形框架，"广告"的英文全称巧妙融入其中，象征广告2班奋发向上，勇于突破常规、中西合璧的理念。

团队精神的核心要素是班级中的每个同学，要让每个同学感受到在班级这个大家庭中的温暖。大一、大二两年，班级会在每名同学过生日时送上温馨的生日贺卡，大三开始，班级会在每名同学过生日时送上一封生日信。同时，班级组织同学参加彩虹跑、color run、工大潮跑、荧光夜跑、合唱比赛、闪青活动、拔河、跳长绳等集体活动，还饶有兴致地举行了141422班趣味"颁奖典礼",让每个同学都有一份属于自己的惊喜奖励!

三、创新意识——专业学习、学科竞赛、文体活动、志愿服务

做广告,要有创新意识,创新是广告活动脱颖而出的制胜法宝;我们的专业学习、学科竞赛、文体活动、志愿服务等无处不体现着广告人的创新意识!

班级集体去参观北京国际设计周的 798 和大栅栏展区,领略前卫的优秀设计;前往宜家进行写生,体验家居的温馨构图手法;参观全国美术作品展,折服于画家、雕塑家们的精湛笔法;参观传媒博物馆,探究媒介的发展历史;到河北蔚县学习和体会中国传统剪纸文化,传承传统手艺人的精神;进行皮具和手工书籍制作,碰撞各种创意的火花,制作出一件件精良的成品;策划并拍摄大量的短视频、微电影和创意广告,广泛参加到时报"金犊奖"、全国大学生广告艺术大赛等比赛中,磨砺自己的专业技能!我们运用独特的专业素养,诠释"广闻天下之洞见,告示创意之韬略"的真正含义。

踏实而努力的专业学习,让我们在学科竞赛中收获了累累硕果。在第 26 届台湾时报金犊奖中,杨静漪、张婉晴、隗家兴、杨忻怡创作的《务实致用——简历系列》获得铜犊奖,1 项作品共 4 人获大陆二等奖,6 项作品共 15 人获优选奖,19 项作品共 23 人获优秀奖。在第八届全国大学生广告艺术大赛中,1 项作品共 1 人获得北京赛区三等奖,6 项作品共 10 人获优秀奖。

四、执行能力——优秀集体与个人

做广告,要有执行能力,出色的执行力是广告活动取得成功的关键;洞察之心、团队精神、创新意识为执行能力的兑现奠定了夯实的基础。两年的时间,我们不断成长,不断进步,用青春的热情,创造出一个个更好的成绩!两年里,班级获得了北京市"先锋杯"竞赛评选优秀团支部、校优秀团支部、校先进班集体、校优良学风班、院新生排球赛第一名、院羽毛球赛二等奖、院班徽设计大赛最佳设计奖等荣誉。

在日常的学习中,我们班集体有着强烈的"互帮互助、共同进步"的精神,学习好的同学会主动帮扶学习吃力的同学;在期末考试前,也会请优秀的学长学姐或者班团干部为同学们进行知识串讲以及补习,使大家在学业中得以进步。班级 69% 的同学加权成绩在 80 分以上,四级通过率为 92.86%,六级通过率为 32.14%,均处于全校领先水平。

全班同学共获得各级个人奖励 54 项,共有 3 人次获得国家励志奖学金,18 人次、超过三分之一的同学获得校优秀学习奖,校"星火基金"重点项目 3 项、普通项目 5 项,5 人参加校"杰出学子新生计划";15 人曾经担任或正在担任学校和学院的各种组织各种社团的部长副部长或者社长、副社长,这些同学除了

在自己的岗位上恪尽职守，也以其自身行动深深地感染着周围的同学。

优秀是一种习惯，需要我们通过努力和付出来养成！广告，是文化产业的重要构成部分，我们愿乘着文化产业振兴和发展的大趋势，不断提升个人的专业素养，怀揣为北京服务的热情，努力贡献自己的一份力量！

大学是带着一路铃音的旅行，笑声吟吟，感动相随。而未来更远的路我们更加期盼彼此同行，看到更美的风景，见证每个同学更美的瞬间！携手走过工大四载，逐梦闪光青春人生！这就是我们的141422班，快乐而有责任感的一群广告人！

聚是一团火，散是满天星

人文社会科学学院　151431 团支部

一、我们是 151431 团支部

151431 团支部是一个充满凝聚力、团结友爱的大集体。二十二名来自全国各地的有志青年因为缘分相聚在这里，携手并进，让 151431 团支部在北工大的土地上绽放着自己独特的光芒。支部建设初期，我们选拔了自己的干部（团支书、组织委员、宣传委员），制定了我们自己的规章制度（团日、例会、推优、选举）。同时我们与时俱进，开展了团支部微博、微信公众号平台、公邮的创建活动；学期中，我们积极响应组织的号召，除了参与学校特色团日活动（闪青）以外，还开展了团支部自己的特色活动（南锣、朝阳公园游）与星星雨快乐活动营志愿服务活动（部分团员参与）。通过这些活动，我们增强了团员的凝聚力，引导团员形成正确的价值观；学期末的学业成果检验，我支部凭借学期中形成的优良学风，取得了各科目 100% 通过率的优异成绩。

我们牢记校训：不息为体，日新为道。我们以思想建设为龙头，以学风建设为根本，以精品活动为途径，以发挥标兵团支部榜样带头作用为目标，团结一致，努力奋进，全力打造学习型支部、创新型支部、和谐型支部。

二、我们的核心理念与精神

作为社会学专业的班级，我们有着自己特有的徽章，它承载着我们的理念与精神。四色的水滴分别代表着鲜艳、活力、希望与成熟，同时也代表着我们大学生的良好风貌。跃动的人影与底下的书本代表着我们专注于理论的学习，同时又期望跃出书本关注外部的世界，强调实践性。我们热心社会问题与公共事务，以推进社会问题解决与社会进步作为我们的光荣使命。

三、我们的特色制度

（一）班委建设

我们一直坚信，打造一个优秀的团支部，需要一支有着丰富创造力和强大执行力的班委队伍。我们组建了一个有能力、有热情且深受同学们信任与欢迎的支部委员会，本着"从实际出发，一切为班级和全体同学服务"的宗旨，班委成员都能起到模范带头作用，促进班级的和谐发展。

班委结构	
班主任：李君甫	
职务	第一学年
班长	付媛媛
团支书	苏润原
学习委员	关棋月
宣传委员	王晓宣
心理委员	王子琪
体育委员	刘方瑞
生活委员	张雅涵
文艺委员	王靖涵

（二）团支部宣传与资源平台建设

支部建设初期，我们不仅选拔了自己的干部（团支书、组织委员、宣传委员），同时还制定了我们自己的规章制度（团日、例会、推优、选举）。同时我们与时俱进，开展了团支部微博、微信公众号平台、公邮的创建活动，到目前为止，已经较完备地建立了团支部的宣传与资源共享平台。同学们可以在平台上回顾团支部所举办的活动，取得相应的学习资源。

四、我们积极向党组织靠拢

151431 团支部平时注意加强学生的纪律建设、思想道德教育建设与学风建设，并指导同学们自发进行、开展了一系列活动，以活泼新颖的形式进行多层次的学习，引导团员青年树立正确的世界观、人生观、价值观，加强我班团员青年的道德建设。

以团支部为主要阵地，通过灵活多样的形式，在全班范围内进行关于社会主义核心价值体系的主题教育活动，认真学习团章、党章，不定时召开保持团员先进性教育活动，深入扎实地开展理论学习，进一步加强团员纪律和思想素质的建设。

团支部现有发展对象 3 人，入党积极分子 8 人。自支部成立以来，共向人文学院本科生社会学党支部递交入党申请书 13 份。参加入党积极分子培训班与发展对象培训班的同学都做到了认真学习党的知识，积极参与党校培训期间的校级、院级学习活动，按要求独立完成党校考核总结，并全部通过了结业考试，顺利取得党校结业证书。同时，苏润原与吕嘉仪两名同学经过推优与考核，在今年的十二月份成为了预备党员。

五、我们的活动

（一）校级活动

1. 闪青活动　跳长绳

"闪光支部　青春风采"大型系列活动（简称"闪青"）是北京工业大学一项具有传统意义的活动，它既能增加支部的集体凝聚力，又能丰富同学们的课余生活。闪青活动也是我们从进入大学成为一个集体以来，第一个参与的大型集体活动。跳长绳活动有利于培养学生团结协作的精神。面对第一个集体活动，大家都展现了充分的热情，积极报名参与。大家由班长和支书组织，自愿地利用自己的课余时间来练习跳长绳。在练习中同学们不断磨合，默契度越来越高，跳的也越来越好。

正式比赛在中午进行，大家下课就来到了比赛场地。比赛的同学在紧张的同时拿出了自己最好的状态，而没有参加比赛的同学也来到了场地为同学加油。无论最终结果如何，同学们都付出了自己的汗水和激情，我们也因为这个比赛加深了友谊，变得更有默契，变得更加像一个集体，更加的团结，也推动了支部向着更团结更和谐的方向发展。

2. 校歌 MV 拍摄

在大一的下半学期我们进行了校歌 MV 的拍摄，这个活动对于我们班来说，也是新的尝试，在班长和支书的号召下，有能力的同学自主提出帮忙制作。同学们牺牲了自己的课余时间参与了校歌声音部分的录制，录音时大家认真对待，并把录制时的场景也录了下来加入到了 MV 中。

2016 年 5 月 21 日我们在集结了大家的意见后把大家聚在一起进行了 MV 内容的拍摄。我们分别在礼堂前、旧图书馆和人文楼进行了拍摄，在 MV 里我们以宿舍和班级为单位拍摄了不同的内容。既展现了属于这个年龄的青春活力，也展现了我们团支部和谐融洽的气氛。在 MV 里，我们放飞了希望的纸飞机，我们手牵手在草坪上聊天，我们尝试在 MV 中拍出真实的自己，最后确实也做到了这点。MV 的录制很顺利，最终在两位同学的辛苦编辑下，它也以一种完美的样子成功出炉。那天云淡风轻阳光很好，我们支部的 MV 也呈现出了一种温暖的氛围，并成了大家一次难忘的记忆。

（二）院级活动

1. 人文学院班徽设计大赛

我们在班会上分小组设计了大家心目中的班徽，经过分享和抉择后，我们决定集合大家的想法来设计班徽。班徽的电子版主要由刘方瑞同学设计制作，半成品发给大家后，大家又提出自己的意见，修改后最终得到了我们班现在的班徽。班徽不仅融合了 31 班的特点，还融入了人文学院和我们的专业社会学类的特点。

最终经过答辩后，我们获得了"班徽设计最佳概念奖优胜奖"。

2. 奖学金颁奖晚会节目表演

作为 2015 年入学的学生，我们没有进行奖学金的评选，但我们积极参与到了其中。我们班为奖学金颁奖晚会出了一个节目《cups》，不同于歌舞类的节目，我们选择的是一种新类型节目，可以让大家都参与到台上的表演，而同时也需要大量的练习。于是我们充分利用课余时间去熟悉节奏和动作。在最终的演出上，我们虽然也因为紧张出现了小的失误，但整体上效果是非常棒的。也正是因为参与了奖学金颁奖晚会，使我们了解到了关于奖学金的一些事，也使我们的学习更有动力。

（三）团支部特色活动

1. 第一次班会

下午，班会正式开始。李君甫老师虽然已经与我们相识，但仍然做了一个很正式的自我介绍。接着，老师对我们班级的基本情况进行了介绍：在班级成立之时，也成立了 151431 团支部，现有成员 24 人，其中团员 23 人，群众 1 人。

接下来，便是大家都期待的自我介绍环节。虽然在开学前大家已经在班群里熟识，但是真正面对面介绍自己还是第一次。大家围坐成一个圈，挨个进行自我介绍，说说自己的家乡、兴趣爱好，和对同学们想说的话。

这是班级的第一次集体活动，虽然只是一次简单的破冰班会，但是对于支部来讲，第一次活动的意义总是不同寻常的。正因为做好了这个开头，我们支部的后续活动才能有条不紊地进行。

2. 朝阳公园出游

为了使班级内部能够更熟络、更融洽，我们和班主任李君甫老师一起前往朝阳公园。我们在游览秋景的同时，和老师交流了学习心得和生活体验。在游玩的过程中，不仅使老师认识了每一位同学，也使同学间变得更加亲密了起来。我们还和李君甫老师一起坐船游湖，笑声溢满了整个湖面。之后，我们一起去了蓝色港湾，并且和班主任老师一起吃了午饭。

通过这次活动，大家彼此更加了解，打破了彼此间的隔阂，促进了彼此间的感情。对于支部来说这是一次很好的经验，在以后的班级活动中，可以多选择趣味性较强的活动，尽可能多的让所有同学都参与进来。

3. 星星雨志愿服务活动

志愿服务活动是151431班集体的特色活动，我们在课余闲暇的时间里会定期组织团支部内的同学一同参与星星雨教育研究所的志愿服务活动。该项志愿服务活动的服务人群是低龄心智障碍群体，他们因为先天性的缺陷而有着自闭症、脑瘫或者弱智的症状，在与正常人群的交往过程中存在着障碍。151431班的同学们奉献爱心与善心，在同孩子们相处的过程中耐心纠正他们不良的行为习惯，为帮助他们更好地融入社会贡献着自己的力量。

4. 女生节送贺卡活动

在国际三八妇女节前夕，被大家称为女生节的日子，由团支书带领班级男生给每一个女生写了一张印象贺卡，并附赠礼物。这样的趣味活动使支部内部更加团结，给每一个支部成员增加了一份特殊的、更有意义的回忆。

（四）专业课实践活动

1. 老君堂社会调研

班主任李君甫老师带领全班同学去老君堂社区青年汇参观，并且走访当地的居住人口情况。这个由共青团组织形成的青年汇丰富了当地居民的生活，传播了共青团精神。在这次活动中，我们不仅增加了专业知识，提高了专业素养，同时也促进了支部的发展。

2. 北京人才市场调研

选择了大家都没课的时间，由吴力子老师组织我们来到了北京人才市场进行社会调研。我们在人才市场刚开门就进去调研，最开始是采访布场的各单位的工作人员，等到人才市场里人们逐渐增多，我们又开始采访前来应聘的人员。通过这次调研，我们进一步对专业有了一些认识，也学到了一些社会调研的方法。

3. 华民慈善基金会参观

这次参观我们来到了一个建在四合院里的基金会，这个基金会主要针对助学教育。我们在基金会观看了关于其创建、发展和未来规划的宣传视频，对于基金会有了一定的了解，增加了专业知识。

六、写在最后

151431团支部一直以来都是一个团结、温暖的大集体，我们一起学习、一起成长。从相见时的羞涩、拘谨到慢慢熟悉打成一片。我们一起在排球场上的并肩作战，在闪青支部风采挑战赛上的勇夺荣誉，在运动会上的奋斗拼搏、在校歌录制时候的精诚合作，是我们青春年华最美好的回忆。151431 团支部，我们聚是一团火，散是满天星！

青青子衿

实验学院　156161 班团支部

一、团支部建设思路

团支部以细心、耐心与贴心构筑着温暖的团支部情感，以暖心为纽带，情感为文化，培养同学们之间的感情，增强团支部凝聚力，实现了团支部的团结。团支部建设以团支部情感文化建设为核心枝干，在此基础上开展其他方面建设，使以团支部情感为积淀而形成的凝聚力辐射到各个方面，从而提高其他方面建设的成效。

二、团支部建设

1. 思想建设

在思想建设方面，整个团支部的思想高度决定了同学们的思想政治觉悟和道德修养。因此，为加强团支部建设，团支部紧紧围绕思想工作，定期开展有针对性的时事评论会、党团知识学习等活动，提高同学们的思想政治高度。

2. 团支部组织建设

在团支部组织建设方面，团支部定期召开团支委会、班委会，从而完成工作计划、工作总结、述职汇报等。

在组织建设方面，团支部也积极鼓励同学们争取步入入党积极分子优秀行列当中，踊跃参加党课培训，增强对党的认识，让同学们尽早向组织靠拢。

3. 团支部学风建设

团支部一直以来高度重视学风建设，并结合实际情况积极开展了多种形式的学风建设活动，积极发挥班委和入党积极分子先锋模范作用，以创建团支部的优良学风为己任，努力提高学生素质，对同学们树立良好学风起到了一定的作用，学风建设成效也随之显现。

在学风建设中，团支部力争让每一位团支部成员树立远大的理想，确立自己的人生目标。不管是直接就业还是考研，方向必须要明确，只有这样，才不至于在平常的学习、生活中无所事事、误入歧途，也只有这样才会时时刻刻以自己树立的理想来激励自己全身心地投入到日常的学习当中去，争取在大学的四年里具备扎实的专业知识和良好的知识技能。

4. 团支部文化建设

在大家眼中，"团支部文化"是一个模糊的概念，包含了生活、学习、道德等方面的内容，而团支部通过一年多的发展，渐渐形成了团支部的感情文化。

团支委和班委也做了很多建设团支部感情文化的工作。团支部书记胡鹤颜同学在大一开学之前统计了整个文化产业管理专业同学的生日，在之后的一年里，坚持在微信群里为大家庆生，虽然只是一句简简单单的"生日快乐"，却让"寿星"们备感温暖。而且庆生不分班级，在我们文化产业管理专业微信群里面，所有同学都有这样的待遇。

团支部开展的感情文化建设，创造了同学之间一个良好的感情积淀。开展感情文化建设一年多来，我们逐渐认识到感情文化建设对团支部凝聚力的重要性。通过对团支部感情文化的建设，构建了一种积极、健康、向上的文化氛围，增添了同学们对学习与生活的乐趣，增强了团支部向心力、凝聚力，激发了同学们爱班爱校的热情，进而对团支部未来发展形成了长久的推动力量。

三、团支部活动

1. 学风建设活动

（1）各课程串讲——高数、线性代数、英语、经济学

团支部在每学期临近期末考试一个月左右的时间组织各课程串讲，例如：高数、线性代数、经济学、英语等。挑选出各科学习较好的同学帮助大家解决问题，不仅有助于听者温习，也可以让主讲者进一步熟悉知识，巩固学习成果。

（2）互帮互助学习小组

团支部不仅举办集体复习活动，也尽可能地利用课下零碎的时间加强团支部成员个人学习建设。通过自愿自主的形式，将各科目学习成绩较好的同学与需要帮助的同学"结对子"，成为一对一的学习伙伴，互相促进，共同努力！

（3）大学学习经验交流会

本次活动在辅导员郝佳老师的协助下，邀请了2014届工商管理的两位学姐：李瑛多学姐与于海鹏学姐，为大家介绍大学学习方法与日常实习工作经验积累，并给予了很多有价值的建议。

2. 团支部情感凝聚力建设活动

（1）"猜猜我是谁"主题班会

入学伊始，团支部成员之间并不熟悉，为了让同学们尽快熟悉彼此，团支部决定开展一次欢快轻松的班会活动。活动中，大家通过儿时照片辨认是团支

部中的哪一位成员。

（2）"19 岁生日快乐！"——团支部集体生日会

为加强团支部凝聚力，深化团支部成员之间的感情和感情文化，团支部决定举办一次集体的 19 岁生日 Party，让大家度过一个难忘的 19 岁生日。各种各样的小礼物，大大的蛋糕，跃动的烛光，还有一群洋溢着幸福笑脸的"家里人"。

（3）暑期旅行分享

暑假期间，大部分团支部成员都出京旅行；暑假结束之后，团支部组织了旅行分享会，让同学们将自己旅行时的所思、所想、所感以及快乐分享给团支部的每一个人，让大家感觉自己身处一个极为团结紧密的集体当中。

3. 社会实践与志愿服务活动

（1）社会实践活动——"3 本书告诉你读书的意义"主题演讲

团支部成员在花家地实验小学方舟校区开展"3 本书告诉你读书的意义"主题演讲，充分利用我们获得的知识与感悟，将习惯性的"知识吸收"模式改为"知识输出"模式。

（2）"日行一善"活动

团支部决定每日打扫一间教室并利用班费购买猫粮、狗粮以照顾学院中的流浪猫狗。在活动过程中团支部还书写了"日行一善"手账本，记录所做的好事。通过同学们的亲身实践，培养责任意识并践行社会主义核心价值观。

（3）暑期社会实践活动——"华夏霓裳·礼仪之邦"汉服主题活动

我们通过对汉服的介绍让大家了解汉服，尽己所能培养大家对汉服的兴趣，提高大家的关注。团支部尽力推动传统文化的复兴，让大家关注到身边那些被渐渐遗忘的古老却灿烂的传统文化。通过对传统文化的重视，提高我国文化自信，实现我国文化自强，承载中国梦。

（4）纸箱"大变身"

为响应十八届三中全会关于国家低碳环保的号召，团支部对同学们的快递盒再利用，将其变成笔筒、书立盒及收纳小抽屉。在同学们趣味动手的同时，培养了同学们"绿色生活、节约环保"的低碳理念。

4. 团支部思想建设活动

（1）时事评论会

为提高团支部成员思想水平和政治素养，支部长期开展时事评论会，定期回顾国际国内大事件，培养大家关注时事新闻的习惯。在评论会上对自己有想法的话题进行分享讨论，也培养了同学们的思维逻辑，提高了同学们的演讲水平。

（2）纪念"九一八"主题班会

纪念"九一八"是为了不忘国耻，是为了不忘落后就要挨打的历史教训，是为了坚定中华民族伟大复兴的信念。总有一种力量让我们感动，总有一种精神催我们前行。历史老人依旧在前行，我们依旧需要努力，只是为了那段不容忘却的历史。

5. 团支部文化建设活动

作为文化产业管理专业的团支部，文化建设活动是我们团支部的特色活动。

（1）夜读活动

团支部成员们在静谧的夜晚静下心来一起阅读，交流阅读感想与心得体会。而且每一次夜读活动之后同学们积极书写阅读感受，并在下一次夜读活动中进行分享。

（2）"优秀纪录片展映"活动

因团支部大部分成员对文化的兴趣较深，所以团支部组织有时间、有兴趣的团支部成员在课余时间里一起观看优秀纪录片。在过去的一年里，团支部已观看完《大国崛起》《楚国八百年》《故宫100》《大明宫》四部纪录片。

（3）"周末博物展览"活动

进入大学之后，学业压力相对于高中小了许多，团支部考虑到成员的想法，在过去的一年多时间里开展了"周末博物展览"活动，组织有时间、有兴趣的同学们在周六参观北京各大博物馆和著名展览。

四、团支部建设成果

1. 优秀学风造就骄人成绩

在我团支部开展的丰富多样创建团支部优良学风活动的影响下，在大一第一学期结束之后，我团支部获得了新生基础课英语优秀奖。

2. 积极参与学院活动硕果累累

在我团支部每一个成员的努力下，我团支部在学院活动中取得了不错的成绩：新生运动会体育道德风尚奖；"主题团日"二等奖；院级"优秀团支部"称号。

探索 共创 成长

樊恭烋学院 140001 班

樊恭烋学院 140001 班成立于 2014 年 9 月，是一个充满活力、团结友爱的班集体。作为樊恭烋学院的第一批成员，我们凝聚着来自四面八方的各位同学的热情、活力、爱心和努力。在过去的两年里，我们挥洒汗水，一步一个脚印，共同努力，共同成长，共同进步。

一、班级学风建设

在院长以及学院各位老师的指导和帮助下，作为学院的第一届学生，我们努力探索适合我们班级自身发展的道路。夯实工程基础，拓宽国际视野。我们相信在一个学风好的班级里，同学们若都能沉下心来，将学习科学文化知识放在自己心中的主要位置，主动地去学习，就会形成一个以学习带动其他各方面发展，而各方面的发展又反作用于促进学习的良性循环。所以，在学风建设方面，我们秉承着以学习委员为中心的班委带动鼓励班级其他同学，为同学们努力创造良好的学习氛围，无论在教室还是宿舍，同学之间互相学习，互相帮助，取长补短，共同取得更大的提高。当发现有些同学出现学业压力过大、学习成绩下滑的情况时，会由学习委员主动与该同学谈心，帮助他解决遇到的问题。一方面，我们班基础学科学习成绩全校领跑，班级加权均分达到 85 分以上，英语四级一次通过率 100%，六级通过率 98%（截至第三学期）。在学有余力的同时，我们还帮助一些文科专业的同学进行高数学科的考前串讲。大二分专业进入各专业班级上课后，我们分散到各个专业进行专业课的学习，在课堂上我们依然以高标准要求自己，不迟到不早退，紧跟老师思路，课后积极找老师讨论问题，专业课成绩在其他专业中保持领先。另一方面，学院给我们提供了很多科技创新的机会，鼓励我们开展研究性学习，在不断挑战自我的过程中学习科学研究的方法和思路，建立探索未知的意识和思想以及克服困难的信心和意志，面向未来，保障创新的可持续性。通过学院荣誉课程模块及学校的"星火""国创"项目，我们利用课余时间进行专业领域的探索和尝试，并取得了很多成果，两年来共计十余件科技作品，其中六足仿生机器人和绘图机器人在学校的科技节中吸引了很多人的注意力，受到许多同学的欢迎。与此同时我们班级还积极参与到各类学科竞赛中，如数学建模比赛、制图大赛、应用创新比赛、英语辩论赛等，并且在这些大赛中都取得了不错的成绩，其中获得国际奖项3人次，国家级奖项6人次，校级奖项26人次。在这些课外学习活动中，我们不仅挑战自我，不惧困难，拓展了知识广度和专业能力，还接触到了许多优秀的指导老师，在他们的指导和帮助下有了更明确的方向，同时我们还与其他学院的同学有了更多方面的交流和学习。

二、班级思想建设情况

班级共有27名同学，其中共有党员13名，约占全班的48%，包括中共党员5名，中共预备党员8名；有14名团员，包括7名入党积极分子。经班级推优入党人数为11人（包括现预备党员）。参加积极分子和发展对象党校培训累计共有22人次，参加入党培训班的同学都做到了认真学习党的知识，积极参与党校培训期间的校级和院级活动，按要求独立完成党校考核总结，并全部通过了结业考试，顺利取得党校结业证书。

由于学院刚刚成立，暂无院级党委，班级推优依托学校后勤党委学生社区学生党支部，在此基础上由高中入党的2名同学带领开展了丰富的组织生活，包括理论学习、小组讨论、汇报展示、实践体验等各种形式。根据新的《中国共产党发展党员工作细则》，制定了正确且明确的标准和发展流程。班级党员发展按照"三步走"：即第一步培养具有良好身体素质和心理素质的好学生，第二步培养具有正确政治信念的好学生，第三步培养具有坚定的正确政治信念并付之以行的好学生。在第一步中，班级通过定期组织各种学习教育活动和体育活动实现对同学们身体心理学习上的促进。比如组织社会主义核心价值观知识竞赛，学习十八大精神等学习会，组织与其他院的篮球足球联谊赛等等。班内同学通过各类活动，提高思想觉悟，锻炼强健体魄，团结班内同学，结识院外新朋友。如此形成一个良好的循环，不断提高，不断进步。在第二步中，班级也组织了各种实践教育，树立正确的政治信念，比如组织观看红色电影，参观新文化纪念馆。班内同学通过实践切实体会党的理想信念，通过实践不断加深对理论的认知。第三步则依托学校后勤集团这个平台，在发展对象阶段组织发展对象进行至少2个半天的挂职锻炼，同学通过深入了解体会，并亲身实践学校的基层岗位，发挥自身主观能动性，将所学知识运用起来，帮助解决基层岗位的问题。

必须抓好班委、团支部的建设。团支部是广大团员青年的基层组织，与班委会一起，在执行学校、学院的各项任务、活动中，都起到了非常重要的作用。因此，班级最大限度地调动班委、团支部全体成员的积极性，积极引导班级思想建设活动的开展。团支部以邓小平理论、"三个代表"重要思想和科学发展观为指导，以学校团委为工作中心，以求是、创新、务实为原则，全面提高我班团员的综合素质，并以思想教育为主线，以专业学习为中心，以科技活动为载体，进一步加强班级的全面建设。

在加强思想建设的同时，也没有忘记内部建设。班级自成立以来一直是一个团结友爱、积极向上的整体。在班级良好的环境氛围下，每个人都很好地融入集体，并为集体做着自己力所能及的贡献。班级成立伊始就以秋游的形式让大家相互熟悉，在后来的"闪青"活动、红五月合唱比赛和校运动会上，支部全体上下一心，团结协作，最终斩获不少奖项。随着时间的推移，同学们彼此之间越来越亲密，感情越来越深厚，支部气氛日益团结。同时，各个学生干部各司其职，向上积极配合老师工作，向下全心全意服务同学，为支部的建设出谋划策。在每一个同学成长的同时，我们支部这个大家庭也渐渐地变得更加成熟稳定。

三、班级文化建设和凝聚力建设

每一个优秀的班集体都离不开一个责任心强、执行力强的班委团队。140001班班委就是这样一个团队，团结一心，尽职尽责，一起为樊恭烋140001班的建设尽心出力。心之所向，身之所往。在班委们的带领下，同学们从相互陌生开始，一点点相互认识、相互了解，再相互学习、相互帮助。两年半以来，每位同学都能够很好融入集体，并靠自己的力量为集体做出力所能及的贡献。渐渐形成一种相互支持、取长补短、共同进步的班级文化氛围。

刚刚入学时，来自四面八方的同学们走进了北京工业大学，开始了自己的大学生活。面对陌生的校园和新的同学、朋友，同学们用自己的镜头记录下了自己对全新生活的点滴看法。以这次的新生摄影大赛作为起始，同学们开始了彼此之间初步的交流和了解。

平板支撑是一种类似于俯卧撑的训练方法，在锻炼时主要呈俯卧姿势，是一项受环境影响较小的全身性体育运动。开学两个月后，樊恭烋学院和学生社区助理联席会一起，在学校里发起了一场平板支撑挑战赛。这不仅是体能的磨炼，更是对毅力的考验。这次活动全班都有参与，在场上的同学们奋力坚持，在场下的同学们呐喊助威。这次面向全校的挑战，每个人的成绩都代表着班级的荣誉，每个人都在为集体贡献着自己的力量。巨大的压力往往伴随着丰厚的回报，通过这次活动班级的凝聚力明显增强，也在每个人的心里埋下了相互支持、共同成长的种子。在不知不觉中，140001 班这个集体渐渐成为一个名副其实的"家"。

往后的生活中，同学心中相互支持的种子也一点点生根发芽。辅导员老师和班委们开始组织秋游，成立各类球类团队，一起参加学校组织的彩跑、心理嘉年华等活动，在圣诞节与外语学院组织联谊、为节日增色，组织班内辩论赛、舌枪唇战……大家在学习之余获得了很大的放松，又在欢声笑语中彼此了解，彼此靠近，对班级产生越来越强的归属感。

齐头并进的时间总是短暂的。大二，同学们开始选修不同方向的专业课，班级 27 个人分别奔向 7 个不同的专业。专业课越来越多，大家一起学习的机会越来越少。虽然同学们跟着不同的班级上课，但樊恭忕 140001 班永远是同学们最终的归宿。在困难的时候，大家比以往更加需要一个温暖的港湾。经过班委们不断地思考与探索，决定通过加强宿舍之间的联系增强班级凝聚力建设。在班委和宿舍长的带动下，同学们开始穿梭于各个宿舍，交流本专业的知识、跨专业合作创新项目。宿舍联系的加强，再加上校院两级活动的参与，同学之间的友谊和氛围不减反增，特别是在跨专业的沟通和合作上，有了更大的提升。

"路漫漫其修远兮，吾将上下而求索。"140001 班的全体同学感谢两年来学校给予的平台、老师给予的指导、小伙伴们给予的激励。140001 班的成绩凝结着全班同学的汗水，未来的我们将更加团结一致，齐心协力，不断进取，当之无愧于荣誉学院的第一个班集体！